全国高等教育自学考试指定教材
经济类共同课

经济法概论（财经类）

［含：经济法概论（财经类）自学考试大纲］

（2016 年版）

全国高等教育自学考试指导委员会　组编
主编　李仁玉

中国人民大学出版社
·北京·

图书在版编目（CIP）数据

经济法概论（财经类）/李仁玉主编. —北京：中国人民大学出版社，2016.3
全国高等教育自学考试指定教材
ISBN 978-7-300-22464-0

Ⅰ. ①经… Ⅱ. ①李… Ⅲ. ①经济法-中国-高等教育-自学考试-教材 Ⅳ. ①D922.29

中国版本图书馆 CIP 数据核字（2016）第 025073 号

全国高等教育自学考试指定教材
经济类共同课
经济法概论（财经类）
［含：经济法概论（财经类）自学考试大纲］
（2016 年版）
全国高等教育自学考试指导委员会　组编
主编　李仁玉
Jingjifa Gailun（caijinglei）

出版发行	中国人民大学出版社		
社　　址	北京中关村大街 31 号	邮政编码	100080
电　　话	010－62511242（总编室）		
网　　址	http://www.crup.com.cn http://www.ttrnet.com（人大教研网）		
印　　刷	北京市鑫霸印务有限公司		
规　　格	184 mm×260 mm　16 开本	版　　次	2016 年 3 月第 1 版
印　　张	15.5	印　　次	2016 年 3 月第 1 次印刷
字　　数	357 000	定　　价	28.00 元

自学考试教材服务网：http://zkjc.neea.edu.cn

本书如有质量问题，请与教材供应部门联系。

此防伪页系专门制造

※此防伪页内有多层次固定水印，透光看水印清晰，水印凹凸立体感明显。

※此防伪页上有开天窗安全线，安全线在可见光下改变角度可变色，线上印有“自学考试”激光字。

组编前言

21 世纪是一个变幻难测的世纪，是一个催人奋进的时代。科学技术飞速发展，知识更替日新月异。希望、困惑、机遇、挑战，随时随地都有可能出现在每一个社会成员的生活之中。抓住机遇，寻求发展，迎接挑战，适应变化的制胜法宝就是学习——依靠自己学习、终生学习。

作为我国高等教育组成部分的自学考试，其职责就是在高等教育这个水平上倡导自学、鼓励自学、帮助自学、推动自学，为每一个自学者铺就成才之路。组织编写供读者学习的教材就是履行这个职责的重要环节。毫无疑问，这种教材应当适合自学，应当有利于学习者掌握和了解新知识、新信息，有利于学习者增强创新意识，培养实践能力，形成自学能力，也有利于学习者学以致用，解决实际工作中所遇到的问题。具有如此特点的书，我们虽然沿用了“教材”这个概念，但它与那种仅供教师讲、学生听，教师不讲、学生不懂，以“教”为中心的教科书相比，已经在内容安排、编写体例、行文风格等方面都大不相同了。希望读者对此有所了解，以便从一开始就树立起依靠自己学习的坚定信念，不断探索适合自己的学习方法，充分利用自己已有的知识基础和实际工作经验，最大限度地发挥自己的潜能，达到学习的目标。

欢迎读者提出意见和建议。

祝每一位读者自学成功。

全国高等教育自学考试指导委员会

2014 年 12 月

目　录

经济法概论（财经类）自学考试大纲

经济法概论（财经类）

经济法概论（财经类）

自学考试大纲

出版前言

为了适应社会主义现代化建设事业的需要，鼓励自学成才，我国在 20 世纪 80 年代初建立了高等教育自学考试制度。高等教育自学考试是个人自学、社会助学和国家考试相结合的一种高等教育形式。应考者通过规定的专业考试课程并经思想品德鉴定达到毕业要求的，可获得毕业证书；国家承认学历并按照规定享有与普通高等学校毕业生同等的有关待遇。经过 30 多年的发展，高等教育自学考试为国家培养造就了大批专门人才。

课程自学考试大纲是国家规范自学者学习范围、要求和考试标准的文件。它是按照专业考试计划的要求，具体指导个人自学、社会助学、国家考试、编写教材、编写自学辅导书的依据。

随着经济社会的快速发展，新的法律法规不断出台，科技成果不断涌现，原大纲中有些内容过时、知识陈旧。为更新教育观念，深化教学内容和方式、考试制度、质量评价制度改革，使自学考试更好地提高人才培养的质量，各专业委员会按照专业考试计划的要求，对原课程自学考试大纲进行了修订或重编。

修订后的大纲，在层次上，专科参照一般普通高校专科或高职院校的水平，本科参照一般普通高校本科水平；在内容上，力图反映学科的发展变化，增补了自然科学和社会科学近年来研究的成果，对明显陈旧的内容进行了删减。

全国高等教育自学考试指导委员会经济管理类专业委员会组织制定了《经济法概论（财经类）自学考试大纲》，经教育部批准，现颁发施行。各地教育部门、考试机构应认真贯彻执行。

全国高等教育自学考试指导委员会

经济管理类专业委员会

2016 年 1 月

Ⅰ　课程性质与课程目标

一、课程性质和特点

“经济法概论（财经类）”课程是全国高等教育自学考试经济管理类专业的必修课，是为培养自学考试者经济法律基础知识和运用技能而设置的一门专业课程。对于经济管理类专业自学考试的考生来说，学好这门课程有利于培养法律思维，从而为在今后的经济管理工作中考虑问题和处理问题的合法性打下坚实的基础。

二、课程目标

“经济法概论（财经类）”课程设置的目标是：

1. 培养考生的法律思维，增强考生学习法律的兴趣，使他们在考虑经济现象或管理问题时增加法律元素，从而做出合法性的决定或管理目标；

2. 掌握基本的法学原理，包括概念、特征与分类，基本的法律要求和法律程序；

3. 通过定性分析和灵活运用法律规定，基本掌握解决经济法律问题的能力；

4. 理解经济法律各领域之间的联系，以及经济法律与其他法律领域的联系。

三、与相关课程的联系与区别

“经济法概论（财经类）”课程，是经济管理类专业的基础课程，课程内容以经济法律为研究对象，主要包括：企业法律制度，特别是公司法律制度；合同法律制度；专利商标法律制度；市场规制法律制度；劳动法律制度；环境资源法律制度。通过掌握上述法律制度的基本概念、基本法条、基本原理，达到运用的程度并能解决经济法律基本问题。为此考生在学习本课程时应具备必要的文化基础知识和经济管理方面的知识。另一方面，本课程又为经济管理类各专业的后继课程（如经济学、经济管理等）奠定必要的经济法基础。

四、课程重点

本课程的学习重点包括公司法律制度、合同法律制度、专利商标法律制度、市场规制法律制度、劳动法律制度等内容。

Ⅱ　考核目标

本大纲在考核目标中，按照识记、领会、简单应用和综合应用四个层次规定考生应达到的能力层次要求。四个能力层次是递进关系，各能力层次的含义是：

识记（Ⅰ）：要求考生能够识别和记忆本课程中有关经济法律概念及经济法律原理的主要内容，并能够根据考核的不同要求，做出正确的表述、选择和判断。

领会（Ⅱ）：要求考生能够领悟和理解本课程中有关经济法律概念和原理的内涵及外延，理解相关经济法律知识的区别和联系，并能根据考核的不同要求对经济法律问题进行逻辑推理和论证，做出正确的判断、解释和说明。

简单应用（Ⅲ）：要求考生能够根据已知的经济法律事实，对经济法律问题进行某一经济法领域的法律分析和论证，得出正确的结论或做出正确的判断。

综合应用（Ⅳ）：要求考生能够根据已知的经济法律事实，对经济法问题进行多个经济法领域的综合法律分析和论证，并得出解决问题的综合方案。

Ⅲ　课程内容与考核要求

第一章　公司法

学习目的和要求

通过本章的学习，应了解公司和公司法的概念及特征，进而掌握公司法的基本制度，特别是有关有限责任公司和股份有限公司设立条件和程序、股东权利和义务、公司的组织机构、股权转让等核心内容。对于国有独资公司，也应对其特殊性予以掌握。

课程内容

第一节　公司法概述

一、公司的概念和特征

二、公司法的概念和特征

三、公司的设立与成立

四、公司的名称和住所

五、公司章程

六、公司的合并与分立

七、公司的资本、资产

八、公司债

九、公司董事、监事、高级管理人员的任职资格和义务

十、公司职工权益保障及参与民主管理

十一、公司的解散与清算

第二节　有限责任公司

一、有限责任公司的设立

二、有限责任公司的股东出资

三、有限责任公司的股东及其权利义务

四、有限责任公司的组织机构

五、国有独资公司

六、有限责任公司的股权转让

第三节　股份有限公司

一、股份有限公司的设立

二、股份有限公司的股份和股票

三、股份有限公司的组织机构

四、上市公司的特别规定

本章重点、难点内容

1. 公司的设立行为和设立程序
2. 公司章程的作用、法定性和自治性
3. 合并的程序和法律效果、分立的程序和法律效果
4. 公司资本的“三原则”
5. 公司董事、监事、高级管理人员的忠实义务
6. 股东的权利和义务
7. 有限责任公司股东会、董事会、监事会、经理的职权
8. 股份有限公司的股份转让

考核知识点与考核要求

一、公司的概念和特征
1. 识记：公司的概念
2. 领会：公司的特征
二、公司法的概念和特征
1. 识记：公司法的概念
2. 领会：公司法的特征
三、公司的设立与成立
1. 识记：公司设立和成立的概念
2. 领会：公司的设立行为和设立程序
四、公司的名称和住所
识记：公司的名称和住所
五、公司章程
1. 识记：公司章程的概念
2. 领会：公司章程的作用、法定性和自治性
六、公司的合并与分立
1. 识记：新设合并和吸收合并的概念；派生分立和新设分立的概念
2. 领会：公司合并的程序和法律效果；公司分立的程序和法律效果
七、公司的资本、资产
1. 识记：公司资本和资产的概念
2. 综合应用：公司资本“三原则”
八、公司债
1. 识记：公司债的概念及分类
2. 领会：公司债与股票的区别
九、公司董事、监事、高级管理人员的任职资格和义务
1. 识记：公司董事、监事、高级管理人员的任职资格

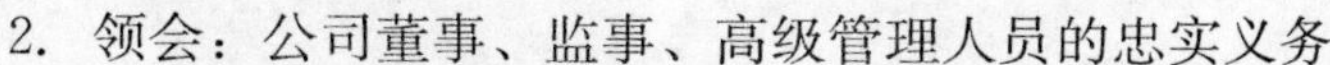

2．领会：公司董事、监事、高级管理人员的忠实义务

十、公司职工权益保障及参与民主管理

领会：公司职工的权益保障和参加民主管理的形式

十一、公司的解散与清算

1．识记：公司解散事由及公司清算的概念和种类

2．领会：公司清算组的职权和清算程序

十二、有限责任公司的设立

领会：有限责任公司的设立条件和程序

十三、有限责任公司的股东出资

1．识记：有限责任公司股东的出资形式

2．领会：出资证明书的意义

十四、有限责任公司的股东及其权利义务

1．识记：有限责任公司的股东构成

2．领会：股东名册的法律意义

3．综合应用：股东的权利和义务

十五、有限责任公司的组织机构

1．识记：有限责任公司的股东会、董事会、监事会的概念和组成

2．领会：有限责任公司股东会、董事会、监事会、经理的职权

3．综合应用：有限责任公司股东会、董事会、监事会的召集和议事规则

十六、国有独资公司

1．识记：国有独资公司的概念

2．领会：国有独资公司的董事会、监事会的特别规定，国有资产管理机构的职权

十七、有限责任公司的股权转让

综合应用：股权的转让和异议股东的股权收购请求权

十八、股份有限公司的设立

1．识记：股份有限公司的设立方式

2．领会：股份有限公司的设立条件和程序

十九、股份有限公司的股份和股票

1．识记：股份有限公司股份和股票的概念、特征及分类

2．领会：股份有限公司股票的发行

3．综合应用：股份有限公司的股份转让

二十、股份有限公司的组织机构

1．识记：股份有限公司股东大会、董事会、监事会的性质和组成

2．领会：股份有限公司股东大会、董事会、监事会的召开和议事规则

二十一、上市公司的特别规定

1．识记：上市公司需经股东会表决的重大事项、董事会秘书关联、董事表决回避

2．领会：上市公司的独立董事

第二章　合伙企业法与个人独资企业法

学习目的和要求

合伙企业和个人独资企业也是我国市场经济重要主体。通过本章的学习，应了解合伙企业的概念和特征、个人独资企业的概念和特征；掌握普通合伙企业和特殊合伙企业的设立、合伙企业的内部关系和外部关系。

课程内容

第一节　合伙企业法

一、合伙企业的概念与类型

合伙企业是指自然人、法人和其他组织依照《合伙企业法》在中国境内设立的普通合伙企业和有限合伙企业。

二、普通合伙企业

（一）普通合伙企业的设立

（二）合伙人的出资与合伙企业的财产

（三）普通合伙企业的内部关系

合伙事务的执行，合伙事务的决定，合伙人的竞业禁止义务，合伙企业损益的分配与承担，入伙，退伙。

（四）普通合伙企业的外部关系

合伙人或合伙事务执行人对合伙企业的代表权，合伙人对合伙企业债务的无限连带责任。

（五）特殊的普通合伙企业

三、有限合伙企业

（一）有限合伙企业的设立

（二）有限合伙企业的内部关系

（三）有限合伙企业的外部关系

（四）有限合伙人与普通合伙人之间的转化

四、合伙企业的解散和清算

第二节　个人独资企业法

一、个人独资企业的概念和特征

二、个人独资企业的设立

个人独资企业的设立条件和个人独资企业的设立程序。

三、个人独资企业的经营管理

四、个人独资企业的营业转让

五、个人独资企业的解散和终止

本章重点、难点内容

1．普通合伙企业的设立、合伙人的出资与合伙企业的财产、特殊的普通合伙企业

2. 普通合伙企业的内部关系与外部关系
3. 有限合伙企业的设立、有限合伙人与普通合伙人之间的转化
4. 有限合伙的内部关系与外部关系

考核知识点与考核要求

一、合伙企业的概念与类型
1. 识记：合伙企业的分类
2. 领会：合伙企业的概念与特征
二、普通合伙企业
1. 识记：普通合伙企业的概念
2. 领会：普通合伙企业的设立、合伙人的出资与合伙企业的财产、特殊的普通合伙企业
3. 综合应用：普通合伙企业的内部关系与外部关系
三、有限合伙企业
1. 识记：有限合伙企业的概念
2. 领会：有限合伙企业的设立、有限合伙人与普通合伙人之间的转化
3. 综合应用：有限合伙的内部关系与外部关系
四、合伙企业的解散和清算
1. 识记：合伙企业的解散事由
2. 简单应用：合伙企业的清算程序和清偿顺序
五、个人独资企业的概念和特征
领会：个人独资企业的概念与特征
六、个人独资企业的设立
领会：个人独资企业的设立条件和个人独资企业的设立程序
七、个人独资企业的经营管理
识记：个人独资企业的经营管理模式
八、个人独资企业的营业转让
领会：个人独资企业营业转让的整体性
九、个人独资企业的解散和终止
1. 识记：个人独资企业的解散原因
2. 领会：个人独资企业的清算程序

第三章　合同法

学习的目的与要求

合同法是调整合同关系的法律规范的总称。在市场经济条件下，一切交易活动都是通过缔结和履行合同来完成的，合同关系是市场经济中最基本的法律关系。通过本章的学

习，使学生系统、准确地理解和掌握合同法的基本原理、基本法律制度及其相应的法律规范，学会在实践中灵活地运用、分析和处理各种合同实务问题。

课程内容

第一节　合同法概述

一、合同的概念和特征

二、合同法的概念和适用范围

三、合同的分类

（一）双务合同和单务合同

（二）有偿合同和无偿合同

（三）有名合同和无名合同

（四）诺成合同和实践合同

（五）要式合同和不要式合同

（六）主合同和从合同

（七）预约合同和本合同

（八）缔约人为自己利益订立的合同和为第三人利益订立的合同

第二节　合同的订立

一、合同订立的一般程序

（一）要约

（二）承诺

二、合同的内容

（一）合同的必备条款

（二）合同的普通条款

（三）格式条款

第三节　合同的效力

一、合同效力的概念和内容

二、合同的成立与生效

三、附条件和附期限合同

（一）附条件的合同

（二）附期限的合同

四、无效合同

（一）无效合同的概念和含义

（二）无效合同的种类

（三）合同被确认无效后的法律后果

五、可撤销合同

（一）可撤销合同的概念和特征

（二）可撤销合同的种类

（三）可撤销合同的撤销权

六、效力未定合同
（一）效力未定合同的概念和特征
（二）效力未定合同的种类

第四节　合同的履行

一、合同履行概述
二、合同履行的规则
三、合同履行抗辩权
（一）同时履行抗辩权
（二）先履行抗辩权
（三）不安抗辩权
四、合同履行中的保全措施
（一）债权人的代位权
（二）债权人的撤销权

第五节　合同的变更与转让

一、合同的变更
（一）合同变更的概念
（二）合同变更的方式
（三）合同变更的效力
二、合同的转让
（一）合同转让概述
（二）合同权利的转让
（三）合同义务的转让
（四）合同权利义务的概括转让

第六节　合同权利义务的终止

一、合同权利义务终止的概念和效力
二、合同的解除
（一）合同解除的概念与特征
（二）合同解除的种类
（三）合同解除的效力
（四）合同解除与违约责任
三、清偿
四、抵销
（一）抵销的概念和种类
（二）法定抵销的要件
（三）抵销的方式和效力问题
五、提存
（一）提存的概念
（二）提存的原因

（三）提存的要件
（四）提存的方法
（五）提存的效力
六、免除
七、混同
第七节　合同责任
一、缔约过失责任
（一）缔约过失责任的概念及其与违约责任的区别
（二）缔约过失责任的成立要件
（三）缔约过失责任的类型
二、违约责任
（一）违约责任的概念和特征
（二）违约责任的构成要件
（三）违约责任的免责事由
（四）违约行为的类型
（五）违约责任的形式
（六）违约责任与侵权责任的竞合
第八节　《合同法》分则规定的主要有名合同
一、买卖合同
（一）买卖合同的概念和特征
（二）买卖合同当事人的主要义务
二、赠与合同
（一）赠与合同的概念和特征
（二）赠与合同当事人的主要义务
三、借款合同
（一）借款合同的概念和特征
（二）借款合同当事人的主要义务
四、租赁合同
（一）租赁合同的概念和特征
（二）租赁合同当事人的主要义务
五、承揽合同
（一）承揽合同的概念和特征
（二）承揽人的基本义务
（三）承揽合同的风险负担
（四）定作人的任意变更权和解除权
六、建设工程合同
（一）建设工程合同的概念和特征
（二）总包与分包

（三）未经验收先行使用的法律后果
（四）承包人的优先受偿权
七、运输合同
（一）运输合同的概念与特征
（二）客运合同
（三）货运合同
八、技术合同
（一）技术合同概述
（二）技术开发合同
（三）技术转让合同
（四）技术咨询与技术服务合同

本章重点、难点内容

1. 合同法的适用范围
2. 要约与承诺的有效条件及法律效力
3. 格式条款的无效、格式条款与普通条款的冲突适用规则、格式条款的解释规则
4. 合同订约人的民事行为能力要求
5. 附条件合同所附条件的要求、附条件合同与附期限合同的区别
6. 无效合同的含义、无效合同的种类、无效合同的法律后果
7. 认定欺诈、胁迫、乘人之危、重大误解、显失公平的合同及其撤销权的享有、行使方式和行使期间
8. 限制民事行为能力人所签合同的效力认定以及处理、无权代理人所签合同的效力认定以及处理、无权处分合同的效力认定以及处理
9. 合同履行的规则
10. 不安履行抗辩权的概念和适用条件
11. 代位权、撤销权的行使
12. 合同权利转让的要件和效力、合同义务转让的要件和效力、合同概括转让的效力
13. 合同法定解除的共同原因及其行使方式、合同解除的效力
14. 法定抵销的要件和效力
15. 缔约过失责任的成立要件和类型
16. 违约责任的成立要件、承担违约责任的形式、违约责任与侵权责任的竞合
17. 买卖合同当事人的主要义务
18. 租赁合同当事人的主要义务
19. 承揽人的基本义务、承揽合同的风险负担、定作人的任意变更权和解除权
20. 总包和分包、未经验收先行使用的法律后果、承包人的优先受让权

考核知识点与考核要求

一、合同的概念和特征

1. 识记：合同的概念

2. 领会：合同的特征

二、合同法的概念和适用范围

1. 识记：合同法的概念

2. 领会：合同法的适用范围

三、合同的分类

1. 识记：双务合同和单务合同的概念、有偿合同和无偿合同的概念、有名合同和无名合同的概念、诺成合同和实践合同的概念、要式合同和不要式合同的概念、主合同和从合同的概念、预约合同和本合同的概念、缔约人为自己利益订立的合同和为第三人利益订立的合同的概念

2. 领会：区分双务合同和单务合同的法律意义、区分有偿合同和无偿合同的法律意义、区分有名合同和无名合同的法律意义、区分诺成合同和实践合同的法律意义、区分要式合同和不要式合同的法律意义、区分主合同和从合同的法律意义、区分预约合同和本合同的法律意义、区分缔约人为自己利益订立的合同和为第三人利益订立的合同的法律意义

四、合同订立的一般程序

1. 识记：要约与承诺的概念，要约与要约邀请的主要区别，要约的撤回与撤销，承诺的迟延、迟到和撤回

2. 领会：要约与承诺的有效条件及法律效力，要约失效的几种情形，合同成立的时间、地点

五、合同的内容

1. 识记：合同内容的概念、合同必备条款、合同普通条款的概念

2. 领会：欠缺合同必备条款的意义、欠缺合同普通条款的补救规则

3. 简单应用：格式条款的无效、格式条款与普通条款的冲突适用规则、格式条款的解释规则

六、合同效力的概念和内容

领会：合同效力的概念和内容

七、合同的成立与生效

1. 识记：合同生效的要件

2. 领会：合同订约人的民事行为能力要求

八、附条件和附期限合同

1. 识记：附条件合同和附期限合同的概念

2. 领会：附条件合同所附条件的要求、附条件合同和附期限合同的区别

九、无效合同

1. 识记：无效合同的概念、特征和种类

2. 领会：无效合同的含义、无效合同的种类、无效合同的法律后果

十、可撤销合同

1. 识记：可撤销合同的概念

2. 领会：可撤销合同的法律特征

3. 综合应用：认定欺诈、胁迫、乘人之危、重大误解、显失公平的合同及其撤销权的享有、行使方式和行使期间

十一、效力未定合同

1. 识记：效力未定合同的概念

2. 领会：效力未定合同的特征

3. 综合应用：限制民事行为能力人所签合同的效力认定和处理、无权代理人所签合同的效力认定和处理、无权处分合同的效力认定和处理

十二、合同履行概述

识记：合同履行的概念和原则

十三、合同履行的规则

领会：合同履行的规则

十四、合同履行抗辩权

1. 识记：同时履行抗辩权、先履行抗辩权的概念和适用条件

2. 简单应用：不安抗辩权的概念和适用条件

十五、合同履行中的保全措施

1. 识记：债权人代位权、撤销权的概念

2. 综合应用：债权人代位权、撤销权的行使

十六、合同的变更

1. 识记：合同变更的概念和方式

2. 领会：合同变更的效力

十七、合同的转让

1. 识记：合同转让的概念和特征

2. 领会：合同权利转让的要件和效力、合同义务转让的要件和效力、合同概括转让的效力

十八、合同权利义务终止的概念和效力

识记：合同权利义务终止的概念和效力

十九、合同解除

1. 识记：合同解除的概念、种类和特征

2. 领会：合同法定解除的共同原因及其行使方式、合同解除的效力

二十、清偿

1. 识记：清偿的概念

2. 领会：合同履行中的债务充抵

二十一、抵销

1. 识记：抵销的概念和适用条件

2. 领会：法定抵销的要件和效力

二十二、提存

1. 识记：提存的概念和原因

2. 领会：提存要件、方法和效力

二十三、免除

识记：免除的概念

二十四、混同

识记：混同的概念

二十五、缔约过失责任

1. 识记：缔约过失责任的概念

2. 领会：缔约过失责任与违约责任的主要区别

3. 简单应用：缔约过失责任的成立要件和类型

二十六、违约责任

1. 识记：违约责任的概念和特征

2. 领会：违约行为的类型

3. 简单应用：违约责任的成立要件、承担违约责任的形式、违约责任与侵权责任的竞合

二十七、买卖合同

1. 识记：买卖合同的概念和特征

2. 综合应用：买卖合同当事人的主要义务

二十八、赠与合同

1. 识记：赠与合同的概念和特征

2. 综合应用：赠与人的主要义务

二十九、借款合同

1. 识记：借款合同的概念和特征

2. 简单应用：借款合同当事人的主要义务

三十、租赁合同

1. 识记：租赁合同的概念和特征

2. 简单应用：租赁合同当事人的主要义务

三十、承揽合同

1. 识记：承揽合同的概念

2. 领会：承揽合同的特征

3. 综合应用：承揽人的基本义务、承揽合同的风险负担、定作人的任意变更权和解除权

三十一、建设工程合同

1. 识记：建设工程合同的概念

2. 领会：建设工程合同的特征

3. 简单应用：总包和分包、未经验收先行使用的法律后果、承包人的优先受偿权

三十二、运输合同

1. 识记：运输合同的概念和特征

2. 简单应用：客运合同、货运合同当事人的主要义务

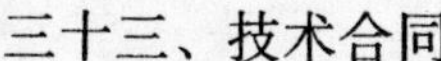

三十三、技术合同

1. 识记：技术合同的概念和特征

2. 简单应用：技术开发合同、技术转让合同、技术咨询与技术服务合同当事人的权利义务

第四章　专利法

学习目的与要求

通过本章的学习，应了解专利和专利法的概念与特征，进而掌握专利法的基本制度，特别是有关专利权授予的条件、专利权人的权利及专利权的期限、终止和无效等相关制度。

课程内容

第一节　专利法概述

一、专利和专利法的概念

（一）专利的概念

（二）专利法的概念

二、专利权的客体

（一）发明

（二）实用新型

（三）外观设计

三、专利权的主体

（一）发明人、申请人与专利权人

（二）专利权的归属

1. 职务发明

2. 非职务发明

3. 共同发明和委托发明

四、授予专利权的条件

（一）授予发明和实用新型专利权的条件

1. 新颖性

2. 创造性

3. 实用性

（二）授予外观设计专利权的条件

（三）不授予专利权的发明创造或事项

第二节　专利权的取得程序

一、专利申请

（一）专利申请的原则

1. 先申请原则
2. 单一性原则
（二）专利申请文件
（三）专利申请日和优先权
（四）专利申请的撤回和修改
（五）专利申请的代理
二、专利申请的审查和批准
第三节　专利权
一、专利权的期限、终止和无效
二、专利权人的权利和义务
（一）专利权人的权利
1. 独占权
2. 转让权
3. 许可权
4. 标记权
（二）专利权人的义务
1. 缴纳专利年费
2. 被授予专利权的单位对发明人或者设计人应予以奖励
三、专利权的限制
（一）不视为侵权的使用
（二）专利实施的强制许可
（三）专利的强制推广应用
四、专利权的保护
（一）专利权的保护范围
（二）侵犯专利权的行为
（三）侵犯专利权的法律责任

本章重点、难点内容

1. 专利权的归属
2. 授予发明和实用新型专利权的条件
3. 专利申请的审查和批准程序
4. 专利实施的强制许可
5. 侵犯专利权的法律责任

考核知识点与考核要求

一、专利和专利法的概念
识记：专利的概念、专利法的概念
二、专利权的客体

识记：发明、实用新型、外观设计的概念

三、专利权的主体

1. 识记：发明人、申请人与专利权人的概念

2. 领会：职务发明、非职务发明的概念

3. 综合应用：专利权的归属

四、授予专利权的条件

1. 识记：新颖性、创造性、实用性的含义

2. 简单应用：授予外观设计专利权的条件，不授予专利权的发明创造或事项

3. 综合应用：授予发明和实用新型专利权的条件

五、专利的申请

1. 识记：专利申请的原则

2. 领会：专利申请文件，专利申请的撤回和修改，专利申请的代理

3. 简单应用：专利申请日和优先权

六、专利申请的审查和批准

综合应用：专利申请的审查和批准程序

七、专利权的期限、终止和无效

简单应用：专利权的期限、终止和无效

八、专利权人的权利和义务

1. 识记：专利权人的权利，包括独占权、转让权、许可权、标记权

2. 领会：专利权人的义务，包括缴纳专利年费、被授予专利权的单位对发明人或者设计人应予以奖励

九、专利权的限制

1. 识记：不视为侵权的使用

2. 领会：专利实施的强制许可

十、专利权的保护

1. 识记：专利权的保护范围

2. 简单应用：侵犯专利权的法律责任

第五章　商标法

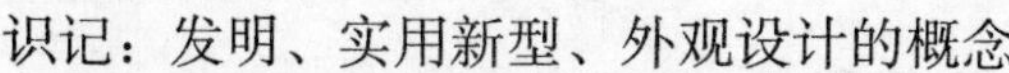

学习目的与要求

通过本章的学习，应了解商标和商标法的概念与特征，进而掌握商标法的基本制度，特别是有关商标权的内容、商标权的限制和商标权的保护等制度。

课程内容

第一节　商标概述

一、商标的概念

二、商标的分类

（一）注册商标和未注册商标

（二）商品商标和服务商标

（三）平面商标和立体商标

（四）集体商标和证明商标

三、商标的构成条件

（一）具有显著特征、便于识别

（二）不得与他人在先取得的合法权利相冲突

（三）不得违反法律的禁止性规定

第二节 商标权的取得程序

一、商标注册的申请

（一）商标注册的原则

1. 自愿注册原则

2. 先申请原则

3. 优先权原则

（二）商标注册申请人

（三）商标注册申请的代理

（四）申请文件

二、商标注册申请的审查与核准

第三节 商标权

一、商标权的内容

（一）使用权

（二）禁止权

（三）转让权

（四）许可权

二、商标权的限制

三、注册商标的期限、续展、变更和终止

（一）注册商标的期限和续展

（二）注册商标的变更

（三）注册商标的终止

四、商标权的保护

（一）商标权的保护范围

（二）侵犯商标专用权的行为

（三）侵犯商标专用权的法律责任

五、驰名商标的认定和保护

（一）驰名商标的概念

（二）驰名商标的认定

（三）对驰名商标的保护

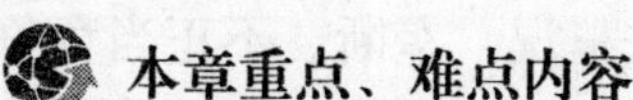

本章重点、难点内容

1. 商标的构成条件
2. 商标权的限制
3. 侵犯商标专用权的行为
4. 对驰名商标的认定和保护

考核知识点与考核要求

一、商标的概念
识记：商标的概念
二、商标的分类
识记：商标的分类
三、商标的构成条件
综合应用：商标的构成条件
四、商标注册的申请
1. 识记：商标注册的原则
2. 领会：商标注册申请人、商标注册申请的代理、申请文件
五、商标注册申请的审查与核准
简单应用：商标注册申请的审查与核准
六、商标权的内容
识记：使用权、禁止权、转让权、许可权
七、商标权的限制
简单应用：商标权的限制
八、注册商标的期限、续展、变更和终止
1. 识记：注册商标的期限、续展
2. 领会：注册商标的变更和终止
九、商标权的保护
1. 识记：商标权的保护范围
2. 简单应用：侵犯商标专用权的法律责任
3. 综合应用：侵犯商标专用权的行为
十、驰名商标的认定和保护
1. 识记：驰名商标的概念
2. 领会：驰名商标的认定
3. 综合应用：对驰名商标的保护

第六章　反垄断与反不正当竞争法

学习目的和要求

反垄断与反不正当竞争法是现代经济法的重要组成部分，在市场规制法中居于核心地

位。通过本章的学习，应了解反垄断法与反不正当竞争法的立法概况，垄断、不正当竞争行为的概念和特征，垄断的分类。本章应当重点学习和掌握经济性垄断与行政性垄断的类型及相应的法律规制，不正当竞争行为的类型及认定。

课程内容

第一节　反垄断法

一、垄断与反垄断法概述

（一）垄断的概念

（二）反垄断法概述

二、经济性垄断的法律规制

（一）垄断协议

（二）市场支配地位的滥用

（三）经营者集中

三、行政性垄断的法律规制

（一）行政性垄断的概念与特征

（二）我国行政性垄断的表现形式

第二节　反不正当竞争法

一、反不正当竞争法概述

我国于 1993 年通过并于同年 12 月 1 日开始实施《反不正当竞争法》。该法是我国第一部统一的竞争法律。

二、不正当竞争行为的概念与特征

（一）不正当竞争行为的概念

（二）不正当竞争行为的特征

三、不正当竞争行为的主要类型

（一）假冒混同行为

（二）虚假标示行为

（三）虚假宣传行为

（四）商业贿赂行为

（五）侵犯商业秘密行为

（六）不正当有奖销售行为

（七）商业诽谤行为

四、不正当竞争行为的民事责任

本章重点、难点内容

1. 反垄断法的立法目的、适用范围、适用除外

2. 行政性垄断的认定

3. 不正当竞争行为的认定及民事责任 .

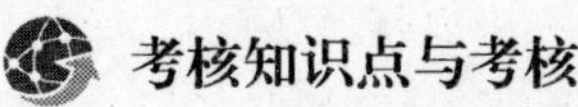

考核知识点与考核要求

一、垄断与反垄断法概述

1. 识记：垄断的概念及分类

2. 领会：反垄断法的适用范围和适用除外

二、经济性垄断的法律规制

1. 识记：垄断协议的概念与分类、经营者集中的概念、经营者集中的类型、经营者集中的豁免

2. 领会：垄断协议的具体表现、垄断协议的豁免、市场支配地位及相关市场的概念、滥用市场支配地位的主要表现形式

三、行政性垄断的法律规制

1. 识记：行政性垄断的表现形式

2. 领会：行政性垄断的概念与特征

3. 简单应用：行政性垄断的认定

四、反不正当竞争法概述

识记：反不正当竞争法的概念

五、不正当竞争行为的概念与特征

领会：不正当竞争行为的概念与特征

六、不正当竞争行为的主要类型

1. 识记：不正当竞争行为的类型

2. 领会：七种不正当竞争行为的概念与特征

3. 简单应用：不正当竞争行为的认定

七、不正当竞争行为的民事法律责任

领会：不正当竞争行为的民事责任

第七章　产品质量法

学习目的和要求

产品质量法是现代经济法的重要组成部分，在市场规制法中居于重要地位。通过本章的学习，应了解产品质量监督管理的相关制度，并重点学习和掌握产品的概念、产品瑕疵与缺陷的认定、生产者与销售者的产品质量义务以及产品责任的承担。

课程内容

第一节　产品质量法概述

一、产品质量法的概念、立法宗旨和适用范围

（一）产品质量法的概念

（二）我国产品质量法的立法宗旨

（三）产品质量法的适用范围

二、产品与产品质量

（一）产品的概念

（二）产品质量

第二节　产品质量监督管理制度

一、产品质量监督管理体制

我国确立了统一管理与分工管理、层次管理与地域管理相结合的产品质量监督管理体制。

二、产品质量检验制度

产品质量应当检验合格，不得以不合格产品冒充合格产品。产品质量检验机构必须具备相应的检验条件和能力，并须经过省级以上的人民政府产品质量监督管理部门或者其授权的部门考核合格后，方可承担产品质量检验工作。

三、产品生产许可证制度

为了保证产品安全，国家对生产关系公共安全、人体健康、生命财产安全的重要工业产品的企业实行生产许可证制度。

四、产品质量的标准化监督制度

产品质量标准分为国家标准、行业标准、地方标准和企业标准。其中，国家标准、行业标准分为强制性标准和推荐性标准。

五、企业质量体系认证制度和产品质量认证制度

我国实行企业质量体系自愿认证制度与产品质量自愿认证制度。

六、产品质量的监督检查制度

国家对产品质量实行以抽查为主要方式的监督检查制度。对缺陷产品实行召回管理。

七、产品质量社会监督和消费者监督

第三节　产品责任

一、产品责任的内涵

二、生产者的产品质量义务

生产者应当对其生产的产品质量负责；产品标识应当符合法律要求；特定产品的包装质量应符合法律要求。生产者必须遵守有关产品生产的禁止性规定。

三、销售者的产品质量义务

进货检查验收义务；保持产品质量的义务；遵守有关产品标识的义务；遵守有关产品销售的禁止性规定的义务。

四、产品缺陷

（一）产品缺陷的含义与判断标准

（二）产品缺陷与产品瑕疵的区别

（三）产品缺陷的类型

五、产品责任的责任主体

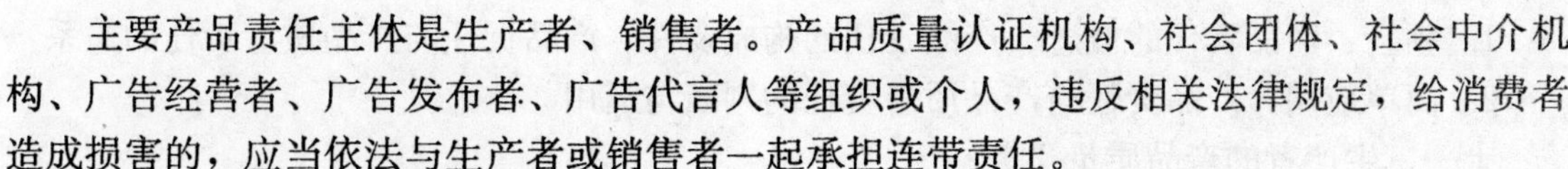

主要产品责任主体是生产者、销售者。产品质量认证机构、社会团体、社会中介机构、广告经营者、广告发布者、广告代言人等组织或个人，违反相关法律规定，给消费者造成损害的，应当依法与生产者或销售者一起承担连带责任。

六、产品责任的损害赔偿

（一）损害赔偿的类型

（二）损害赔偿请求权的行使期限

本章重点、难点内容

1. 产品的认定
2. 产品责任的概念和构成要件、产品责任与产品质量责任的关系
3. 生产者的产品质量义务的遵守与违反
4. 销售者的产品质量义务的遵守与违反
5. 产品瑕疵与缺陷的认定
6. 生产者、销售者产品责任的承担
7. 产品责任损害赔偿的实现

考核知识点与考核要求

一、产品质量法的概念、立法宗旨和适用范围

1. 识记：产品质量法的概念

2. 领会：我国产品质量法的立法宗旨、适用范围

二、产品与产品质量

1. 领会：产品与产品质量的概念

2. 简单应用：产品的认定

三、产品质量监督管理体制

识记：我国产品质量监督管理体制与产品质量监督管理机构

四、产品质量检验制度

识记：我国的产品质量检验制度与产品质量检验机构

五、产品生产许可证制度

识记：我国的产品生产许可证制度

六、产品质量的标准化监督制度

识记：产品的质量标准

七、企业质量体系认证制度和产品质量认证制度

识记：企业质量体系认证与产品质量认证

八、产品质量的监督检查制度

识记：产品质量抽检制度

九、产品质量社会监督和消费者监督

识记：产品质量的社会监督和消费者监督

十、产品责任的内涵

1. 领会：产品责任的概念、产品责任的构成要件、产品责任与产品质量责任的关系

2. 简单应用：产品责任与产品质量责任的判断与运用

十一、生产者的产品质量义务

1. 领会：生产者的产品质量义务

2. 简单应用：生产者的产品质量义务的遵守与违反

十二、销售者的产品质量义务

1. 领会：销售者的产品质量义务

2. 简单应用：销售者的产品质量义务的遵守与违反

十三、产品缺陷

1. 领会：产品缺陷的含义和判断标准、瑕疵的概念、缺陷与瑕疵的区别、缺陷的类型

2. 简单应用：产品瑕疵与缺陷的认定

十四、产品责任的责任主体

1. 领会：生产者承担产品责任的条件、生产者的免责事由、销售者承担产品责任的条件、生产者与销售者有关产品责任的连带责任、其他相关社会组织或个人有关产品责任的连带承担

2. 综合应用：生产者、销售者产品责任的承担

十五、产品责任的损害赔偿

1. 领会：产品责任损害赔偿的类型与范围、损害赔偿的诉讼时效、损害赔偿请求权的存续期间

2. 简单应用：产品责任损害赔偿的实现

第八章　消费者权益保护法

学习目的和要求

消费者是社会主义市场经济的基本主体，消费者权益保护法是经济法的重要内容。通过本章的学习，应了解消费者权益保护法的概念、原则、适用范围，以及消费者权益的国家、社会与国际保护。本章应当重点学习和掌握消费者的概念、消费者的权利类型与内涵、经营者的义务、消费者权益争议的解决途径和责任承担。

课程内容

第一节　消费者权益保护法概述

一、消费者的概念

我国《消费者权益保护法》所称的消费者是指为生活消费需要而购买、使用商品或者接受服务的个人。

二、消费者权益保护法的概念

消费者权益保护法，是调整在保护消费者权益的过程中发生的经济关系的法律规范的

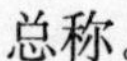

总称。

三、消费者权益保护法的性质

消费者权益保护法是经济法的重要组成部分，在市场规制法中占有重要的地位。

四、我国消费者权益保护法的原则

依法交易的原则，国家对处于弱者地位的消费者给予特别保护的原则以及全社会保护原则。

五、消费者权益保护法的适用范围

消费者为生活消费需要购买、使用商品或者接受服务，其权益受该法保护。农民购买、使用直接用于农业生产的生产资料，亦参照该法执行。

六、消费者权益的国际保护、国家保护与社会保护

（一）消费者权益的国际保护

（二）消费者权益的国家保护

（三）消费者权益的社会保护

第二节　消费者的权利

一、消费者权利的提出与发展

“消费者权利”最早是由美国总统肯尼迪提出来的，后逐步发展成为一个内容丰富、独具特色的权利群。

二、我国消费者权益保护法规定的消费者权利

（一）保障安全权

（二）知悉真情权

（三）自主选择权

（四）公平交易权

（五）依法求偿权

（六）依法结社权

（七）获取知识权

（八）人格尊严受尊重权与个人信息受保护权

（九）监督批评权

第三节　经营者的义务

一、依法定或约定提供商品或者服务的义务

二、接受消费者监督的义务

三、安全保障的义务

四、缺陷产品召回的义务

五、提供真实信息的义务

六、标明真实名称和标记的义务

七、出具购货凭证或者服务单据的义务

八、保证商品或服务质量符合要求的义务

九、履行七日内退货的义务

十、格式条款的提示、说明义务

十一、公平交易的义务

十二、尊重消费者人格权的义务

十三、重要信息披露义务

十四、消费者个人信息保护义务

第四节 消费者权益争议的解决途径和责任承担

一、消费者权益争议的解决途径

与经营者协商和解；请求消费者协会调解；向有关行政部门申诉；提请仲裁机构仲裁；向人民法院提起诉讼；消费者协会提起公益诉讼。

二、消费者权益损害的赔偿责任承担

（一）消费者权益损害的赔偿责任主体

（二）损害赔偿的范围

三、消费者权益争议的举证责任承担

本章重点、难点内容

1. 有关消费者身份的判断
2. 消费者权益保护法的适用范围
3. 消费者权益受损害时的责任承担主体、损害赔偿的范围、惩罚性损害赔偿

考核知识点与考核要求

一、消费者的概念

1. 领会：消费者的概念
2. 简单应用：有关消费者身份的判断

二、消费者权益保护法的概念

识记：消费者权益保护法的概念

三、消费者权益保护法的性质

领会：消费者权益保护法的性质

四、我国消费者权益保护法的原则

领会：我国消费者权益保护法确立的三项原则

五、消费者权益保护法的适用范围

领会：消费者权益保护法的适用范围

六、消费者权益的国际保护、国家保护与社会保护

识记：消费者权益的国际保护、国家保护、社会保护，消费者权益保护日

七、消费者权利的提出与发展

识记：消费者权利的提出与发展

八、我国消费者权益保护法规定的消费者权利

1. 领会：消费者权利的类型与内涵
2. 简单应用：消费者的权利是否被侵犯

九、我国消费者权益保护法规定的经营者的义务

1. 领会：经营者义务的内涵
2. 简单应用：判断经营者义务履行是否适当

十、消费者权益争议的解决途径和责任承担

1. 识记：消费者权益争议的解决途径
2. 领会：消费者权益受损害时的责任承担主体、损害赔偿的范围、惩罚性损害赔偿
3. 简单应用：惩罚性损害赔偿的适用

第九章　劳动法

学习目的和要求

劳动法是调整劳动关系的法律规范，是经济法的重要组成部分。通过本章的学习，应了解劳动法的概念，劳动合同的订立、效力、履行、解除以及特殊劳动合同、劳动仲裁等制度。本章应当重点学习和掌握劳动合同法、劳动仲裁法的相关内容。

课程内容

第一节　劳动法概述

一、劳动法的概念

二、劳动法的基本原则

三、劳动法的主要制度

（一）调整劳动关系的法律制度

（二）确定劳动标准的法律制度

（三）规范劳动力市场的法律制度

（四）社会保险法律制度

（五）劳动权利保障与救济的法律制度

第二节　劳动合同

一、劳动合同概述

（一）劳动合同的概念

（二）劳动合同法的调整范围

二、劳动合同的订立

（一）劳动关系的建立

（二）劳动合同的种类

三、劳动合同的内容

（一）劳动合同的必备条款

（二）劳动合同的任意条款

1. 试用期
2. 服务期
3. 竞业限制

4. 违约金

四、劳动合同的无效

五、劳动合同的履行和变更

（一）劳动合同的履行

（二）劳动合同的变更

六、劳动合同的解除、终止和经济补偿

（一）劳动合同的解除

双方协商一致解除，劳动者单方解除，用人单位单方解除。

（二）劳动合同的终止

（三）经济补偿

1. 支付情形

2. 支付标准和支付时间

（四）用人单位违法解除或者终止劳动合同的后果

（五）劳动合同解除或者终止的后果

七、特殊劳动合同

（一）集体合同

（二）劳务派遣

1. 劳务派遣的概念

2. 劳动派遣中的法律关系

3. 派遣单位和用工单位对于被派遣劳动者的法定义务

（三）非全日制用工

1. 非全日制用工的概念

2. 非全日制用工的特殊规定

第三节 劳动仲裁

一、劳动仲裁概述

（一）劳动仲裁的含义

（二）劳动仲裁与民事诉讼的关系

二、仲裁机构与仲裁规则

（一）仲裁机构

（二）仲裁规则

三、仲裁管辖与仲裁当事人

（一）仲裁管辖

（二）仲裁当事人

四、仲裁的公开原则与仲裁时效

（一）仲裁的公开原则

（二）仲裁时效

五、仲裁程序

（一）申请与受理

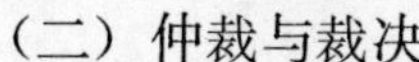

（二）仲裁与裁决

六、仲裁时限与先予执行

（一）仲裁时限

（二）先予执行

七、仲裁裁决的生效、撤销与执行

（一）仲裁裁决的生效与撤销

（二）仲裁裁决的执行

本章重点、难点内容

1. 劳动合同法的调整范围

2. 劳动合同的无效

3. 劳动合同的解除、劳动合同的终止、经济补偿、用人单位违法解除或者终止劳动合同的后果、劳动合同解除或者终止的后果

4. 仲裁裁决的生效与撤销、仲裁裁决的执行

考核知识点与考核要求

一、劳动法的概念

识记：劳动法的概念

二、劳动法的基本原则

领会：劳动法的基本原则

三、劳动法的主要制度

领会：调整劳动关系的法律制度、确定劳动标准的法律制度、规范劳动力市场的法律制度、社会保险法律制度、劳动权利保障与救济的法律制度

四、劳动合同概述

1. 识记：劳动合同的概念

2. 领会：劳动合同法的调整范围

五、劳动合同的订立

1. 识记：劳动合同的种类

2. 领会：劳动关系的建立

六、劳动合同的内容

领会：劳动合同的必备条款，劳动合同的任意条款（试用期、服务期、竞业限制、违约金）

七、劳动合同的无效

简单应用：劳动合同的无效

八、劳动合同的履行和变更

领会：劳动合同的履行和变更

九、劳动合同的解除、终止和经济补偿

1. 领会：劳动合同的解除、劳动合同的终止、经济补偿、用人单位违法解除或者终

止劳动合同的后果、劳动合同解除或者终止的后果

2. 简单应用：劳动合同的解除、经济补偿

十、特殊劳动合同

1. 识记：集体合同的概念、劳务派遣的概念、非全日制用工的概念

2. 领会：劳动派遣中的法律关系、派遣单位和用工单位对于被派遣劳动者的法定义务、非全日制用工的特殊规定

十一、劳动仲裁概述

1. 识记：劳动仲裁的含义

2. 领会：劳动仲裁与民事诉讼的关系

十二、仲裁机构与仲裁规则

领会：仲裁机构的设立、仲裁机构的组成与职责、仲裁员的任职条件、仲裁规则

十三、仲裁管辖与仲裁当事人

领会：仲裁管辖、仲裁当事人

十四、仲裁的公开原则与仲裁时效

1. 识记：仲裁时效

2. 领会：仲裁的公开原则

十五、仲裁程序

领会：申请与受理、仲裁与裁决

十六、仲裁时限与先予执行

领会：仲裁时限、先予执行

十七、仲裁裁决的生效、撤销与执行

领会：仲裁裁决的生效与撤销、仲裁裁决的执行

第十章　自然资源法与环境保护法

学习目的和要求

自然资源法与环境保护法是经济法的重要组成部分。通过本章的学习，应了解自然资源法的基本制度，以及土地管理法、森林法、草原法、水法、渔业法、野生动植物保护法、矿产资源法和环境保护法的主要制度。本章应当重点学习和掌握土地管理法、森林法、草原法、水法、渔业法、野生动植物保护法、矿产资源法和环境保护法的相关内容。

课程内容

第一节　自然资源法

一、自然资源与自然资源法

二、自然资源法的基本原则

三、自然资源法的基本制度

(一) 自然资源权属制度

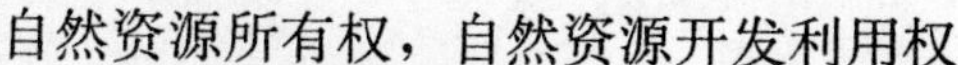

自然资源所有权，自然资源开发利用权。

（二）自然资源流转制度

（三）自然资源行政管理制度

自然资源规划制度，自然资源调查制度，自然资源许可制度，自然资源有偿使用制度。

四、土地管理法

（一）土地管理法概述

（二）土地管理法的主要内容

土地所有权与土地使用权，土地利用总体规划，耕地保护制度，建设用地法律制度。

五、森林法

（一）森林法概述

（二）森林法的主要内容

林权，林业规划、经营和保护，森林采伐。

六、草原法

（一）草原法概述

（二）草原法的主要内容

草原的所有权和使用权，草原的规划和建设，草原的利用和保护。

七、水法

（一）水法概述

（二）水法的基本内容

水权，水资源的统一规划和开发利用，水资源、水域和水工程的保护，水资源的配置和节约使用。

八、渔业法

（一）渔业法概述

（二）渔业法的主要内容

养殖业管理和合理捕捞，渔业资源的增殖和保护。

九、野生动植物保护法

（一）野生动植物保护法概述

（二）《野生动物保护法》的基本内容

野生动物权属制度，野生动物保护制度，野生动物管理制度。

（三）《野生植物保护条例》的基本内容

野生植物资源保护制度，野生植物资源管理制度。

十、矿产资源法

（一）矿产资源法概述

（二）矿产资源法的主要内容

矿产资源权属制度，矿产资源勘查、开采的监督管理制度。

第二节　环境保护法

一、环境与环境保护法

二、环境保护法的基本原则

三、环境保护的主要制度

（一）环境规划制度

（二）环境影响评价制度

（三）环境保护目标责任制度

（四）环境标准制度

（五）清洁生产制度

四、环境法律责任

本章重点、难点内容

1. 自然资源法的基本原则

2. 环境规划制度、环境影响评价制度、环境保护目标责任制度、环境标准制度、清洁生产制度

3. 环境民事责任

考核知识点与考核要求

一、自然资源与自然资源法

领会：自然资源的概念、自然资源立法

二、自然资源法的基本原则

领会：自然资源法的基本原则

三、自然资源法的基本制度

1. 识记：自然资源权属制度

2. 领会：自然资源流转制度，自然资源行政管理制度

四、土地管理法

1. 识记：土地管理法的概念

2. 领会：土地所有权与土地使用权、土地利用总体规划、耕地保护制度、建设用地法律制度

五、森林法

1. 识记：森林法的概念

2. 领会：林权，林业规划、经营和保护，森林采伐

六、草原法

1. 识记：草原法的概念

2. 领会：草原的所有权和使用权、草原的规划和建设、草原的利用和保护

七、水法

1. 识记：水法的概念

2. 领会：水权，水资源的统一规划和开发利用，水资源、水域和水工程的保护，水资源的配置和节约使用

八、渔业法

1. 识记：渔业法的概念

2. 领会：养殖业管理和合理捕捞、渔业资源的增殖和保护

九、野生动植物保护法

1. 识记：野生动物和野生植物的概念

2. 领会：野生动物权属制度、野生动物保护制度、野生动物管理制度、野生植物资源保护制度、野生植物资源管理制度

十、矿产资源法

1. 识记：矿产资源法的概念

2. 领会：矿产资源权属制度，矿产资源勘查、开采的监督管理制度

十一、环境与环境保护法

识记：环境的概念、环境保护法的概念

十二、环境保护法的基本原则

领会：环境保护法的基本原则

十三、环境保护的主要制度

1. 领会：环境规划制度、环境影响评价制度、环境保护目标责任制度、环境标准制度、清洁生产制度

2. 综合应用：环境民事责任

Ⅳ　关于大纲的说明与考核实施要求

一、自学考试大纲的目的和作用

“经济法概论（财经类）”课程自学考试大纲是根据专业自学考试计划的要求，结合自学考试的特点而确定。其目的是对个人自学、社会助学和课程考试命题进行指导和规定。

课程自学考试大纲明确了课程学习的内容以及深广度，规定了课程自学考试的范围和标准。因此，它是编写自学考试教材和辅导书的依据，是社会助学组织进行自学辅导的依据，是自学者学习教材、掌握课程内容知识范围和程度的依据，也是进行自学考试命题的依据。

二、关于自学教材

《经济法概论（财经类）》，全国高等教育自学考试指导委员会组编，李仁玉主编，中国人民大学出版社，2016年版。

三、关于自学要求和自学方法的指导

本大纲的课程基本要求是依据专业考试计划和专业培养目标而确定的。课程基本要求还明确了课程的基本内容，以及对基本内容掌握的程度。考核要求中的知识点构成了课程内容的主体部分。因此，考生对课程基本内容掌握程度、课程考核知识点是高等教育自学考试考核的主要方面。

为有效地指导个人自学和社会助学，本大纲已指明了课程的重点，在章节的基本要求中一般也指明了章节内容的重点。

“经济法概论（财经类）”是一门发展比较成熟的法学课程，经过近40年的发展，它的概念、原理已较为成熟，大家应该有信心经过自己的努力能够学好这门课程。另一方面，经济法毕竟是一门以经济法律为研究对象的课程，我国社会主义法律体系的不断发展，必然导致经济法律规定不断变化，因此要求考生不断关注我国经济法律法规的变化，以及经济法学科的最新研究成果。为此，请注意以下事项：

1. 在学习每一章内容之前，先认真了解自学考试大纲中对该章知识点的考核要求，做到在学习时心中有数。

2. 务必重视对课程中基本概念、基本原理和基本法条的学习，要下足够的功夫，反复思考，不能满足于字面上的理解，并注意社会经济生活中的典型案例，以做到了解每一经济法律制度的意义、适用领域和所要解决的现实问题。

3. 注意应用方面的练习，教材中每章后都有相关的思考题和案例分析题，通过相关思考题的练习和案例分析题的练习就能达到本课程学习要求的程度。

4. 要有意识地提高抽象思维和逻辑推理的能力，这是培养科学素养的一个重要方面。

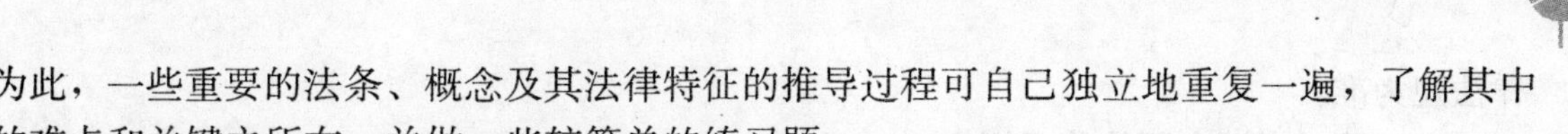

为此，一些重要的法条、概念及其法律特征的推导过程可自己独立地重复一遍，了解其中的难点和关键之所在，并做一些较简单的练习题。

5. 关于自学时间的安排。由于考生情况的差异，以下建议仅供参考。

章次	内容	学时
第一章	公司法	25
第二章	合伙企业法与个人独资企业法	20
第三章	合同法	35
第四章	专利法	20
第五章	商标法	15
第六章	反垄断与反不正当竞争法	20
第七章	产品质量法	15
第八章	消费者权益保护法	20
第九章	劳动法	20
第十章	自然资源法与环境保护法	20
总计		210

四、对社会助学的要求

要针对重点章节提出自学或助学的基本学时建议和要求（如在章节后面已有，这里也可不再阐述），以及在助学活动中应注意的问题。要强调注意正确引导、把握好助学方向，正确处理学习知识和提高能力的关系。

1. 要熟知考试大纲对本课程总的要求和各章的知识点，准确理解对各知识点要求达到的认知层次和考核要求，并在辅导过程中帮助考生掌握这些要求，不要随意增删内容和提高或降低要求。

2. 要结合典型例题，讲清楚基本概念、基本原理和基本法条，重点内容要讲透，引导考生注意基本理论的学习；更要十分重视法律运用的讲解，帮助考生真正达到考核要求，并培养良好的学风，提高自学能力。不要猜题、押题。

3. 要使考生认识到辅导课只能起到“领进门”的作用，听懂不等于真懂，关键还在于自己练，应要求考生课后抓紧复习，认真做题。

4. 助学单位在安排本课程辅导时，授课时间建议不少于60小时。

五、对考核内容的说明

1. 本课程要求考生学习和掌握的知识点内容都作为考核的内容。课程中各章的内容均由若干知识点组成，在自学考试中成为考核知识点。因此，课程自学考试大纲中所规定的考试内容是以分解为考核知识点的方式给出的。由于各知识点在课程中的地位、作用以及知识点自身的特点不同，自学考试将对各知识点分别按四个认知（或叫能力）层次确定其考核要求。

2. 在考试之日起6个月前，由全国人民代表大会和国务院颁布或修订的法律、法规都将列入相应课程的考试范围。凡大纲、教材内容与现行法律、法规不符的，应以现行法律法规为准。

六、关于考试命题的若干规定

1. 本课程考核方法采用闭卷笔试形式。满分100分，60分为及格。考试时间为150分钟。

2. 本大纲各章所规定的基本要求、知识点及知识点下的知识细目，都属于考核的内容。考试命题既要覆盖到章，又要避免面面俱到。要注意突出课程的重点、章节重点，加大重点内容的覆盖度。

3. 命题不应有超出大纲中考核知识点范围的题，考核目标不得高于大纲中所规定的相应的最高能力层次要求。命题应着重考核自学者对基本概念、基本知识和基本理论是否了解或掌握，对基本方法是否会用或熟练。不应出与基本要求不符的偏题或怪题。

4. 本课程在试卷中对不同能力层次要求的分数比例大致为：识记占20%，领会占30%，简单应用占30%，综合应用占20%。

5. 要合理安排试题的难易程度，试题的难度可分为易、较易、较难和难四个等级。每份试卷中不同难度试题的分数比例一般为：2∶3∶3∶2。

必须注意试题的难易程度与能力层次有一定的联系，但二者不是等同的概念，在各个能力层次都有不同难度的试题。

6. 课程考试命题的主要题型一般有单项选择题、多项选择题、简答题、论述题、案例题等。

7. 为了考生详细了解试卷有关情况，附上样卷，供参考。

附录 参考样卷及答案

参考样卷

一、单项选择题（本大题共 20 小题，每小题 1 分，共 20 分）

在每小题列出的四个备选项中只有一个是符合题目要求的，请将其代码填写在题后的括号内。错选、多选或未选均无分。

1. 甲公司分立成乙公司和丙公司，甲公司对丁公司所欠的 100 万元债务应由（　　）。

A. 甲公司承担　　B. 乙公司和丙公司承担，各承担 50 万元债务

C. 乙公司和丙公司承担连带责任　　D. 甲公司、乙公司和丙公司承担连带责任

2. 根据我国《公司法》的规定，股份公司股东会所做出的决议，必须经出席会议股东三分之二以上表决权通过的是（　　）。

A. 审议批准董事会的报告　　B. 审议批准监事会的报告

C. 决定公司的经营方针或投资计划　　D. 增加公司的注册资本

3. 甲、乙、丙、丁四家公司作为发起人，以募集方式设立股份有限公司，召开创立大会时，由于客观环境发生重大变化，公司不再设立，对于筹建中发生的 800 万元债务承担，下列说法正确的是（　　）。

A. 甲、乙、丙、丁平均分摊　　B. 甲、乙、丙、丁按约定的出资比例分摊

C. 甲、乙、丙、丁承担连带责任　　D. 按创立大会成员所代表的表决权比例承担

4. 甲、乙、丙组成了特殊普通合伙企业，丙在执行合伙业务中因重大过失造成合伙企业 100 万元债务，对该债务的承担，下列表述正确的是（　　）。

A. 甲、乙、丙应当对该债务承担无限连带责任

B. 甲、乙、丙应当对该债务承担按份责任

C. 丙应当对该债务承担无限连带责任

D. 甲、乙对该债务不承担责任

5. 有关个人独资企业的财产和责任下列表述正确的是（　　）。

A. 个人独资企业的财产和家庭财产严格区分

B. 个人独资企业的投资人需提交验资报告

C. 个人独资企业仅以企业财产承担责任

D. 个人独资企业应以投资人的全部个人财产或家庭财产对企业债务承担无限责任

6. 甲与乙签订一份买卖合同，甲向乙供应家具 500 套，因甲遭遇不可抗力导致供货不能，对此乙（　　）。

A. 既可解除合同，又可要求赔偿损失　　B. 或者解除合同，或者要求赔偿损失

C. 只能解除合同，不能要求赔偿损失　　D. 不能解除合同，只能要求赔偿损失

7. 住所地在甲地的四海公司在乙地设立了一家分公司，该分公司以自己的名义与乙地的公司签订了一份房屋租赁合同，现分公司因为拖欠租金发生纠纷，下列正确的是（　　）。

A. 房屋租赁合同有效，法律责任由合同当事人独立承担

B. 由于该分公司不具有民事主体资格，又无四海公司授权，因此该租赁合同无效

C. 合同有效，该合同产生的法律责任由四海公司承担

D. 合同有效，该合同产生的法律责任由四海公司及其分公司承担连带责任

8. 甲与乙签订一份煤炭供应合同，甲为供方，乙为需方。双方约定甲于 9 月 27 日供货，乙于 10 月 27 日付款。甲按期供货，但经验收煤炭含硫量严重超标，导致乙方不能使用，对此乙方享有（　　）。

A. 先履行抗辩权　　B. 不安抗辩权

C. 同时履行抗辩权　　D. 先诉抗辩权

9. 甲与乙签订一份买卖合同，甲为卖方，乙为买方。甲在 A 市，乙在 B 市。双方对合同履行地点没有约定，也不能达成补充协议，合同的履行地为（　　）。

A. 付款在 A 市，交货在 B 市　　B. 付款在 B 市，交货在 A 市

C. 付款和交货均在 A 市　　D. 付款和交货均在 B 市

10. 下列合同中属于实践合同的是（　　）。

A. 买卖合同　　B. 承揽合同

C. 工程合同　　D. 自然人之间的借款合同

11. 专利申请日以前在国内外为公众所知的技术是（　　）。

A. 新技术　　B. 现有技术

C. 非专利技术　　D. 发现

12. 自核准注册之日起计算，注册商标的有效期为（　　）。

A. 3 年　　B. 5 年

C. 10 年　　D. 20 年

13. 下列表述中不违反《消费者权益保护法》的是（　　）。

A. 超市保安看见一衣衫褴褛的消费者可以进行辱骂

B. 超市保安怀疑一消费者衣服藏有该超市物品，可以要求搜身

C. 超市保安怀疑一消费者偷吃超市巧克力，可以将其关在保安室

D. 张某为查知其债务人李某的经济状况，要求李某的开户行提供李某的账户信息，遭到该银行的拒绝

14. 某大型商场销售 A 品牌电视机，在市场上流通一段时间后，发现该产品存在安全隐患，故该商场发出召回商品的通知。关于该案下列表述正确的是（　　）。

A. 召回商品的费用由消费者承担

B. 该商场承担消费者因商品被召回的必要费用

C. 私下召回该电视机

D. 该电视机被召回后不做任何处理

15.《产品质量法》中所说的产品是指经过加工、制作，用于出售的产品。下列选项不属于《产品质量法》中的产品的是（　　）。

A. 建筑工程　　B. 建筑材料

C. 建筑构配件　　D. 建筑设备

16. 下列选项不属于垄断协议的是（　　）。

A. 家乐福和沃尔玛约定：前者占北京市场，后者占天津市场

B. 因为价格问题，甲、乙两家公司口头约定：甲、乙两公司只从丙钢铁公司处购买钢材

C. 甲药厂和乙医药连锁超市约定：后者出售前者的某种专利药品只能按某价格出售

D. 甲药厂和乙医药连锁超市约定：后者出售前者的某种专利药品最高按某价格出售

17. 我国对不正当竞争行为进行监督检查的主管部门是（　　）。

A. 商务部　　B. 技术监督局

C. 工商行政管理部门　　D. 物价局

18. 根据《劳动合同法》的规定，用人单位与劳动者签订劳动合同约定试用期的，该期限最长不得超过（　　）。

A. 一个月　　B. 两个月

C. 六个月　　D. 一年

19. 劳动争议申请仲裁的时效期间为（　　）。

A. 六个月　　B. 九个月

C. 一年　　D. 两年

20. 环境民事责任的性质是（　　）。

A. 过错责任　　B. 无过错责任

C. 公平责任　　D. 过错推定责任

二、多项选择题（本大题共 5 小题，每小题 2 分，共 10 分）

在每小题列出的五个备选项中至少有两个是符合题目要求的，请将其代码填写在题后的括号内。错选、多选、少选或未选均无分。

21. 公司章程是公司的纲领性文件，其约束力体现为（　　）。

A. 对公司有约束力　　B. 对公司董事有约束力

C. 对公司监事有约束力　　D. 对公司股东有约束力

E. 对公司债权人有约束力

22. 依照《合伙企业法》的规定，有关有限合伙企业的有限合伙人下列表述正确的有（　　）。

A. 享有执行合伙事务的权利

B. 可以同本有限合伙企业进行交易

C. 可以自营与本有限合伙企业相竞争的业务

D. 可以不经其他合伙人的同意将其在有限合伙企业中的财产份额出质

E. 应对有限合伙企业债务承担无限连带责任

23. 根据我国《专利法》的规定，对下列各项中不授予专利权的有（　　）。

A. 科学发现　　B. 智力活动的规则和方法

C. 疾病的诊断和治疗方法　　D. 动物和植物品种

E. 用原子核变换方法获得的物质

24. 根据《反垄断法》的规定，下列不属于经营者集中的情形的是（　　）。

A. 经营者通过取得资产的方式，取得对其他经营者的表决权

B. 经营者通过合同等方式，能够对其他经营者施加影响

C. 经营者合并

D. 经营者联合抑制交易

E. 经营者协议划分销售市场

25. 劳动者存在下列情形的，用人单位不得解除劳动合同（　　）。

A. 甲因犯抢劫罪被判处有期徒刑

B. 乙因工负伤而丧失劳动能力

C. 丙因欠债不还被债权人申请强制执行

D. 丁因患病尚在规定的医疗期内

E. 戊因与他人未婚同居而怀孕

三、简答题（本大题共 6 小题，每小题 5 分，共 30 分）

26. 简述公司的概念及法律特征。

27. 简述普通合伙企业的设立条件。

28. 简述商标注册的优先权原则。

29. 简述我国已公开技术不丧失新颖性的时间和情形。

30. 简述产品责任的概念及成立要件。

31. 简述我国《环境保护法》的基本原则。

四、论述题（本大题共 2 小题，每小题 10 分，共 20 分）

32. 论我国《公司法》的资本三原则。

33. 论我国《合同法》的适用范围。

五、案例题（本大题共 2 小题，每小题 10 分，共 20 分）

34. 2014 年 3 月，甲向乙购买钢材 1 000 吨，约定履行期限为 2014 年 12 月 31 日。合同签订后，2014 年 5 月 5 日，乙通知甲将不履行合同，甲未予答复。2014 年 12 月 31 日，乙依约送来钢材 1 000 吨，其中 500 吨的质量符合合同的约定，另 500 吨含硫量严重超标不能使用。同时，乙未依约向甲交付钢材产地说明书和质量检验报告，甲需要该批钢材。甲、乙形成纠纷。问：

（1）乙的行为是否构成预期违约？为什么？

（2）甲、乙之间的合同是否解除？为什么？

（3）甲是否可以拒收该 1 000 吨钢材？为什么？

（4）乙未依约交付钢材产地说明书和质量检验报告，甲可否以此为由拒收钢材？为什么？

35. 甲服装公司的“lavender”注册商标被国家工商行政管理总局商标局认定为驰名商标。乙服装商行在其销售的服装产品中均使用带有“lavender”字样的标签和外包装袋。甲服装公司认为乙服装商行的上述行为侵犯了“lavender”注册商标专用权，于是向人民法院起诉。根据上述材料回答下列问题：

（1）乙服装商行的行为是否构成侵权？为什么？

（2）假设“lavender”商标是未注册的驰名商标，某公司将“lavender”商标用在饮料商品上，是否构成侵权？为什么？

（3）在侵权人因侵权所获得的利益或者被侵权人因被侵权所受到的损失均难以确定的情况下，人民法院应如何确定侵权赔偿的数额？

参考样卷答案

一、单项选择题

1. C 2. D 3. C 4. C 5. D 6. C 7. C 8. A 9. C 10. D 11. B 12. C 13. D 14. B 15. A 16. D 17. C 18. C 19. C 20. B

二、多项选择题

21. ABCD 22. BCD 23. ABCDE 24. ABD 25. BCDE

三、简答题

26. 公司是具有独立的法人财产，享有法人财产权并以其全部财产对其债务承担责任的企业法人。公司具有下列法律特征：（1）依法设立；（2）具有独立的法人财产，享有法人财产权；（3）以其全部财产对其债务承担责任；（4）公司是企业法人。

27. 普通合伙企业设立的条件有：

（1）有两个以上合伙人；（2）有书面合伙协议；（3）有合伙人认缴或实际交付的出资；（4）有合伙企业的名称和生产经营场所，其名称应当标明“普通合伙”字样；（5）法律、行政法规规定的其他条件。

28. 商标注册优先权原则主要包括两个方面的内容：

（1）商标注册申请的优先权。商标注册申请的优先权，是指商标注册申请人在外国第一次提出商标注册申请之日起6个月内，若向中国提出同样申请的，将优先于他人在该申请日后提出的申请，取得申请在先的地位。

（2）展览优先权。展览优先权，是指商标在展览会展出的商品上首次使用的，可以享有优先权。

29. 申请专利的发明创造在申请日以前6个月内，有下列情形之一的，不丧失新颖性：（1）在中国政府主办或者承认的国际展览会上首次展出的；（2）在规定的学术会议或者技术会议上首次发表的；（3）他人未经申请人同意而泄露其内容的。

30. 产品责任，又称产品缺陷责任，是指产品的生产者、销售者因其生产或销售的产品有缺陷，造成消费者、使用者或其他人人身、财产的损害而应承担的一种民事赔偿责任。其成立要件主要有：（1）产品存在质量缺陷；（2）缺陷在生产或销售环节已经存在；（3）损害事实客观存在，即已经造成了他人人身或财产上的损害；（4）产品缺陷是损害发生的原因。

31. 我国《环境保护法》的基本原则有：（1）保护优先原则；（2）预防为主原则；（3）综合治理原则；（4）公众参与原则；（5）损害担责原则。

四、论述题

32. 资本三原则是指资本确定原则、资本维持原则、资本不变原则。

资本确定原则，又称法定资本制，是指在公司设立时，必须在章程中确定资本总额，且应认足或募足甚至缴足，其目的是使公司成立有相当的财产基础。我国《公司法》仍保留了资本确定原则的相应规定：（1）有限责任公司发起人或股东虽采用资本认缴登记制，但公司的注册资本仍需在公司成立时一次性发行完毕；（2）募集设立的股份有限公司必须在公司设立时一次性发行全部股份并予以实际缴纳股款；（3）股东对非货币形式的出资必须承担出资差额的填补责任。

资本维持原则，是指公司成立后应当维持与其注册资本相当的资产，以保护债权人的利益和交易安全。我国《公司法》的资本维持原则主要体现为：（1）公司成立后，股东不得抽回投资；（2）发起人用于抵作股款的财产不得高估；（3）股票发行的价格不得低于股票的票面金额；（4）公司原则上不得收购自己发行的股票，也不得接受用本公司股票进行的质押；（5）公司分配当年税后利润应提取10%列入公司法定公积金；（6）公司弥补亏损之前，不得向股东分配股利。

资本不变原则，是指公司资本总额非经法定程序，不得任意减少或增加，以维护股东和债权人的利益。

33. 我国现行《合同法》的适用范围：（1）除《合同法》分则的有名合同适用《合同法》以外，对于《合同法》分则没有规定的无名合同，只要其内容为设立、变更、终止民事权利义务关系的适用《合同法》总则的规定及最相近似的《合同法》分则的规定。如借用合同因《合同法》分则未规定，可适用《合同法》总则的规定。（2）《合同法》不适用于行政合同，如行政奖励合同、行政委托合同、征地合同、拆迁合同等。（3）劳动合同不适用《合同法》的规定，因为劳动合同不完全贯彻自愿原则，最低工资制度、劳动保障制度、休假制度、劳动培训制度、五险一金制度等，体现了法律干预原则，因此在我国法律制度中劳动合同由专门的《劳动合同法》加以调整。但劳务合同应由《合同法》调整，如家庭劳务合同、单位职工已退休后的返聘合同等，应适用《合同法》。（4）集体经济组织的内部土地承包合同不适用《合同法》，而适用《农村土地承包法》，因为农村土地承包合同是实现家庭联产承包责任制的方式，但农村土地的外部承包合同，即非农村集体组织的成员与农村集体经济组织签订的承包合同适用《合同法》。（5）企业的内部承包合同不适用《合同法》，但企业外部承包合同，即非企业工作人员承包企业签订的承包合同适用《合同法》。（6）有关身份关系的协议不适用《合同法》，如婚约、收养协议、夫妻财产制协议、离婚协议、遗赠扶养协议等，因其内容主要涉及身份关系，故不适用《合同法》而应适用《婚姻法》《继承法》《收养法》等相关法律规定。（7）抵押合同，质押合同，建设使用权出让、转让合同，矿业权出让、转让合同，应首先适用《物权法》和《矿产资源法》的相关规定。（8）著作权合同、专利权合同、商标权合同应首先适用《著作权法》《专利法》和《商标法》的相关规定。（9）保险合同、海事合同等应首先适用《保险法》

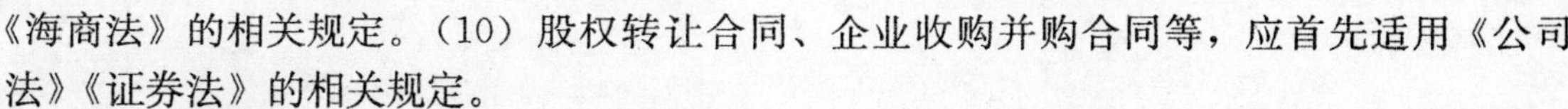

《海商法》的相关规定。(10) 股权转让合同、企业收购并购合同等，应首先适用《公司法》《证券法》的相关规定。

五、案例题

34. (1) 乙的行为构成预期违约，因为乙于合同履行期限到来之前明确表示将不履行合同义务。

(2) 甲、乙之间的合同未解除，因为解除合同应采用通知的方式。

(3) 甲可拒收含硫量超标的 500 吨钢材，但不能拒收全部 1 000 吨钢材，因为甲需要该批钢材，同时另 500 吨钢材符合约定的质量标准。

(4) 甲不得以此为由拒收钢材，因为从给付义务的不履行只有导致合同目的不能实现时，才可解除合同。

35. (1) 乙服装商行的行为已经构成侵权。根据《商标法》的规定，未经商标注册人的许可，在同一种商品上使用与其注册商标相同的商标的，构成侵犯商标专用权行为。

(2) 不构成侵权。根据《商标法》的规定，就相同或者类似商品申请注册商标是复制、模仿或者翻译他人未在中国注册的驰名商标，容易导致混淆的，不予注册并禁止使用。但是本案中，某公司将未注册的"lavender"商标用在饮料商品上，不会引起混淆，所以不构成侵权。

(3) 根据《商标法》的规定，权利人因被侵权所受到的实际损失、侵权人因侵权所获得的利益、注册商标许可使用费难以确定的，由人民法院根据侵权行为的情节判决给予 300 万元以下的赔偿。

后 记

2014年12月由全国高等教育自学考试指导委员会办公室召开了全国高等教育自学考试课程大纲、教材编前会，会上制定了“经济法概论（财经类）”课程自学考试大纲编写的指导思想、基本原则和要求。

本大纲由北京工商大学李仁玉教授负责编写。大纲完成后，中央财经大学法学院博士生导师甘功仁教授、北京工商大学法学院吕来明教授、北京工商大学法学院王亦平教授、中国人民大学法学院孟雁北副教授、中国人民大学法学院姚海放副教授参加审稿工作，全国高等教育自学考试指导委员会经济管理类专业委员会审定。

全国高等教育自学考试指导委员会
经济管理类专业委员会
2016年1月

经济法概论(财经类)

编写说明

为了落实2014年12月全国高等教育自学考试指导委员会召开的全国高等教育自学考试课程大纲、教材编前会的精神，根据我国相关法律法规的修改变化，依据自学考试经济管理类专业考生应具备的基本法律素养要求和考生考试减负的要求，编写了《经济法概论（财经类）》。

《经济法概论（财经类）》不是按照传统的经济法学科体系进行编写，而是依据自学考试经济管理类专业考生应具备的基本法律素养要求进行编写。因此，《经济法概论（财经类）》的内容涵盖了部分民法、商法、知识产权法的学科内容。就经济法学科内容而言，重点突出了市场规制法的内容，舍弃了经济法总论和经济专门法的内容。

《经济法概论（财经类）》教材的特点是：以法条为中心，以案例为素材。内容编写以我国现行法律法规为依据，以养成考生对我国现行法律法规的了解、认知和理解。为了便于考生对我国现行法律法规的运用，教材内容中选取了教学说明性案例，教材每章正文之后均附有案例分析题供考生练习，以利于提升考生运用法律知识分析问题和解决问题的能力。

《经济法概论（财经类）》为了适应自学考生自学之目的，在语言风格上力求简洁、准确；在说明性案例的选材上，力求通俗易懂和生动有趣；在每章之后的思考题的设计上，力求涵盖该章的重点和难点及考核知识点；在每章之后的案例分析题的设计上，力求使考生掌握分析和解决相关法律问题的方法和能力。

编者

2016年1月于北京

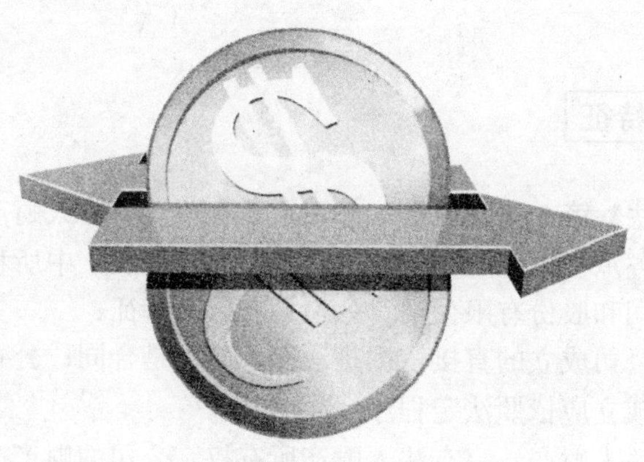

第一章　公司法

学习目标

通过本章的学习，应了解公司和公司法的概念及特征，进而掌握公司法的基本制度，特别是有关有限责任公司和股份有限公司设立条件和程序、股东权利和义务、公司的组织机构、股权转让等核心内容。对于国有独资公司，也应对其特殊性予以掌握。

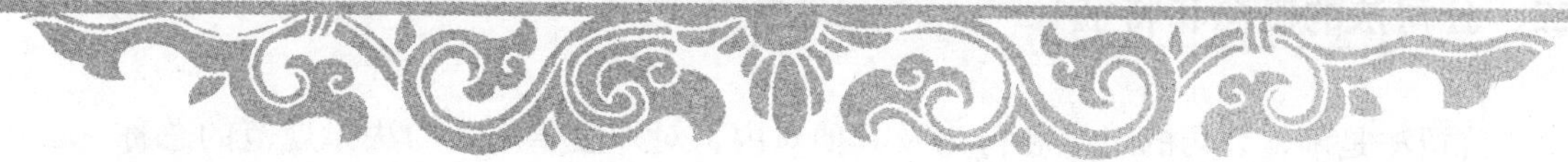

第一节 公司法概述

一、公司的概念和特征

根据我国《公司法》第3条的规定，公司是具有独立的法人财产，享有法人财产权并以其全部财产对其债务承担责任的企业法人。我国《公司法》中所称的公司仅指在我国境内设立的有限责任公司和股份有限公司。公司具有以下特征：

（1）依法设立。公司成立的直接依据是法律，而不是合同；公司的成立必须符合法律规定的条件；公司的成立应依照法定程序。

（2）具有独立的法人财产，享有法人财产所有权。公司的财产来源于股东的投资，但股东投资后对于投资财产原则上不享有所有权，而只享有股权，因此，公司的财产虽然是股东投资聚合而成，但独立于股东的财产，并对该财产享有所有权。例如，甲向A公司投资50万元后，甲就不对该50万元享有所有权，该50万元的财产所有权就由A公司享有，甲只对A公司享有50万元的股权。但依照《物权法》第52条的规定，国家投资的铁路、公路、电力设施、电信设施和油气管道等基础设施，国家享有所有权，而非公司对该类财产享有所有权。例如，京九铁路等基础设施，其所有权为国家享有。

（3）以其全部财产对其债务承担责任。公司以营利为目的，作为独立的营业主体，其必然对外发生债务，对于公司债务，应以其全部财产承担责任。无论是有限责任公司还是股份有限公司的股东都不是公司债务的债务人，他们对公司债务原则上不承担责任。例如，B公司有甲、乙、丙三名股东，B公司负债500万元，但B公司只有400万元的财产，B公司仅以400万元承担责任，甲、乙、丙三名股东不承担责任。

（4）公司是企业法人。依照《民法通则》的规定，我国法人可分为机关法人、事业单位法人、社会团体法人和企业法人。公司属于企业法人。作为企业法人，公司以营利为目的，连续不断地从事经营活动并将营利所得依法分配给其股东。

二、公司法的概念和特征

公司法是调整公司的组织和行为及其他对内、对外法律关系的法律规范的总称。公司法具有以下特征：

（1）公司法是组织法与行为法的结合。作为组织法，公司法规定了公司的设立、变更和终止；公司章程；公司内部机构的设立及权利义务；公司与股东之间的关系及股东与股东之间的关系等。作为行为法，公司法规定了公司股票的发行和交易、债券的发行和转让等内容，当然，《证券法》进一步细化了股票发行、债券发行的相关规则。至于公司的买卖、租赁等行为不由公司法调整。

（2）公司法是兼具公法属性的私法。公司法属于私法范畴，但公司法规范中，对于公

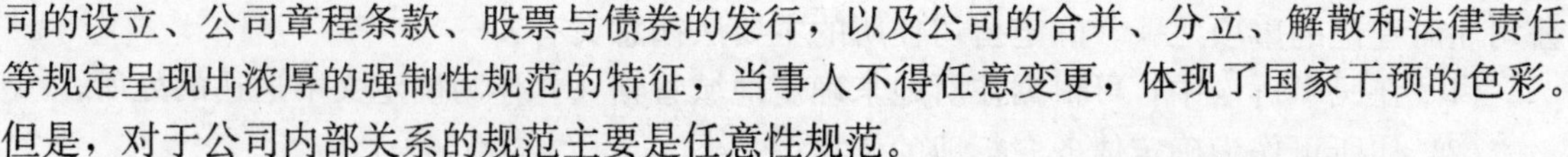

司的设立、公司章程条款、股票与债券的发行，以及公司的合并、分立、解散和法律责任等规定呈现出浓厚的强制性规范的特征，当事人不得任意变更，体现了国家干预的色彩。但是，对于公司内部关系的规范主要是任意性规范。

（3）公司法是兼具程序法律内容的实体法。公司法属于实体法，但是包含了大量程序法内容。公司法中关于公司设立的条件、公司资本制度、公司组织结构及其职权、股东权利义务属于实体规范。而关于公司设立的程序、公司组织机构行使职权的方式以及公司变更、清算、解散的程序属于程序规范。

三、公司的设立与成立

（一）公司的设立

公司的设立是指公司依法取得法人资格的全部活动的总称。

公司的设立行为主要有：订立发起人协议，订立公司章程，选举董事、监事，申请设立登记，募集股份，投资，认股，缴纳股款，召开公司创立大会，申请设立登记。

公司设立的程序主要是：确立公司股东或发起人，订立公司章程，股东或发起人认缴或履行投资，建立公司机关，办理设立登记。

（二）公司的成立

公司的成立是指公司设立后产生的法律效果。公司的成立日期是营业执照签发日期。公司成立在历史上经历了自由主义、特许主义、核准主义和准则主义。我国《公司法》将准则主义作为公司成立的原则。

四、公司的名称和住所

（一）公司的名称

公司名称是表示公司性质或特点并与其他公司相区别的标志。

根据《公司法》和国家工商总局的《企业名称登记管理规定》及其实施办法，我国的公司名称由以下部分组成：

（1）公司类别。根据《公司法》第 8 条的规定，公司名称中必须标明“有限责任公司”、“有限公司”或“股份有限公司”、“股份公司”字样。

（2）公司注册机关所在地的行政区划。经国家工商总局核准，下列公司的名称可以不冠以公司注册地的行政区划：1）历史悠久，字号驰名的公司；2）外商投资的有限责任公司；3）可以申请在企业名称中使用“中国”、“中华”或者“国际”字样的全国性公司等。

（3）公司所属行业或经营特点。如“××化工××公司”。

（4）商号，即公司相互区别的文字符号。如“同仁堂”就属商号。

例如：“北京同仁堂健康药业股份有限公司”是一个完整的公司名称。其中，公司类别是股份有限公司，行政区划是北京，公司所属行业是健康药业，商号是同仁堂。

（二）公司的住所

依照《公司法》第 10 条的规定，公司的住所是其主要办事机构所在地。公司住所是公司注册登记的事项之一。确定公司住所的主要法律意义有：

（1）在民事诉讼中，可根据住所地来确定地域管辖，并作为确定文书送达的处所；

（2）住所可作为确定债务履行地的依据；

（3）住所是确定公司行政管辖机关的依据。

五、公司章程

公司章程是规定公司组织和行为的基本规则的重要文件，是由公司股东或发起人依法制定的。公司章程的作用在于：（1）公司章程是公司设立的行为要件，依据《公司法》第11条的规定，设立公司必须依法制定公司章程。（2）公司章程是指导公司行为的基本规范。依据《公司法》第11条的规定，公司章程对公司、股东、董事、监事、高级管理人员具有约束力。（3）公司章程是公司向其成员表明信用或向外表明商誉的证明，公司章程的公开性有利于公司成员和社会公众了解公司的性质等情况，有利于社会公众与公司进行交易。（4）公司章程是政府对公司进行管理的重要依据。

公司章程具有法定性，其表现为：（1）内容的法定性。公司章程的内容虽然可分为绝对记载事项、相对记载事项和任意记载事项，但公司章程的内容主要为绝对记载事项，绝对记载事项是由法律直接规定的。（2）形式的法定性。公司章程必须采用书面形式。（3）修改程序的法定性。公司章程的修改必须基于公司法规定的事由和法定程序，公司章程修改后必须及时办理变更登记手续，否则不得对抗善意第三人，同时，公司负责人应受处罚。（4）效力的法定性。公司章程是公司的纲领性文件，对公司、股东、董事、监事、高级管理人员具有约束力。

公司章程应向公司登记机关登记备案，但登记备案不是公司章程的生效要件，公司章程经股东大会或者股东会通过后即具有效力。公司章程具有公开性，公司章程的公开包括对股东在内的投资者公开和对债权人在内的社会公众公开，任何人都可查询公司章程的内容。

公司章程具有自治性，公司章程的内容只要不违反法律的强制性规定，并具有相应的约束力。公司章程的自治性表现为：（1）公司章程是一种行为规范，是公司依法制定的而不是国家制定的。（2）公司章程是由公司予以执行的而非依靠国家强制力予以实施。（3）公司章程的效力只及于公司及相关当事人而不具有社会的普遍约束力。

六、公司的合并与分立

（一）公司的合并

1．合并的形式

公司合并包括新设合并和吸收合并。

新设合并是指两个或两个以上的公司合并成一个新公司，参加合并的公司消灭。例如，甲、乙两公司合并成丙公司，甲、乙公司消灭。

吸收合并是指两个或两个以上的公司合并，其中一个公司继续存在，其他公司均消

灭。例如，甲、乙、丙三个公司合并，其中甲公司存在，乙、丙公司消灭。

2. 合并的程序

第一，合并各方协商一致，订立合并协议，编制资产负债表及财产清单。

第二，股东会决议。根据我国《公司法》第43条和第103条的规定，有限责任公司的合并应由代表2/3以上表决权的股东通过；股份有限责任公司的合并应由出席会议的股东所持表决权的2/3以上通过。

第三，通知。根据我国《公司法》第173条的规定，公司应当自作出合并决议之日起10日内通知债权人，并于30日内在报纸上公告。债权人自接到通知书之日起30日内，未接到通知书的自公告之日起45日内，有权要求公司清偿债务或者提供相应的担保。

第四，注册登记。对于吸收合并，存续公司应办理变更登记，被吸收公司应办理注销登记；对于新设合并，合并后的新公司应办理设立登记，合并各方应办理注销登记。

3. 合并的法律效果

公司合并后，原公司的股东可以继续成为合并后的公司的股东；原公司的债权债务由合并后的公司概括承受。

（二）公司的分立

1. 分立的形式

公司的分立主要有派生分立和新设分立。

派生分立是指公司将一部分财产分离出去，设立一个或多个新公司。例如，甲公司中分离出乙公司，甲公司仍得以存续。

新设分立是指公司将其财产全部分割，分别设立两个或两个以上新公司。例如，甲公司分立成乙公司和丙公司，甲公司消灭。

2. 分立的程序

根据我国《公司法》的规定，公司分立其财产应作相应分割，分立时应编制资产负债表及财产清单。公司应自股东会作出分立决议之日起10日内通知债权人，并于30日内在报纸上公告。

3. 分立的法律效果

公司分立前的债务由分立后的公司承担连带责任。但是，公司分立前与债权人就债务清偿达成协议另有约定的除外。例如，甲公司对丁公司负有500万元债务，甲公司分立成乙公司和丙公司，甲公司消灭，则乙公司和丙公司对丁公司的500万元债务承担连带责任。如果丁公司与乙公司和丙公司达成分别还款200万元和300万元的协议，则乙公司和丙公司就分别承担200万元和300万元的债务，不承担连带责任。

七、公司的资本、资产

公司资本是指记载于公司章程的由股东出资构成的公司财产。广义的公司资本还包括借贷资本。公司资产是指公司可以支配的全部财产。公司资产包括金钱、财物等有形财产，还包括知识产权、债权等无形财产。

公司资本制度类型包括：法定资本制、授权资本制、折中资本制和认缴资本制。法定资本制是指在公司设立时，由股东全部认缴、实收的公司资本制度。授权资本制是指在公司设立时记载于公司章程的资本总额，不必全部发行，未认购部分由董事会在公司成立后一次或分次发行或募集的公司资本制度。折中资本制是指在法定资本制和授权资本制的基础上，以一种资本制为基础兼采另一种资本制的优点的公司资本制度。认缴资本制是我国现行公司资本制度，即在公司成立时股东认缴公司章程记载的资本总额，法律对股东第一次认缴或分次认缴未有强制性规定，法律取消了公司资本的最低限额。但为了维护金融秩序的稳定，我国现行法律对于募集设立的股份有限公司、银行业等金融机构、证券公司、期货公司、信托公司、保险公司、基金管理公司、融资性担保公司等，暂不实行资本认缴制。

为了使公司拥有、维持其从事生产经营活动所必要的资本，公司法上形成了一系列相关规定，学理上称为公司资本“三原则”，即资本确定原则、资本维持原则和资本不变原则。资本确定原则，又称法定资本制，是指在公司设立时，必须在章程中确定资本总额，且应认足或募足甚至缴足，其目的是使公司成立有相当的财产基础。我国原《公司法》保留了资本确定原则的相应规定：(1) 有限责任公司发起人或股东虽采用资本认缴登记制，但公司的注册资本仍需在公司成立时一次性发行完毕；(2) 募集设立的股份有限公司必须在公司设立时一次性发行全部股份并予以实际缴纳股款；(3) 股东对非货币形式的出资必须承担出资差额的填补责任。资本维持原则是指公司成立后应当维持与其注册资本相当的资产，以保护债权人的利益和交易安全。我国《公司法》的资本维持原则主要体现为：(1) 公司成立后，股东不得抽回投资；(2) 发起人用于抵作股款的财产不得高估；(3) 股票发行的价格不得低于股票的票面金额；(4) 公司原则上不得收购自己发行的股票，也不得接受用本公司股票进行的质押；(5) 公司分配当年税后利润应提取10%列入公司法定公积金；(6) 公司弥补亏损之前，不得向股东分配股利。资本不变原则是指公司资本总额非经法定程序，不得任意减少或增加，以维护股东和债权人的利益。如我国《公司法》第43条和第103条规定，增加或减少注册资本属股东会特别决议事项，必须经有限责任公司代表2/3以上表决权的股东通过，或者股份有限责任公司出席股东大会股东所持2/3以上的表决权通过，方为有效。

八、公司债

公司债又称公司债券，是指依照法定程序发行，约定在一定期限还本付息的有价证券。

以债券上是否记载持有人的姓名为标准，公司债可分为记名债券与无记名债券。记名债券是指其上记载持有人姓名的债券。无记名债券是指其上不记载持有人姓名的债券。前者通过背书发生转让的效力，转让后通过办理过户手续发生对抗公司的效力；后者只要交付就发生转让的效力。

以有无担保为标准，公司债可分为有担保公司债与无担保公司债。有担保公司债是指公司发行公司债券时，以其财产为抵押物。无担保公司债是指以其信用作为其清偿债务的保证。

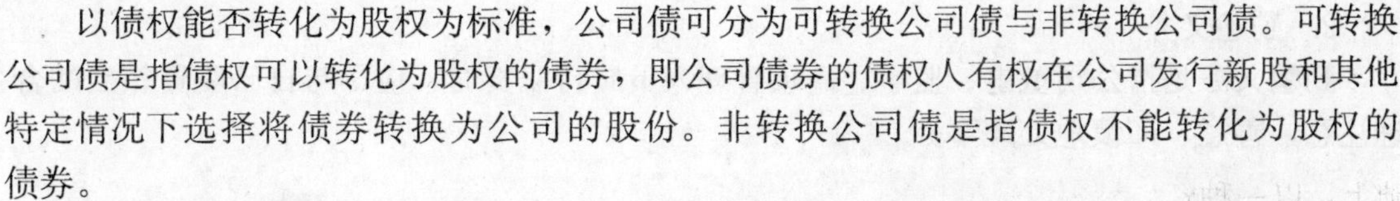

以债权能否转化为股权为标准，公司债可分为可转换公司债与非转换公司债。可转换公司债是指债权可以转化为股权的债券，即公司债券的债权人有权在公司发行新股和其他特定情况下选择将债券转换为公司的股份。非转换公司债是指债权不能转化为股权的债券。

以发行方式为标准，公司债可分为公募公司债和私募公司债。公募公司债是指按照法定程序经证券主管部门向社会投资者发行的债券，其发行必须经过国家公认的资信评级机构的评级，发行者应将自己全部的情况公之于众。私募公司债是指以特定的少数的投资者为对象发行的债券，私募公司债发行金额较小、期限较短，不能上市交易，债券利益较高，发行价格较低。

公司债券与公司股票不同：(1) 公司债券只能在公司成立后发行，而公司股票在公司成立前和成立后均可发行；(2) 公司债券到期应还本付息，公司股票不存在还本付息的问题；(3) 在公司解散时，公司债券持有人一般有优于公司股东的权利。

九、公司董事、监事、高级管理人员的任职资格和义务

(一) 董事、监事、高级管理人员的任职资格

依据《公司法》第146条的规定，有下列情形之一的，不得担任公司的董事、监事和高级管理人员：(1) 无民事行为能力人或者限制民事行为能力人；(2) 因贪污、贿赂、侵占财产、挪用财产或者破坏市场经济秩序，被判处刑罚，执行期满未逾5年，或者因犯罪被剥夺政治权利，执行期满未逾5年；(3) 担任破产清算的公司、企业的董事或者厂长、经理，对该公司、企业的破产负有个人责任的，自该公司、企业破产清算完结之日起未逾3年；(4) 担任因违法被吊销营业执照、责令关闭的公司、企业的法定代表人，并负有个人责任的，自该公司、企业被吊销营业执照之日起未逾3年；(5) 个人所负数额较大的债务到期未清偿。

公司违反上述规定选举、委派董事、监事或者聘任高级管理人员的，该选举、委派或者聘任无效。董事、监事、高级管理人员在任职期间出现上述情形的，公司应当解除其职务。

此外，根据我国《公司法》第51条和第117条的规定，公司的董事和高级管理人员不得兼任监事。

(二) 董事、监事、高级管理人员的义务

1. 忠实义务

忠实义务是指公司的董事、监事、高级管理人员应当忠实履行职责，维护公司利益。具体要求包括：(1) 不得利用自己的身份不当受益，如不得侵占公司财产，不得接受贿赂或者将他人与公司交易的佣金据为己有；(2) 不得擅自利用或处置公司财产，如不得将公司资金以个人名义存储，未经股东会或董事会同意，不得用公司财产为他人提供担保；(3) 自我交易的规制，如不得未经股东会同意或违反公司章程，与本公司签订合同或进行交易；(4) 与公司间不正当竞争的规制，如不得非法谋取属于公司的商业机会或者利用职务便利为他人或自己抢占、争夺属于公司的商业机会；(5) 不得泄露公司秘密。

董事、监事和高级管理人员违反忠实义务所得应当归公司所有。

2. 勤勉义务

勤勉义务是指公司董事、监事、高级管理人员履行职责时，应尽与自己职责相当的合理注意，善意、谨慎地处理事务。

十、公司职工权益保障及参与民主管理

（一）职工的劳动与社会保障权利

我国《公司法》第17条规定，公司必须保护职工的合法权益，依法与职工签订劳动合同，依法为职工办理社会保险；公司应当加强劳动保护，实现安全生产。

（二）职工依法组织工会的权利

我国《公司法》第18条规定，公司职工有权依法组织工会，开展工会活动，维护职工合法权益。公司工会代表职工就职工的劳动报酬、工作时间、福利、保险和劳动安全卫生等事项依法与公司签订集体合同。公司违反集体合同，侵犯职工劳动权益的，工会可依法要求公司承担责任；因履行集体合同发生争议，工会可向劳动仲裁机构提请仲裁，对仲裁不服的，可以向法院提起诉讼。

（三）职工参与公司民主管理的权利

我国《公司法》第18条规定，公司通过职工代表大会或其他形式，实行民主管理。职工代表大会虽然不是公司的权力机关，但是它是公司职工参与民主管理的有效形式之一。此外，我国《公司法》还规定了职工参与民主管理的其他形式：(1) 国有独资公司董事会成员中应当有职工代表，有限责任公司和股份有限公司的董事会成员中可以有职工代表；(2) 国有独资公司、有限责任公司和股份有限公司的监事会中职工代表的比例不得低于1/3，具体比例由公司章程规定。

十一、公司的解散与清算

（一）公司的解散

公司的解散是指已成立的公司因法定原因丧失营业能力，停止业务活动，开始处理未结业务。依照我国《公司法》第180条的规定，公司解散的原因有：(1) 公司章程规定的营业期限届满或者公司章程规定的其他解散事由出现；(2) 股东或者股东大会决议解散；(3) 因公司合并或分立需要解散；(4) 依法被吊销营业执照、责令关闭或者被撤销；(5) 公司经营管理发生严重困难，继续存在会使股东利益受到重大损失，通过其他途径不能解决的，持有公司全部股东表决权10%以上的股东可以请求人民法院解散公司，法院予以解散。

应予注意的是，公司的解散并非公司法人资格的消失。公司解散后的清算期间，公司仍具有法人资格，但只能进行与公司清算相关的活动。

（二）公司的清算

1. 公司清算的概念

公司清算是指公司解散后，处理公司未结事务，使公司法人资格消灭的程序。

2. 清算的种类

公司清算可分为破产程序清算和非破产程序清算。在公司财产不足以清偿全部债务时，由债权人或债务人申请进入破产还债程序进行清算终止公司法人资格的，为破产程序清算。破产程序清算适用《破产法》而非《公司法》的规定。非破产程序清算是指公司财产能够抵偿其债务时通过非破产清算程序终止公司法人资格。非破产程序清算适用《公司法》的规定。

3. 清算组的组成

在非破产程序清算中，根据我国《公司法》第183条的规定，有限责任公司的清算组由股东组成，股份有限公司的清算组由董事会或股东大会确定的人员组成；逾期不成立清算组的，债权人可以申请人民法院指定有关人员组成清算组进行清算。

4. 清算组的职权

根据我国《公司法》第184条的规定，清算组的职权有：(1) 清算公司财产，分别编制资产负债表和财产清单；(2) 通知、公告债权人；(3) 处理与清算有关的公司未了结的业务；(4) 清缴所欠税款以及清算过程中产生的税款；(5) 清理债权、债务；(6) 处理公司清偿债务后的剩余财产；(7) 代表公司参与民事诉讼活动。

5. 清算的程序

第一，依法选任清算组成员。清算组应当自成立之日起10日内将清算组成员、清算组负责人名单向公司登记机关备案。

第二，通知和公告债权人。清算组应当自成立之日起10日内通知债权人，并于60日内在报纸上公告。债权人应当在接到通知书之日起30日内，未接到通知书的自公告之日起45日内向清算组申报债权。

第三，制定清算方案并报股东（大）会或者人民法院确认。清算组在清理公司财产、编制资产负债表和财产清单后，应当制定清算方案。清算组制定的清算方案，有限责任公司应当报股东会确认，股份公司应当报股东大会确认，国有独资公司应当报国有资产监督管理机构确认。人民法院组织清算组清算的，应当报人民法院确认。

第四，清偿债务。清算方案得到确认后，清算组应当以公司财产分别支付清算费用、职工工资、社会保障费用和法定补偿金，缴纳所欠税款，清偿公司债务。

第五，向股东分配剩余财产。公司清偿债务后的剩余财产，依法分配给股东。有限责任公司按股东投资比例分配，股份有限公司按股东持有的股份比例分配。

第六，清算终结。清算结束后，清算组应当制作清算报告，并报股东（大）会或人民法院确认。清算组应当自清算结束之日起30日内向公司登记机关申请注销登记。

第二节 有限责任公司

一、有限责任公司的设立

（一）有限责任公司的设立条件

根据我国《公司法》第23条的规定，设立有限责任公司，应当具备以下条件：

1. 股东符合法定人数和法定资格

我国《公司法》第 24 条规定，有限责任公司由 50 个以下股东出资组成。允许一个法人或一个自然人投资设立一人有限责任公司（一个自然人只能设立一个一人有限责任公司），或者由国务院或地方政府授权的投资机构设立国有独资公司。此外，股东还应具备相应身份和资格。

（1）有限责任公司的自然人股东。自然人股东原则上应具有完全民事行为能力，但在发生继承的情况下，无民事行为能力人和限制民事行为能力人也可成为公司股东。

（2）有限责任公司的法人和其他机构股东。除法律明文禁止的党政机关以外，企业、事业单位、社会团体、经授权的国家机关，原则上都可以投资设立有限责任公司。

（3）有限责任公司的国有股东。国有财产投资于有限责任公司，需由具体的国有单位作为股东或出资人，同时，对该国有财产拥有管辖权的政府部门（如国资委）要依法履行监督职能。

2. 股东共同制定公司章程

有限责任公司的章程必须经全体股东共同制定，并签名盖章。一人有限责任公司章程由股东制定，并签名盖章。国有独资公司章程由国有资产管理机构制定，或者由董事会制定并报国有资产管理机构批准。公司章程一经制定，即产生法律效力，出资人必须按照公司章程履行认缴、缴付出资和负责筹办公司的义务。

3. 有公司名称，建立符合有限责任公司要求的组织机构

有限责任公司的组织机构包括股东会、董事会、监事会。但由于有限责任公司的具体形式、股东人数、经营规模、资本来源不同，法律、法规要求其建立的组织机构也不尽一致。依据《公司法》的规定，有限责任公司人数较少或者规模较小的，可以设 1 名执行董事，不设董事会；设 1 名至 2 名监事，不设监事会。一人有限责任公司和国有独资公司，不设股东会。

4. 有公司住所

公司住所为公司主要办事机构所在地。有限责任公司设立时，登记机关要求提供证明公司对其住所享有使用权的文件。

（二）有限责任公司的设立程序

1. 制定公司章程

有限责任公司的公司章程应经全体股东一致同意。我国《公司法》第 25 条规定，有限责任公司章程应载明下列事项：公司名称和住所；公司经营范围；公司注册资本；股东的姓名或者名称；股东的出资方式、出资额和出资时间；公司的机构及其产生办法、职权、议事规则；公司法定代表人；股东会会议认为需要规定的其他事项。股东应当在公司章程上签名、盖章。

2. 股东认缴及缴付出资

股东认缴出资是指股东承诺按一定的比例和金额购买公司的股本，由此获得股东身份并承担股东的权利义务。依照《公司法》第 28 条的规定，股东应当按期足额缴纳公司章程中规定的各自认缴的出资额。股东以货币出资的，应当将货币出资足额存入有限责任公司在银行开设的账户；以非货币出资的，应当依法办理财产权的转移手续。股东

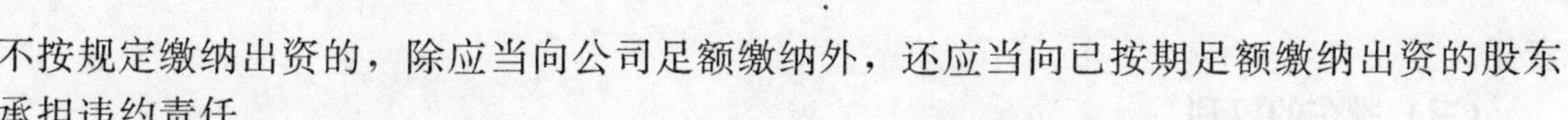

不按规定缴纳出资的，除应当向公司足额缴纳外，还应当向已按期足额缴纳出资的股东承担违约责任。

3. 选举或确定公司机关

根据公司的具体形式、股东人数、经营规模和资本来源等，选举或确定公司的股东会、董事会（执行董事）、监事会（监事）等公司机关。

4. 申请设立登记

股东认定公司章程规定的出资后，由全体股东指定的代表或者共同委托的代理人向公司登记机关报送公司登记申请书、公司章程等文件，申请设立登记。

二、有限责任公司的股东出资

（一）出资形式

有限责任公司的股东可以用货币出资，也可以用实物、知识产权、土地使用权等可以用货币估价并可以依法转让的非货币财产出资；但是，法律、行政法规规定不得作为出资的财产除外。

（二）出资证明书

《公司法》第31条规定，有限责任公司成立后，应当向股东签发出资证明书。出资证明书应当载明下列事项：（1）公司名称；（2）公司成立日期；（3）公司注册资本；（4）股东的姓名或者名称、缴纳的出资额和出资日期；（5）出资证明书的编号和核发日期。出资证明书由公司盖章。

出资证明书的意义在于：（1）它表明公司设立人已履行了缴付所认缴的出资义务，已经成为该有限责任公司的股东；（2）股东依出资证明书记载的事项享有相应的权利，并承担相应的义务和责任。出资证明书不能流通，但股东依法转让出资时，可随其出资一同转让。

三、有限责任公司的股东及其权利义务

（一）有限责任公司的股东构成

有限责任公司的股东构成如下：（1）在公司章程上签名、盖章并履行出资义务的发起人，他们可以是自然人、法人等；（2）在公司存续期间依法取得股权的人，如通过继承等原因取得股权成为股东的人；（3）公司增资时的新股东。

（二）股东名册

根据《公司法》第32条的规定，有限责任公司应当置备股东名册，股东名册的记载事项为：（1）股东的姓名或者名称及住所；（2）股东的出资额；（3）出资证明书编号。

备置股东名册的法律意义是：（1）对股东身份具有确定的效力，在册登记的股东有权对公司行使股东的权利；（2）对股东关系具有推定效力，如无相反证据，公司以股东名册上记载的股东为股东；（3）公司对在册登记股东的免责效力，公司依法对股东名册上记载的股东履行了通知、送达、公告、支付股利、分配公司财产等义务后，即免除其相应

责任。

（三）股东的权利

股东的权利主要表现为自益权和共益权。自益权是指股东基于自身出资专为自身利益而享有的权利，如获得股息、红利的权利等；共益权是指股东基于自己的出资为公司利益同时也为自己利益而享有的参与公司事务的权利，如请求召开股东会的权利等。

我国《公司法》规定的股东的法定权利有：(1) 出席股东会的权利，参与公司重大决策和选择经营管理者的权利；(2) 被选举为公司董事、监事的权利；(3) 查阅股东会会议记录和公司财务报告的权利；(4) 按比例获取红利的权利；(5) 公司新增出资时，享有优先认购的权利；(6) 对其他股东转让出资在同等条件下的优先认购权，如有多个股东均欲购买，则按出资比例享有优先认购权；(7) 为公司及股东利益起诉董事、高级管理人员的权利等。

（四）股东的义务

股东应履行以下义务：(1) 缴纳所认缴的出资；(2) 遵守公司章程；(3) 以其缴纳的出资为限对公司承担责任；(4) 在公司核准登记后，不得抽逃出资；(5) 对公司其他股东的诚信义务等。

四、有限责任公司的组织机构

有限责任公司的组织机构是依照法律和公司章程规定行使决策、执行和监督职能的机构，包括股东会、董事会、监事会。

（一）股东会

1. 股东会的组成

有限责任公司的股东会由全体股东组成。股东无论出资多少，都有权参加股东会。

2. 股东会的性质

股东会是依据公司法和公司章程的规定，对于公司经营管理和各种涉及股东权益事宜拥有最高决策权的公司权力机构。但股东会对外不代表公司，对内不执行业务，也不是公司的常设机构。

3. 股东会的职权

依照《公司法》第37条的规定，股东会行使下列职权：(1) 决定公司的经营方针和投资计划；(2) 选举和更换非由职工代表担任的董事、监事，决定有关董事、监事的报酬事项；(3) 审议批准董事会的报告；(4) 审议批准监事会或者监事的报告；(5) 审议批准公司的年度财务预算方案、决算方案；(6) 审议批准公司的利润分配方案和弥补亏损方案；(7) 对公司增加或者减少注册资本作出决议；(8) 对发行公司债券作出决议；(9) 对公司合并、分立、解散或者变更公司形式作出决议；(10) 修改公司章程；(11) 公司章程规定的其他职权。

4. 股东会的召集

股东会的职权主要是通过召集股东会会议的方式实现的。股东会会议分为定期会议和临时会议。定期会议是按照公司章程的规定定期按时召开的会议，通常每年举行一次或两

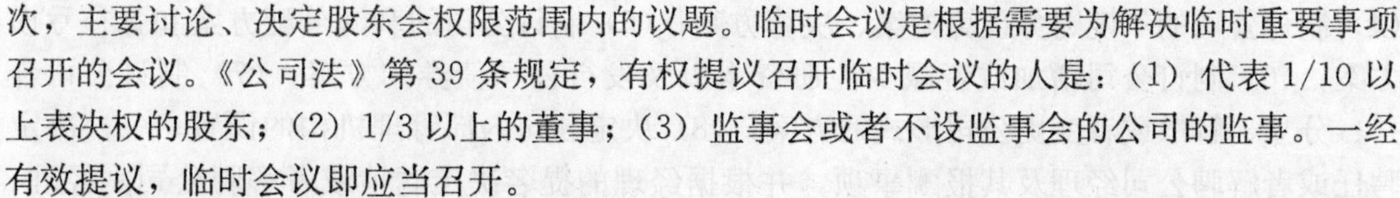

次，主要讨论、决定股东会权限范围内的议题。临时会议是根据需要为解决临时重要事项召开的会议。《公司法》第39条规定，有权提议召开临时会议的人是：(1) 代表1/10以上表决权的股东；(2) 1/3以上的董事；(3) 监事会或者不设监事会的公司的监事。一经有效提议，临时会议即应当召开。

股东会的首次会议由出资最多的股东召集和主持。有限责任公司设立董事会的，股东会会议由董事会召集，董事长主持；董事长不能履行职务或者不履行职务的，由副董事长主持；副董事长不能履行职务或者不履行职务的，由半数以上董事共同推举一名董事主持。有限责任公司不设董事会的，股东会会议由执行董事召集和主持。董事会或执行董事不能履行或者不履行召集股东会会议职责的，由监事会或不设监事会的公司的监事召集和主持；监事会或者监事不召集和主持的，代表1/10以上表决权的股东可以自行召集和主持。

根据《公司法》第41条的规定，召开股东会会议，除章程另有规定或全体股东另有约定外，应当于会议召开前15日通知全体股东，以保证股东事先了解会议议题而进行准备，保证股东有效行使股东权。

5. 股东会的议事规则

除公司章程另有规定以外，股东会会议由股东按出资比例行使表决权。

股东行使表决权，并达到法定多数才能形成股东会决议。股东会决议分为普通决议和特别决议。普通决议是指对一般事项所作的决议，一般只需代表一半以上表决权的股东同意即可，但依据《公司法》第43条的规定，对于修改公司章程、增加或者减少公司注册资本的决议，以及公司合并、分立、解散或者变更公司形式的决议，属特别决议，必须经代表2/3以上表决权的股东通过。股东会会议应当对所作事项的决定做成会议记录，出席会议的股东应当在会议记录上签名。

（二）董事会

1. 董事会的性质

董事会是有限责任公司的经营决策和业务执行机构，是公司的常设机构，对内执行业务，对外代表公司。小规模的有限责任公司可以不设董事会，只设一名执行董事。

2. 董事会的组成

董事会由股东会选举的董事和其他方式产生的董事组成，向股东会负责。董事会由3～13名奇数董事构成，便于董事会决议能以简单多数通过。董事长、副董事长的产生办法由公司章程规定。

董事可以是自然人，也可以是法人。法人担任董事时，可以指定一名具有完全民事行为能力的自然人作为代表或代理人参加董事会。董事的产生方式有以下三种：一是由股东会选任，有限责任公司非由职工代表担任的董事由股东会选任；二是由公司章程规定；三是由法律直接规定。国有企业或其他国有投资主体设立的有限责任公司的董事由设立主体选派。董事任期不得超过3年，但连选可以连任。

3. 董事会的职权

依据《公司法》第46条的规定，董事会的具体职权如下：(1) 召集股东会会议，并向股东会报告工作；(2) 执行股东会的决议；(3) 决定公司的经营计划和投资方案；

（4）制订公司的年度财务预算方案、决算方案；（5）制订公司的利润分配方案和弥补亏损方案；（6）制订公司增加或者减少注册资本以及发行公司债券的方案；（7）制订公司合并、分立、解散或者变更公司形式的方案；（8）决定公司内部管理机构的设置；（9）决定聘任或者解聘公司经理及其报酬事项，并根据经理的提名决定聘请或者解聘公司副经理、财务负责人及其报酬事项；（10）制定公司的基本管理制度；（11）公司章程规定的其他职权。但董事会的任何职权不得对抗股东会决议。

4. 董事会的召集

《公司法》第 47 条规定：董事会会议由董事长召集和主持；董事长不能履行或者不履行职务的，由副董事长召集和主持；副董事长不能履行职务或者不履行职务的，由半数以上董事共同推举一名董事召集和主持。

5. 董事会的议事规则

依据《公司法》第 48 条的规定，除法律另有规定以外，董事会的议事方法和表决程序，由公司章程规定。董事会决议的表决实行一人一票，董事会的决议事项应做成会议记录，出席会议的董事应当在会议记录上签名。

6. 经理

有限责任公司的经理，是负责公司中日常经营管理事务的高级管理人员。经理是由董事会聘任或解聘的，对董事会负责，但经理不是有限责任公司的必设机关。人数较少或规模较小的有限责任公司，可由执行董事兼任经理。《公司法》中的经理，实践中一般称为总经理，在总经理领导下的部门经理不是《公司法》中所称经理，不享有《公司法》规定的经理职权。

根据《公司法》第 49 条的规定，经理行使下列职权：（1）主持公司的生产经营管理工作，组织实施董事会决议；（2）组织实施公司年度经营计划和投资方案；（3）拟订公司内部管理机构设置方案；（4）拟订公司的基本管理制度；（5）制定公司的具体规章；（6）提请聘任或者解聘公司副经理、财务负责人；（7）决定聘任或者解聘除应由董事会决定聘任或者解聘以外的负责管理人员；（8）董事会授予的其他职权；（9）列席董事会会议，可以在会上向董事会报告公司的日常经营管理情况。

（三）监事会

1. 监事会的性质

监事会是公司的监督机构，但不是必设机构，小规模有限责任公司可以不设监事会而只设 1～2 名监事。

2. 监事会的设置

根据《公司法》第 51 条的规定，有限责任公司设监事会，其成员不得少于 3 人。监事会应当包括股东代表和适当比例的公司职工代表，其中职工代表的比例不得低于 1/3，具体比例由公司章程规定。监事会设主席一人，由全体监事过半数选举产生。监事会主席召集和主持监事会会议。监事的任期每届为 3 年，连选可以连任。

3. 监事会的职权

根据《公司法》第 53 条的规定，监事会或者不设监事会的公司的监事的职权是：（1）检查公司财务；（2）对董事、高级管理人员执行公司职务的行为进行监督，对违反法

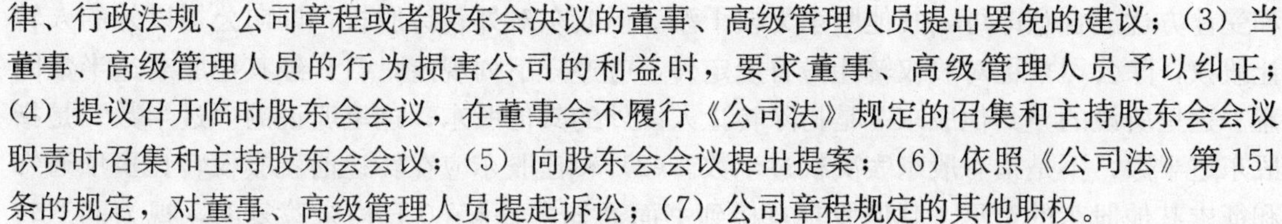

律、行政法规、公司章程或者股东会决议的董事、高级管理人员提出罢免的建议；（3）当董事、高级管理人员的行为损害公司的利益时，要求董事、高级管理人员予以纠正；（4）提议召开临时股东会会议，在董事会不履行《公司法》规定的召集和主持股东会会议职责时召集和主持股东会会议；（5）向股东会会议提出提案；（6）依照《公司法》第151条的规定，对董事、高级管理人员提起诉讼；（7）公司章程规定的其他职权。

4. 监事会的议事规则

根据《公司法》第55条的规定，监事会每年至少召开一次会议，监事可以提议召开临时监事会会议。监事会的议事规则由公司章程规定。监事会决议应当经半数以上监事通过。监事会应当对所议事项的决定做成会议记录，出席会议的监事应当在会议记录上签名。

五、国有独资公司

国有独资公司是指国家单独出资、由国务院或者地方人民政府授权本级人民政府国有资产监督管理机构履行出资人职责的有限责任公司。国有独资公司的意义在于投资主体为中央或某一级人民政府授权的本级国家资产监督管理机构，而不在于公司出资的国有性质。一个普通国有企业或者其他国有单位充当股东的有限责任公司，不是国有独资公司；由几个国有投资人出资成立的有限责任公司，也不是国有独资公司。

国有独资公司不设股东会，由国有资产监督管理机构行使股东会职权。国有资产监督管理机构可以授权董事会行使股东会的部分职权，但公司的合并、分立、解散、增减注册资本和发行公司债券，必须由国有资产监督管理机构决定；其中，重要的国有独资公司的合并、分立、解散、申请破产的，应当由国有资产监督管理机构审核后，报本级人民政府批准。

国有独资公司设立董事会，董事会成员由国有资产监督管理机构委派。董事会成员中应当有公司职工代表，董事会中的职工代表由职工代表大会选举产生。董事会设董事长一人，可以设副董事长。董事长、副董事长由国有资产监督管理机构在董事会成员中指定。国有独资公司的董事会的职权与一般有限责任公司的董事会相同，并可行使国有资产监督管理机构授权的部分职权。

国有独资公司可以设经理，其产生和职权与一般有限责任公司的经理相同。

国有独资公司的董事长、副董事长、董事、高级管理人员，未经国有资产监督管理部门同意，不得在其他有限责任公司、股份有限公司或经济组织兼职。

国有独资公司的监事会是由国有资产监督管理机构委派，属于外部监事会，不同于一般有限责任公司作为内设机构的监事会。国有独资公司的监事会以财务监督为核心。国有独资公司监事会成员不得少于5人，其中职工代表不低于1/3，监事会中的职工代表由职工代表大会选举产生。监事会主席由国有资产监督管理机构从监事会成员中指定。监事会的职权与一般有限责任公司监事会的职权相同。

六、有限责任公司的股权转让

（一）股权的对内转让和对外转让

根据《公司法》第71条的规定，公司股东之间转让股权，即对内转让，只要转让方和受让方达成合意即可，其他股东无权干涉。但股东对外转让股权，即向公司以外的人转让股权，除公司章程对股权转让另有规定外，应遵守下列规定：（1）经其他股东过半数同意。这里所说的“其他股东”是指除转让人以外的其他股东；这里所说的“过半数”是指股东过半数，不是指有股东表决权过半数。（2）转让股东应在转让前就股权转让事项通知和征求其他股东的意见。其他股东自接到书面通知之日起30日内未答复的，视为同意转让，其他股东半数以上不同意转让的，不同意的股东应当购买该转让的股权，不同意购买的，视为同意转让。（3）其他股东在同等条件下享有优先购买权。如果两个以上股东主张行使优先购买权的，协商确定各自的购买比例；协商不成的，按照转让时各自的出资比例行使优先购买权。

（二）强制执行时的股权转让

股权作为财产权，可以作为强制执行的标的。人民法院依照法律规定强制转让股东的股权时，应当通知公司及全体股东，其他股东在同等条件下享有优先购买权。其他股东自人民法院通知之日起满20日不行使优先购买权的，视为放弃优先购买权。

（三）异议股东的股权收购请求权

异议股东的股权收购请求权是指对公司重大交易事项表示异议的股东，可请求公司以公平的价格买回其出资的股本而退出公司的权利。依据《公司法》第74条的规定，异议股东可行使股权收购请求权的情形有：（1）公司连续5年不向股东分配利润，而公司该5年连续盈利，并且符合《公司法》规定的分配利润条件的；（2）公司合并、分立、转让主要财产的；（3）公司章程规定的营业期限届满或者章程规定的其他解散事由出现，股东会会议通过决议修改章程使公司存续的。由于公司收购股权会引起注册资本的减少及实收资本的变更，因此，公司收购股权后，应依法办理变更登记。

（四）股权的继承

根据《公司法》第75条的规定，除公司章程另有规定外，自然人股东死亡后，其合法继承人可以继承股东资格。

第三节　股份有限公司

一、股份有限公司的设立

（一）股份有限公司的设立条件

根据《公司法》第76条的规定，设立股份有限公司，应当具备以下条件：（1）发起人符合法定人数，应当有2人以上200人以下发起人，其中须有半数以上的发起人在中国境内有住所；（2）有符合公司章程规定的全体发起人认购的股本总额或者募集的实收股本总额；（3）股份发行、筹办事项符合法律规定；（4）发起人制定公司章程，采用募集方式设立的经创立大会通过；（5）有公司名称，建立符合股份有限公司要求的组织机构；（6）有公司住所。

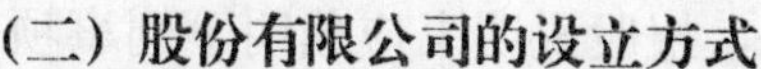

（二）股份有限公司的设立方式

股份有限公司的设立方式有：发起设立和募集设立。发起设立是指由发起人认缴公司发行的全部股份而设立公司；募集设立是指由发起人认购公司应发行股份的一部分，其余股份向社会公开募集或者向特定对象募集而设立的公司。在我国，募集设立包括定向募集设立和社会募集设立两种形式。定向募集设立除由发起人认购外，其余股份都向社会公开发行，但可向其他法人特定发行部分股份，经批准也可以向本公司内部职工发行部分股份。社会募集设立是指公司发行的股份除有发起人认购外，其余股份应向社会公众公开发行。定向募集的公司在公司成立一年后增资扩股时，经批准可采用社会募集方式。

（三）股份有限公司的设立程序

1. 订立发起人协议

根据《公司法》第 79 条的规定，股份有限公司发起人承担公司筹办事务，发起人应当订立发起人协议，明确各自在公司设立过程中的权利和义务。依据《公司法》第 94 条和第 95 条的规定，发起人责任包括：（1）股份有限公司成立后，发起人未按照公司章程的规定缴足出资的，应当补缴；其他发起人承担连带责任。（2）股份有限公司成立后，发现作为设立公司出资的非货币财产的实际价额显著低于公司章程所定价额的，应当由交付该出资的发起人补足其差额；其他发起人承担连带责任。（3）公司不能成立时，对设立行为所产生的债务和费用负连带责任。（4）公司不能成立时，对认股人已缴纳的股款，负返还股款并加算银行同期存款利息的连带责任。（5）在公司设立过程中，由于发起人的过失致使公司利益受到损害的，应当对公司承担赔偿责任。

2. 制定公司章程

根据《公司法》第 81 条的规定，股份有限公司章程应当载明下列事项：（1）公司名称和住所；（2）公司经营范围；（3）公司设立方式；（4）公司股份总数、每股金额和注册资本；（5）发起人的姓名或者名称、认购的股份数、出资方式和出资时间；（6）董事会的组成、职权和议事规则；（7）公司法定代表人；（8）监事会的组成、职权和议事规则；（9）公司利润分配办法；（10）公司的解散事由与清算办法；（11）公司的通知和公告办法；（12）股东大会会议认为需要规定的其他事项。

股份有限公司章程的制定者是发起人而不是全体股东，章程制定后还需经公司创立大会通过，连同设立申请登记文件报主管机关审核批准后，才能作为公司的正式章程。

3. 发起设立的步骤

发起设立股份有限公司的，发起人需履行三个步骤：（1）发起人应当书面认足公司章程规定其认购的股份，并按照公司章程规定缴纳出资。（2）以非货币财产出资的，应当依法办理其财产权的转移手续。（3）发起人认足公司章程规定的出资后，应当选举董事会和监事会。

4. 募集设立的步骤

对于募集设立，股份有限公司的股本分别由发起人认缴和社会公开募集，其中发起人认购股份数不少于公司股份总数的 35%。发起人认购法定数额的股份后，其余股份可以向社会公开募集。向社会公开募集资本的步骤是：

（1）制作并公告招股说明书。招股说明书又称招股章程，是发起人制定的向社会公众募集股份的必备文件。根据《公司法》第 86 条的规定，招股说明书应载明下列事项：发起人认购的股份数；每股的票面金额和发行价格；无记名股票的发行总数；募集资金的用途；认股人的权利、义务；本次募股的起止期限及逾期未募足时认股人可以撤回所认股份的说明。

（2）制作认股书。认股书应载明招股说明书的内容，由认股人填写认购股数、金额、住所并签名、盖章。

（3）由证券公司承销股份发行。发起人不得自行向社会募集股份，而应与证券公司签订承销协议，由证券公司承销。股份承销采取代销或者包销方式。代销是指证券公司代发行人发售证券，在承销期结束时，将未售出的证券全部退还给发行人的承销方式。包销是指证券公司将发行人的证券按照协议全部购入或承销期结束时将剩余证券自行购入的承销方式。

（4）签订代购股款协议。发起人向社会公开募集股份，应当与银行签订代收股款协议。代收股款的银行应当按照协议代收和保存股款，向缴纳股款的认股人出具收款单据，并负有向有关部门出具收款证明的义务。

（5）认股人缴纳股款。发起人和其他认股人应当一次缴清所购股份的股款，不得分期缴纳。股款缴足后，经依法设立的验资机构验资并出具证明。

（6）召集创立大会。创立大会又称创设会，是指募集设立公司时，于公司成立前由全体认股人参加的会议。发起人应在自股款募足之日起 30 日内主持召开公司创立大会。创立大会应有代表股份总数过半数的发起人、认股人出席方可举行。创立大会行使的职权包括：审议发起人关于公司筹办情况的报告；通过公司章程；选举董事会成员；选举监事会成员；对公司的设立费用进行审核；对发起人用于抵作股款的财产的作价进行审核；发生不可抗力或者经营条件发生重大变化直接影响公司设立的，可以作出不设立公司的决议。创立大会对上述所列事项作出决议，必须经出席会议的认股人所持表决权过半数通过。

5. 申请设立登记

以发起设立方式设立股份有限公司的，发起人认足公司章程规定的出资并选出董事会和监事会后，由董事会向公司登记机关报送公司章程、由验资机构出具的验资证明以及法律法规规定的其他文件，申请设立登记。

以募集设立方式设立股份有限公司的，公司应于创立大会结束后 30 日内向公司登记机关提交下列文件，申请设立登记：（1）公司登记申请书；（2）创立大会的会议记录；（3）公司章程；（4）验资证明；（5）法定代表人、董事、监事的任职文件及其身份证明；（6）发起人的法人资格证明或者自然人身份证明；（7）公司住所证明。以募集方式设立股份有限公司公开发行股票的，还应当向公司登记机关报送国务院证券监督管理机构的核准文件。

二、股份有限公司的股份和股票

（一）股份和股票的概念

1. 股份的概念和特征

《公司法》第 125 条第 1 款规定：“股份有限公司的资本划分为股份，每一股的金额相

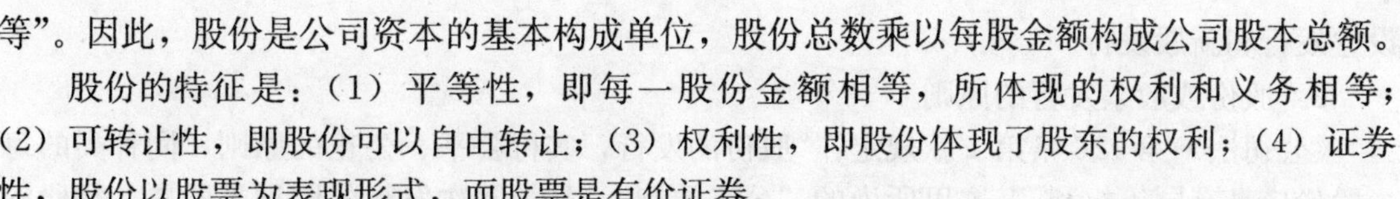

等”。因此，股份是公司资本的基本构成单位，股份总数乘以每股金额构成公司股本总额。

股份的特征是：（1）平等性，即每一股份金额相等，所体现的权利和义务相等；（2）可转让性，即股份可以自由转让；（3）权利性，即股份体现了股东的权利；（4）证券性，股份以股票为表现形式，而股票是有价证券。

2. 股票的概念和特征

《公司法》第125条第2款规定：“公司的股份采取股票的形式。股票是公司签发的证明股东所持股份的凭证。”股票分为实物券式股票和簿记式股票。实物券式股票，是指发行人按照证监会规定的统一格式印制的书面股票。其应在票面上记载：公司名称；公司成立日期；股票种类、票面金额及代表的股份数；股票的编号。股票由法定代表人签名，公司盖章。发起人的股票，应当标明发起人股票字样。簿记式股票，是指发行人按照证监会的统一格式制作的，记载股东权益的股东名册。其应在证券公司对股东出具的股东账户或账户卡上，记载公司名称、股票种类及股份数额等事项。

股票的特征是：（1）股票是有价证券，股票是股份的表现形式。（2）股票是流通证券，股票可以转让和流通，这也是股份有限公司与有限责任公司的区别。（3）股票是要式证券，其形式、制作程序、记载事项、记载方式，均应符合法律的要求。

（二）股票和股份的分类

股票是股份的表现形式，股票的类型和股份的类型是一致的。依据不同的标准，股票和股份可进行如下分类：

1. 记名股与无记名股

根据是否在股票上记载股东姓名，股票可分为记名股和无记名股。记名股是指在票面上记载股东姓名或者名称的股票。公司向发起人、法人发行的股票应为记名股票。公司发行记名股的，应当置备股东名册，记载股东姓名或者名称及住所、各股东所持股份数、股东所持股票的编号和各股东取得股票的日期等。记名股的持有人，只有本人或者其委托的代理人，才能够行使股东权。记名股转让时，须由股东背书或者法律规定的其他方式转让。记名股可以挂失，股东可以依法向公司申请补发股票。无记名股是指在票面上不记载股东姓名或者名称的股票。无记名股的持有人，凭股票就可行使股东权，参加股东大会时则要求将其股票交存于公司，转让时，只须交付给受让人，即发生转让的效力。

2. 额面股与无额面股

根据票面上是否载明金额，股份可分为额面股和无额面股。额面股是规定每股股份的金额或者股票上标明金额的股份。无额面股是指在股票上不标明金额的股份。我国《公司法》未规定无额面股，国家目前也不允许发行无额面股。

3. 普通股与优先股

根据股东享有股权内容的不同，股份可分为普通股和优先股。普通股是指股份公司发行的标准股。普通股股东不享有也不承担特别的权利和义务。优先股是指具有不同于普通股的权利的股份，优先股股东具有优先分配盈利和剩余资产等特权，但其股东的表决权受限制。

（三）股份或股票的发行

1. 股份或股票发行的概念

股份或股票的发行是指股份有限公司以募集资本为目的分配或出售自己的股份。分为设立发行和新股发行。

2. 股份或股票发行的原则

《公司法》第126条第1款规定：“股份的发行，实行公平、公正的原则，同种类的每一股份应具有同等权利。”这里所说的“公平原则”，是指同次发行的同种类股票，每股的发行条件和价格应当相同，任何单位或个人所认购的股份，每股应当支付相同价额。即“同股同权、同股同价”。这里所说的“公正原则”，是指在股票发行中禁止内幕交易、欺诈等不公正行为。

3. 股份发行的价格

根据《公司法》第127条的规定，股票发行价格可以按票面金额，也可以超过票面金额，但不得低于票面金额。但股份的转让或交易可以低于票面金额。

4. 设立发行

设立发行是指在公司设立过程中为筹集资本而发行股份的行为。在发起设立的情况下，发行的股份完全由发起人认足，不再向社会募集；在募集设立的情况下，发行的股份由发起人认购一部分，其余股份向社会募集。

5. 新股发行

新股发行是指公司成立以后再次发行股份的行为。公司发行新股，应经证券监督管理机构核准，公告新股招股说明书和财务会计报告，并制作认股书。股东大会应当对下列事项作出决议：新股种类及数额；新股发行价格；新股发行的起止日期；向原有股东发行新股的种类及数额。公司发行新股，应与证券公司签订承销协议，与银行签订股款代收协议。

（四）股份的转让

1. 股份转让的概念和方式

股份转让是指股东依法将其股份转让给他人的行为。股东转让其股份，应当在依法设立的证券交易场所或者国务院规定的其他方式进行。“依法设立的证券交易场所”包括证券交易所和场外交易场所两种。我国的证券交易所包括深交所和上交所。场外交易场所是指依法设立的供非上市公司股票进行非集中竞价交易的场所，主要包括柜台交易场所和联合报价系统。

2. 记名股票的转让

依据《公司法》第139条的规定，记名股票由股东以背书方式或法律、行政法规规定的其他方式转让。记名股票为实物券式股票的，以背书方式转让，由转让人制作成背书，即在股票上签署本人姓名（名称），背书转让不需要受让人签名。记名股票为簿记式股票，以无纸化的形式通过证券交易所的计算机系统交易，其转让就无法采用背书方式，通常是将股票交证券交易所托管。记名股票转让后，由公司将受让人的姓名或名称及住所记载于股东名册，未经记载的不得以其转让对抗公司。

3. 无记名股票的转让

无记名股票由股东将该股票交付给受让人后，即发生转让的效力。

4. 股份转让的限制

股份转让原则上是自由的，但股份有限公司的发起人、董事、监事、高级管理人员或

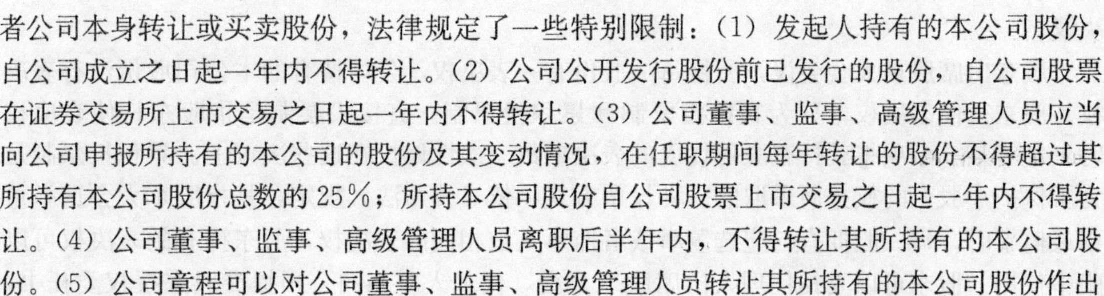

者公司本身转让或买卖股份，法律规定了一些特别限制：（1）发起人持有的本公司股份，自公司成立之日起一年内不得转让。（2）公司公开发行股份前已发行的股份，自公司股票在证券交易所上市交易之日起一年内不得转让。（3）公司董事、监事、高级管理人员应当向公司申报所持有的本公司的股份及其变动情况，在任职期间每年转让的股份不得超过其所持有本公司股份总数的 25%；所持本公司股份自公司股票上市交易之日起一年内不得转让。（4）公司董事、监事、高级管理人员离职后半年内，不得转让其所持有的本公司股份。（5）公司章程可以对公司董事、监事、高级管理人员转让其所持有的本公司股份作出其他限制性规定。

三、股份有限公司的组织机构

（一）股东大会

1. 股东大会的性质和职权

股东大会是由全体股东组成的公司权力机关。其职权与有限责任公司股东会职权相同。

2. 股东大会的形式和召开

股东大会不是常设机构，分为股东年会和临时股东大会。股东年会又称为普通股东大会。临时股东大会是指在两次普通股东大会之间遇有特殊情况临时召开的股东大会。《公司法》第 100 条规定，有下列情形之一的，应当在两个月内召开临时股东大会：（1）董事人数不足《公司法》规定人数或者公司章程规定人数的 2/3 时；（2）公司未弥补的亏损额达实收股本总额 1/3 时；（3）单独或者合计持有公司 10%以上股份的股东请求时；（4）董事会认为必要时；（5）监事会提议召开时；（6）公司章程规定的其他情形。

召开股东大会会议，应当将会议召开的时间、地点和审议的事项于会议召开 20 日前通知各股东；临时股东大会应当于会议召开 15 日前通知各股东；发行无记名股票的，应当于会议召开 30 日前公告会议召开的时间、地点和审议事项，以便于股东按时参加会议和提高会议效率。

股东大会会议由董事会召集，董事长主持；董事长不能履行职务或者不履行职务的，由副董事长主持；副董事长不能履行或不履行职务时，由半数以上董事共同推举一名董事主持。董事会不履行或者不能履行召集股东大会会议职责的，监事会应当及时召集和主持；监事会不召集和主持的，连续 90 日以上单独或者合计持有公司 10%以上股份的股东可以自行召集和主持。

3. 股东大会会议的议事规则

股东大会的决议分为普通决议和特别决议。普通决议是指对公司一般事项和任免董事、监事及决定其报酬事项所作的决议，只需出席会议的股东所持表决权过半数通过即可生效。特别决议是指股东大会就修改公司章程、增加或者减少注册资本，以及公司合并、分立、解散或者变更公司形式所作的决议，必须经出席会议的股东所持表决权的 2/3 以上通过。《公司法》和公司章程规定公司转让、受让重大资产或者对外提供担保等事项必须经股东大会作出决议的，董事会应当及时召集股东大会，由股东大会就上述事项作出决议。

股东出席股东大会会议，所持每一股份有一表决权，公司持有的本公司股份没有表决权。股东行使表决权，分为直接投票制和累积投票制。直接投票制是指股东行使表决权时，针对某一事项将其持有股份代表的表决票数一次性地投在这些决议上。累积投票制是为了保护小股东的权益而采取的一种投票方式，依《公司法》规定，是指股东大会选举董事或监事时，每一股拥有与应选董事或者监事人数相同的表决权，股东拥有的表决权可以集中使用。股东可以委托代理人出席股东大会，代理人应当向公司提交股东授权委托书，并在授权范围内行使表决权。

股东大会应对所议事项及结果制作会议记录，主持人、出席会议的董事应当在会议记录上签名。会议记录应当与出席会议股东的签名册及代理出席的委托书一并保存。

（二）董事会

1. 董事会的性质

董事会是股份有限公司的经营决策和执行机关，依法对公司进行经营管理。董事会对股东大会负责，它是股份有限公司的必设机构。

2. 董事会的组成

《公司法》规定，董事由创立大会或股东大会以出席会议的股东所持过半数的表决权同意选举产生，其成员由5～19人奇数构成，董事任期由公司章程规定，但每届任期不得超过3年，连选可以连任。董事会设董事长1人，副董事长1～2人。董事长和副董事长由董事会以全体董事过半数选举产生。董事长召集和主持董事会会议，检查董事会决议的实施情况。副董事长协助董事长工作。董事长不能履行职务或不履行职务的，由副董事长履行职务；副董事长不能履行或不履行职务的，由半数以上董事共同推举1名董事履行职务。

3. 董事会的职权

依《公司法》规定，股份有限公司董事会的职权与有限责任公司相同。

4. 董事会会议

股份有限公司的董事会会议可分为定期会议和临时会议。定期会议每年度至少召开2次，具体由公司章程规定。每次会议应当于会议召开10日前通知全体董事和监事。临时会议是定期会议之外根据需要而召开的会议。代表1/10以上表决权的股东、1/3以上的董事或监事会，可以提议召开董事会临时会议，董事长应当自接到提议后10日内召集和主持董事会会议。

5. 董事会的议事规则

董事会会议应有过半数董事出席方可举行。董事会决议必须经全体董事过半数通过。董事会会议的表决，实行一人一票。董事会应当对会议所议事项的决定做成会议记录，出席会议的董事应当在会议记录上签名。董事会应当对董事会决议承担责任。董事会决议违反法律、行政法规或者公司章程、股东会决议，致使公司遭受严重损失的，参与决议的董事对公司负赔偿责任，但经证明表决时曾表明异议并记载于会议记录的，该董事可以免除责任。

6. 经理

公司经理是主持日常经营工作的负责人。股份有限公司的经理与有限责任公司的经理

职权相同。

（三）监事会

1. 监事会的性质

监事会是股份有限公司的监督机关。股份有限公司必须设监事会，其成员不得少于3人。

2. 监事会的组成

股份有限公司的监事会由股东代表和适当比例的职工代表组成，其中职工代表不得少于1/3，具体比例由公司章程规定。监事会设主席1人，并可以设副主席（这是和有限责任公司不同的地方）。监事会主席和副主席由全体监事过半数选举产生。董事、高级管理人员不得兼任监事。

3. 监事会的职权

股份有限公司监事会的任期和职权，与有限责任公司相同。

4. 监事会会议及决议

监事会每6个月至少召开1次会议，监事可以提议召开临时监事会会议。监事会会议由监事会主席召集和主持，监事会主席不能履行或不履行职务时，由副主席召集和主持；副主席不能履行或不履行职务时，由半数以上监事共同推举的一名监事召集和主持。监事会会议的议事规则，除《公司法》有规定外，由公司章程规定。监事会决议应当经半数以上监事通过。监事会应当对所议事项的决定做成会议记录，出席会议的监事应当在会议记录上签名。

四、上市公司的特别规定

上市公司是指其股票在证券交易所上市交易的股份有限公司。上市公司因人数众多，股票公开挂牌交易，对广大投资者的利益和证券市场秩序有重大影响，因此，《公司法》和《证券法》对上市公司组织机构以及信息披露制度作出了特别规定。

（一）上市公司组织机构的特别规定

1. 上市公司需经股东会表决的重大事项

《公司法》第121条规定，上市公司在1年内购买、出售重大资产或者担保金额超过公司资产总额30%的，应当由股东大会作出决议，并经出席会议的股东所持表决权的2/3以上通过。

2. 上市公司的独立董事

独立董事又称外部董事，是指独立于公司的管理层、不存在与公司有任何可能严重影响其作出独立判断的交易和关系的非全日制工作董事。独立董事的作用主要有：能通过其专业性和权威性，弥补董事会决策的失误，提升董事会的整体水平；能够对大股东推荐的董事长起到牵制和制衡作用，维护小股东的利益。

独立董事除了履行一般董事的职权外，经全体独立董事1/2以上同意，还行使认可重大关联交易、提议聘用或解聘会计师事务所、提请召开临时股东大会和董事会、独立聘请外部审计机构和咨询机构、在股东大会召开前公开向股东征集投票权等特别职权，并就以下事项向董事会或股东大会发表独立意见：董事提名和任免，高级管理人员聘任和解聘，董事和高级管理人员的薪酬，股东、实际控制人及其关联企业对上市公司现有或新发生的总额高于300万元或高于上市公司最近经审计净资产值的5%的借款或其他资金往来，公司是否采取措施回收欠款，以及独立董事认为可能损害小股东权益的事项和公司章程规定的其他事项。

独立董事的任期与公司其他董事相同，但连任时间不得超过6年。独立董事的津贴由董事会制定预案，股东大会审议通过，并在公司年报中披露。

3．董事会秘书

董事会秘书是公司高级管理人员。负责公司股东大会和董事会会议的筹备、文件保管、公司股东资料的管理，以及办理信息披露事务等事宜。董事会秘书由董事长提名，经董事会聘任或者解聘。

4．关联董事表决回避

董事与董事会议决议事项所涉及的企业有关联关系的，应当回避董事会会议对该项事项的表决。董事会表决与董事有关联关系的事项，应当有过半数的无关联关系董事出席方可举行董事会会议，而董事会会议对该类事项作出决议须无关联关系董事过半数通过。当出席董事会的无关联关系的董事人数不足3人时，应将该事项提交上市公司股东大会审议，以保护上市公司及其多数股东的利益。

（二）上市公司股票交易及其暂停与终止

1．上市公司股票交易条件

根据《证券法》第50条的规定，股份有限公司申请股票上市交易，应当符合下列条件：（1）股票经国务院证券监督管理机构核准已公开发行；（2）公司股本总额不少于人民币3 000万元；（3）公开发行的股份达到公司股份总数的25%以上；公司股本总额超过人民币4亿元的，公开发行股份的比例为10%以上；（4）公司最近3年无重大违法行为，财务会计报告无虚假记载。

2．上市公司股票交易的暂停

根据《证券法》第55条的规定，上市公司有下列情形之一的，由证券交易所暂停其股票上市交易：（1）公司股本总额、股权分布等发生变化不再具备上市条件；（2）公司不按照规定公开其财务状况，或者对财务会计报告作虚假记载，可能误导投资者；（3）公司有重大违法行为；（4）公司最近3年连续亏损；（5）证券交易所上市规则规定的其他情形。

3．上市公司股票交易的终止

根据《证券法》第56条的规定，上市公司有下列情形之一的，由证券交易所决定终止其股票上市交易：（1）公司股本总额、股权分布等发生变化不再具备上市条件，在证券交易所规定的期限内仍不能达到上市条件；（2）公司不按照规定公开其财务状况，或者对财务会计报告作虚假记载，且拒绝纠正；（3）公司最近3年连续亏损，在其后一个年度内未能恢复盈利；（4）公司解散或者被宣告破产；（5）证券交易所上市规则规定的其他情形。

（三）上市公司的信息公开

根据《公司法》和《证券法》的规定，上市公司必须公开披露的信息包括：招股说明

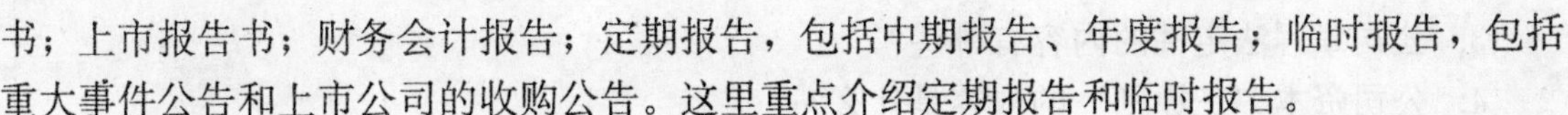

书；上市报告书；财务会计报告；定期报告，包括中期报告、年度报告；临时报告，包括重大事件公告和上市公司的收购公告。这里重点介绍定期报告和临时报告。

1. 中期报告

根据《证券法》第65条的规定，上市公司应当在每一会计季度的上半年结束之日起两个月内，向国务院证券监督管理机构和证券交易所报送中期报告，并予以公告。中期报告的内容包括：公司财务会计报告和经营情况；涉及公司的重大诉讼事项；已发行的股票、公司债券变动情况；提交股东大会审议的重要事项；国务院证券监督管理机构规定的其他事项。

2. 年度报告

根据《证券法》第66条的规定，上市公司应当在每一会计季度结束之日起4个月内，向国务院证券监督管理机构和证券交易所报送年度报告，并予以公告。年度报告的内容包括：公司概况；公司财务会计报告和经营情况；董事、监事、高级管理人员简介及其持股情况；已发行的股票、公司债券情况，包括持有公司股份最多的前10名股东的名单和持股数额；公司的实际控制人；国务院证券监督管理机构规定的其他事项。

3. 重大事件公告

根据《证券法》第67条的规定，重大事件包括：(1) 公司的经营方针和经营范围的重大变化；(2) 公司的重大投资行为和重大的购置财产的决定；(3) 公司订立重要合同，可能对公司的资产、负债、权益和经营成果产生重要影响；(4) 公司发生重大债务和未能清偿到期重大债务的违约情况；(5) 公司发生重大亏损或者重大损失；(6) 公司生产经营的外部条件发生的重大变化；(7) 公司的董事、1/3以上监事或者经理发生变动；(8) 持有公司5%以上股份的股东或实际控制人，其持有股份或者控制公司的情况发生较大变化；(9) 公司减资、合并、分立、解散或申请破产的决定；(10) 涉及公司的重大诉讼，股东大会、董事会决议被依法撤销或者宣告无效；(11) 公司涉嫌犯罪被司法机关立案调查，公司董事、监事、高级管理人员涉嫌犯罪被司法机关采取强制措施；(12) 国务院证券监督管理机构规定的其他事项。上市公司对于上述重大事件应向国务院证券监督管理机构和证券交易所报送临时报告，并予公告，说明事件的原因、目前的状态和可能发生的法律后果。

4. 上市公司的收购公告

上市公司的收购公告有两种情况：一是上市公司在收购过程中依法进行公告，如通过证券交易所的证券交易，投资者持有或者通过协议、其他安排与他人共同持有一个上市公司已发行的股份达到5%时，应当自该事实发生之日起3日内，向国务院证券监督管理机构及证券交易所作出书面报告，通知上市公司，并予公告；二是收购完成后将股东和公司变动的情况进行公告。

思考题

1. 公司的法律特征有哪些？
2. 公司法的特征有哪些？

3. 公司章程法定性的内容有哪些？
4. 公司资本“三原则”的内容是什么？
5. 公司解散的原因有哪些？
6. 清算组的职权有哪些？
7. 有限责任公司的设立条件是什么？
8. 有限责任公司股东的法定权利有哪些？
9. 有限责任公司股东会的职权有哪些？
10. 有限责任公司董事会的职权有哪些？
11. 有限责任公司监事会的职权有哪些？
12. 有限责任公司的股权对外转让的限制是什么？
13. 股份有限公司的设立条件有哪些？
14. 股份有限公司股份转让的限制有哪些？
15. 上市公司股票交易终止的事由有哪些？

案例分析

某高校甲、国有企业乙、集体企业丙签订合同决定共同投资设立一家生产型的科技发展有限公司。其中，甲以高科技成果出资，作价 15 万元，乙以厂房出资，作价 20 万元，丙以现金 12 万元出资，后丙因为资金紧张实际出资 10 万元。

问题：

（1）以非货币形式出资，应办理什么手续？

（2）丙承诺出资 12 万，但实际出资 10 万元，应承担什么责任？

（3）设立有限责任公司应向什么部门办理登记手续？应提交哪些文件或资料？

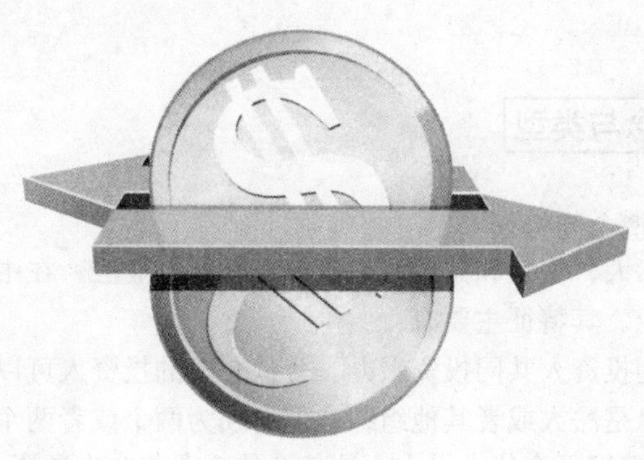

第二章 合伙企业法与个人独资企业法

学习目标

通过本章的学习，应了解合伙企业的概念和特征、个人独资企业的概念和特征；掌握普通合伙企业和特殊合伙企业的设立、合伙企业的内部关系和外部关系。

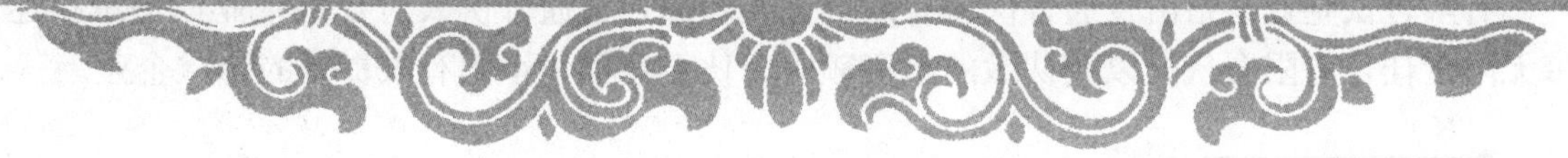

第一节　合伙企业法

一、合伙企业的概念与类型

（一）合伙企业的概念与特征

合伙企业是指自然人、法人和其他组织依照《合伙企业法》在中国境内设立的普通合伙企业和有限合伙企业。其特征主要有：

（1）由两个以上的投资人共同投资兴办。合伙企业的投资人可以是具有完全民事行为能力的自然人，还可以是法人或者其他组织，但必须为两个或者两个以上合伙人；有限合伙企业由 2 个以上 50 个以下合伙人设立，这使合伙企业与个人独资企业区别开来。

（2）合伙协议是合伙企业的成立基础。合伙企业与公司企业不同，合伙企业的成立基础是合伙协议，而公司企业的成立基础是公司章程。合伙人以书面合伙协议确定各方出资、利润分享和亏损分担。对于合伙人之间的权利和义务，合伙协议有约定的，依照其约定。

（3）合伙企业属于人合企业。合伙企业的设立是基于合伙人之间的信赖关系。因此，合伙企业中的合伙人共同参与企业的经营管理，对合伙事务的执行有同等的权利。但有限合伙企业的有限合伙人不执行合伙事务，不对外代表有限合伙企业。合伙企业吸收新的合伙人必须得到全体合伙人的同意。

（4）普通合伙人对合伙企业债务负无限连带责任；有限合伙人对合伙企业债务承担有限责任。

（二）合伙企业的分类

1. 普通合伙企业

普通合伙企业是指由普通合伙人组成，合伙人对合伙企业债务承担无限连带责任的企业。在普通合伙企业中，《合伙企业法》还规定了一种特殊的普通合伙企业，又称有限责任合伙。

2. 有限合伙企业

有限合伙企业是指由普通合伙和有限合伙人组成，普通合伙人对合伙企业债务承担连带无限责任，有限合伙人以其认缴的出资额对合伙企业债务承担有限责任的合伙企业。

二、普通合伙企业

（一）普通合伙企业的设立

1. 普通合伙企业的设立条件

根据《合伙企业法》第 14 条的规定，普通合伙企业的设立条件是：（1）有两个以上合伙人。合伙人为自然人的，应具有完全民事行为能力。合伙人可以是法人或其他组织，

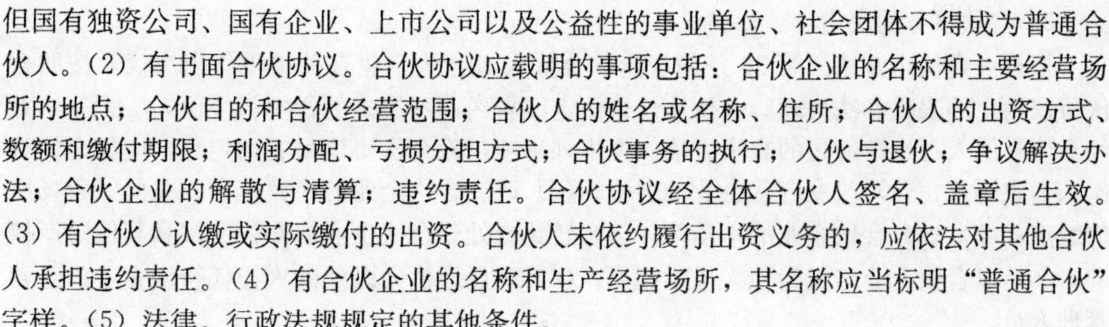

但国有独资公司、国有企业、上市公司以及公益性的事业单位、社会团体不得成为普通合伙人。（2）有书面合伙协议。合伙协议应载明的事项包括：合伙企业的名称和主要经营场所的地点；合伙目的和合伙经营范围；合伙人的姓名或名称、住所；合伙人的出资方式、数额和缴付期限；利润分配、亏损分担方式；合伙事务的执行；入伙与退伙；争议解决办法；合伙企业的解散与清算；违约责任。合伙协议经全体合伙人签名、盖章后生效。（3）有合伙人认缴或实际缴付的出资。合伙人未依约履行出资义务的，应依法对其他合伙人承担违约责任。（4）有合伙企业的名称和生产经营场所，其名称应当标明“普通合伙”字样。（5）法律、行政法规规定的其他条件。

2. 普通合伙企业的设立程序

根据《合伙企业法》第 9 条的规定，申请设立合伙企业，应当向企业登记机关提交登记申请书、合伙协议书、合伙人身份证明等文件。登记机关予以登记后，发给营业执照。营业执照的签发日期为合伙企业的成立日期。

（二）合伙人的出资与合伙企业的财产

1. 合伙人的出资

合伙人应当按照合伙协议缴纳出资。对于出资形式，除了货币、实物、土地使用权、知识产权和其他财产权利外，与公司企业不同，普通合伙人还可以个人劳务出资，劳务出资的评估办法由全体合伙人协商确定，并在合伙协议中载明。

2. 合伙企业的财产

合伙企业的财产，是指合伙人的出资和由出资形成的财产、以合伙名义取得的收益和负债、合伙经营的积累等。合伙企业的财产在性质上一般认定为合伙人共有。

在合伙企业存续期间，合伙人对合伙企业财产所有权的行使应受合伙协议和法律、法规的限制。合伙人对合伙企业财产进行共同管理，合伙人不得擅自使用、处分合伙企业财产；合伙企业解散前，合伙人不得请求分割合伙企业的财产；合伙人以其财产共有份额出质的，应当经其他合伙人一致同意，否则出质行为无效，或者作为退伙处理；合伙人在合伙企业清算前私自转移或处分合伙财产的，合伙企业不得以此对抗善意第三人，第三人可以善意取得该财产。

在合伙企业存续期间，合伙人可以依法转让其财产份额。在合伙人之间转让的，应通知其他合伙人；向合伙人以外的人转让的，应经其他合伙人一致同意，其他合伙人在同等条件下有优先购买权，但合伙协议另有约定的除外。

（三）普通合伙企业的内部关系

1. 合伙事务的执行

根据《合伙企业法》第 26 条的规定，合伙人对执行合伙事务享有同等的权利。合伙企业既可以由全体合伙人共同执行合伙事务，也可由合伙协议约定或全体合伙人决定，委托一个或数个合伙人对外代表合伙企业，执行合伙事务。不执行合伙事务的合伙人对合伙事务的执行有监督权。委托执行合伙事务的合伙人不按照合伙协议或者全体合伙人的决定执行合伙事务的，其他合伙人可以撤销该委托。合伙企业对合伙人权利的限制，不得对抗善意第三人。合伙事务执行人应当定期向其他合伙人报告合伙事务执行情况以及合伙企业的经营财务状况，其执行合伙事务的收益归合伙企业，所产生的费用和亏损由合伙企业承担。

2. 合伙事务的决定

根据《合伙企业法》第 30 条的规定，合伙人对合伙企业有关事项作出决议，按照合伙协议约定的表决办法处理。合伙协议未约定或者约定不明确的，实行合伙人一人一票并经全体合伙人过半数通过的表决方法。但下列事项，除合伙协议另有约定外，应经全体合伙人一致同意：（1）改变合伙企业的名称；（2）改变合伙企业的经营范围、主要经营场所的地点；（3）处分合伙企业的不动产；（4）转让或处分合伙企业的知识产权和其他财产权利；（5）以合伙企业名义为他人提供担保；（6）聘任合伙人以外的人担任合伙企业的经营管理人员。

3. 合伙人的竞业禁止义务

根据《合伙企业法》第 32 条的规定，合伙人不得自营或者与他人合作经营与本合伙企业相竞争的业务。除合伙协议另有约定或经全体合伙人一致同意外，合伙人不得同本合伙企业进行交易。

4. 合伙企业损益的分配与承担

合伙企业的利润分配、亏损分担，按照合伙协议的规定处理。合伙协议没有约定或约定不明确的，由合伙人协商确定；不能协商的，由合伙人按实际出资比例分配、分担；无法明确出资比例的，由合伙人平均分配、分担。但合伙协议不得约定将全部利润分配给部分合伙人或由部分合伙人承担全部亏损。

5. 入伙

根据《合伙企业法》第 43 条的规定，除合伙协议另有约定外，吸收合伙人应经全体合伙人一致同意，并依法订立书面入伙协议。除入伙协议另有约定外，新合伙人与原合伙人享有同等权利，承担同等责任。但新合伙人对入伙前的合伙企业债务承担连带无限责任。

根据《合伙企业法》第 50 条的规定，合伙人在合伙企业中的出资或财产份额，可由其继承人继承。继承人依照合伙协议的约定或经全体合伙人一致同意，从继承开始之日起取得合伙人资格。但有下列情形之一的，合伙企业应向合伙人的继承人退还被继承合伙人的财产份额：（1）继承人不愿意成为合伙人；（2）法律规定或者合伙协议约定合伙人必须具有相关资格，而该继承人未取得该资格；（3）合伙协议约定不能成为合伙人的其他情形。继承人为无民事行为能力人或限制民事行为能力人时，经全体合伙人一致同意，可以依法成为有限合伙人，普通合伙企业依法转为有限合伙企业。全体合伙人未能一致同意的，合伙企业应将被继承合伙人的财产份额退还给继承人。

6. 退伙

退伙是指合伙关系存续期间，部分合伙人退出合伙企业，解除其合伙身份。退伙分为三种情况：自愿退伙、当然退伙和除名退伙。

自愿退伙是基于合伙人自身的意愿而发生的退伙。合伙协议未约定合伙期限的，合伙人在不给合伙企业造成不利影响的情况下，可以退伙，但应提前 30 日通知其他合伙人。合伙协议约定了合伙期限的，有下列情形之一的，合伙人可以退伙：（1）合伙协议约定的退伙事由出现；（2）经全体合伙人一致同意；（3）发生合伙人难以继续参加合伙的事由；（4）其他合伙人严重违反合伙协议约定的义务。合伙人违反上述规定退伙的，应当赔偿由

此给合伙企业造成的损失。

当然退伙是指法律规定的特定事由出现时，自动引发的退伙。这些特定事由包括：（1）作为合伙人的自然人死亡或者宣告死亡；（2）个人丧失偿债能力；（3）作为合伙人的法人或者其他组织依法被吊销营业执照、责令关闭、被撤销，或者被宣告破产；（4）法律规定或者合伙协议约定合伙人必须具有相关资格而丧失该资格；（5）合伙人在合伙企业中的全部财产份额被人民法院强制执行。上述事由发生之日为退伙的生效日。

除名退伙是指因合伙人出现特定的事由，由合伙企业将其开除而引发的退伙。合伙人有下列情形之一的，经其他合伙人一致同意，可以决议将其除名：（1）未履行出资义务；（2）因故意或重大过失给合伙企业造成损失；（3）执行合伙事务时有不正当行为；（4）发生合伙协议约定的事由。

不管何种退伙，其他合伙人应当与该退伙人按照退伙时的合伙企业财产状况进行结算。退伙人应对退伙前合伙企业发生的债务承担无限连带责任。合伙人退伙应向企业登记机关申请办理变更登记。

（四）普通合伙企业的外部关系

1. 合伙人或合伙事务执行人对合伙企业的代表权

合伙事务可以由全体合伙人执行，也可以委托一人或数人执行合伙事务。合伙企业对合伙人执行合伙事务以及对外代表合伙企业的权利限制，不得对抗善意第三人，即合伙事务执行人超越权利限制与善意第三人订立合同，该合同对合伙企业发生效力。当然，合伙人或合伙事务执行人超越授权范围履行职务，给合伙企业造成损失的，应当承担赔偿责任。

合伙的代表人不同于法人的代表人，法人的代表人是法人机关，合伙不存在合伙机关，合伙的代表人在委托执行合伙事务的范围内享有代表权。执行合伙事务的委托撤销或者合伙人辞去委托时，代表权随之终止。

2. 合伙人对合伙企业债务的无限连带责任

合伙人承担无限连带责任是普通合伙企业债务清偿的原则。但合伙企业的债务，应先以合伙企业的全部财产清偿，不足部分由合伙人承担无限连带责任。偿还合伙企业债务超过自己应当承担数额的合伙人，有权向其他合伙人追偿。

对于合伙人的债务，只能用其个人财产清偿，个人财产不足以清偿的，债权人可以依法请求人民法院强制执行该合伙人在合伙企业的财产份额用于清偿，但债权人不得代位行使该合伙人在合伙企业中的权利。合伙人在合伙企业中的财产份额转让或强制执行的，其他合伙人在同等条件下有优先受让的权利。

（五）特殊的普通合伙企业

特殊的普通合伙企业具有特定的适用范围，在通常情况下，只适用于以专门知识和专门技能为客户提供有偿服务的专业服务机构。如律师事务所等，可设立特殊的普通合伙企业。特殊的普通合伙企业应在名称中标明“特殊普通合伙”字样。

特殊的普通合伙企业除具有普通合伙企业的一般要求外，其最大的特殊性在于合伙责任的承担。具体而言，一个合伙人或多个合伙人在执行业务活动中因故意或重大过失造成合伙企业债务的，应当承担无限责任或无限连带责任，其他合伙人以其在合伙财产中的份额为限承担责任。合伙人非因故意或重大过失造成合伙企业债务以及合伙企业的其他债务，由全体合伙人承担连带无限责任。

三、有限合伙企业

有限合伙企业是普通合伙企业的特例。除法律对有限合伙企业的特殊规定外，适用普通合伙企业的规定。

（一）有限合伙企业的设立

有限合伙企业由2个以上50个以下的合伙人设立，并且至少有一个普通合伙人。

有限合伙企业的成立基础是合伙协议，合伙协议应特别载明下列内容：（1）普通合伙人和有限合伙人的姓名或名称、住所；（2）执行事务合伙人应具备的条件和选择程序；（3）执行事务合伙人权限与违约处理办法；（4）执行事务合伙人的除名条件和更换程序；（5）有限合伙人入伙、退伙的条件、程序以及相关责任；（6）有限合伙人和普通合伙人的相互转换程序。

有限合伙企业中有限合伙人不得以劳务出资。有限合伙人应在约定期限内足额缴纳出资，并在合伙企业登记事项中载明有限合伙人认缴的出资额。

有限合伙企业的名称中应标明“有限合伙”字样。

（二）有限合伙企业的内部关系

1. 有限合伙企业的事务执行

根据《合伙企业法》第67条和第68条的规定，有限合伙企业应当由普通合伙人执行合伙事务，有限合伙人不执行合伙事务。有限合伙人的下列行为，不视为执行合伙事务：（1）参与决定普通合伙人入伙、退伙；（2）对企业的经营管理提出建议；（3）参与选择承办有限合伙企业审计业务的会计师事务所；（4）获取经审计的有限合伙企业财务会计报告；（5）对涉及自身利益的情况，查阅有限合伙企业财务会计账簿等财务资料；（6）在有限合伙企业中的利益受到侵害时，向有责任的合伙人主张权利或者提起诉讼；（7）执行事务合伙人怠于行使权利时，督促其行使权利或者为了本企业的利益以自己的名义提起诉讼；（8）依法为本企业提供担保。

对于有限合伙人，除合伙协议另有约定外，法律赋予了一些特殊权利：（1）可以同本有限合伙企业进行交易；（2）可以自营或者同他人合作经营与本合伙企业相竞争的业务；（3）可以将其在有限合伙企业中的财产份额出质。

2. 入伙

新入伙成员属于有限合伙人的，对入伙前有限合伙企业的债务，以其认缴的出资额为限承担责任。

3. 退伙

与普通合伙人的退伙不同：（1）有限合伙人丧失偿债能力不能作为当然退伙的法定事由；（2）有限合伙人丧失民事行为能力的，其他合伙人不能因此要求其退伙；（3）有限合伙人死亡或被宣告死亡以及作为有限合伙人的法人及其他组织终止时，其继承人或权利承受人可以依法取得该有限合伙人在有限合伙企业中的资格；（4）有限合伙人退伙后，对基于退伙前的原因发生的有限合伙企业债务，以其退伙时从有限合伙企业中取回的财产承担责任。

（三）有限合伙企业的外部关系

与普通合伙人不同，有限合伙人不受普通合伙人转让财产份额需其他合伙人一致同意的限制，可以按照合伙协议的约定向合伙人以外的人转让合伙企业中的财产份额。

有限合伙人无权执行合伙事务，但第三人有理由相信有限合伙人为普通合伙人并与其进行交易，该有限合伙人对该笔交易承担与普通合伙人同样的责任。该有限合伙人未经授权以有限合伙企业名义与他人进行交易，给合伙企业或者其他合伙人造成损失的，应当承担赔偿责任。

（四）有限合伙人与普通合伙人之间的转化

除合伙协议另有约定，普通合伙人转变为有限合伙人或有限合伙人转变为普通合伙人，应经全体合伙人一致同意。

有限合伙人转变为普通合伙人的，对其作为有限合伙人期间有限合伙企业发生的债务承担无限连带责任；而普通合伙人转变为有限合伙的，对其作为普通合伙人期间合伙企业发生的债务承担无限连带责任。

四、合伙企业的解散和清算

根据《合伙企业法》第 85 条的规定，合伙企业有下列情形之一的，应当解散：（1）合伙期限届满，合伙人决定不再继续经营；（2）合伙协议约定的解散事由出现；（3）全体合伙人决定解散；（4）合伙人已不具备法定人数满 30 天；（5）合伙协议约定的合伙目的已经实现或无法实现；（6）依法被吊销营业执照、责令关闭或被撤销；（7）法律、法规规定的其他原因。

合伙企业解散应当进行清算，并通知和公告债权人。合伙企业解散，清算人由全体合伙人承担；经全体合伙人过半数同意，可以自合伙企业解散后 15 日内指定一名或多名合伙人或者委托第三人担任清算人。如果自合伙企业宣告解散后 15 日内不能确定清算人的，合伙人或其他利害关系人可以申请人民法院指定清算人。清算人依据法律规定执行清算事务。

合伙企业财产在支付清偿费用后，按以下顺序偿还：（1）合伙企业所欠的职工工资和社会保障费用；（2）法定补偿金；（3）合伙企业所欠税款；（4）合伙企业的债务。

合伙企业清偿结束，全体合伙人在清算人编制的清算报告上签名、盖章后，在 15 日内向企业登记机关报送，申请办理合伙企业注销登记。合伙企业注销后，原普通合伙人对合伙企业存续期间的债务仍应承担无限连带责任。

第二节　个人独资企业法

一、个人独资企业的概念和特征

个人独资企业是指由一个自然人投资，财产为投资人所有，投资人以其个人财产或家庭财产对企业债务承担无限责任的企业。其特点如下：

（1）个人独资企业的出资人为一个自然人。这与国有独资公司或某企业设立的全资子公司不同，后者的出资人虽为一人，但不是自然人；这也与个人合伙企业不同，个人合伙企业的出资人是自然人，但为 2 人以上。

（2）个人独资企业的全部财产为出资人所有。这与合伙企业和公司企业有明显区别，合伙企业的财产为合伙人共有；公司企业的财产为公司所有，出资人的出资一旦完成，其投入公司的财产就与个人财产完全分离。

（3）个人独资企业以投资人的全部个人财产或家庭财产对企业债务承担无限责任。个人独资企业不仅不严格区分投资人的个人财产和企业财产，而且对企业债务承担无限责任。

二、个人独资企业的设立

（一）个人独资企业的设立条件

根据《个人独资企业法》第 8 条的规定，设立个人独资企业应具备下列条件：（1）投资人为一个自然人。当然，该自然人应具有完全民事行为能力，且不是法律禁止从事经营性经济活动的人，如在职国家公务员、现役军人等不得设立个人独资企业。（2）有合法的企业名称。应当注意的是，个人独资企业不得使用“有限”“有限责任”或者“公司”字样，不允许个人独资企业称作“公司”。（3）有投资人申报的出资。与公司企业不同，投资人无须提交验资报告或者权属证明文件，登记机关对投资人申报的出资权属、出资数额或是否交付等情况不予审查，由投资人对其申报的出资情况承担法律责任。（4）有固定的生产经营场所和必要的生产经营条件。（5）有必要的从业人员。

（二）个人独资企业的设立程序

申请设立个人独资企业，应由投资人或其委托的代理人向个人独资企业所在地的登记机关提交设立申请书、投资人身份证明、生产经营场所使用证明等文件。经登记机关核准登记，发给营业执照，个人独资企业即告成立。

三、个人独资企业的经营管理

个人独资企业的投资人可以自行管理企业事务，也可以委托或者聘用他人负责企业事务。投资人可与受聘人签订书面合同，明确委托管理的内容和权限，但投资人对受聘人的职权限制不得对抗第三人。例如，投资人授权受聘人不得签订超过 2 万元金额的合同，受聘人与他人签订了 3 万元的合同，该合同对个人独资企业具有效力。

个人独资企业经批准可以设立分支机构，分支机构经营活动中产生的民事责任应由个人独资企业承担。

四、个人独资企业的营业转让

根据《个人独资企业法》第 17 条的规定，个人独资企业投资人对本企业财产的有关

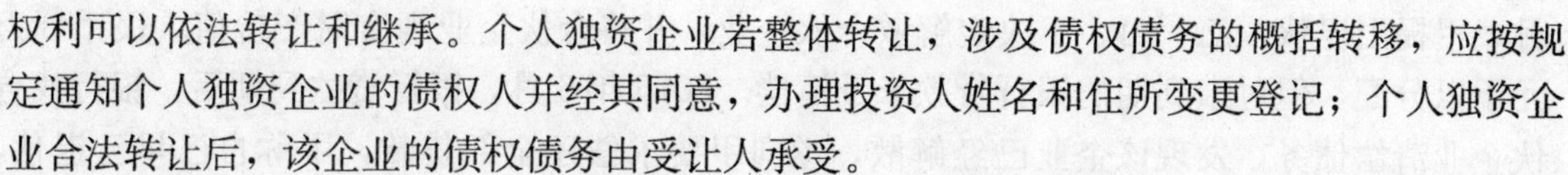

权利可以依法转让和继承。个人独资企业若整体转让，涉及债权债务的概括转移，应按规定通知个人独资企业的债权人并经其同意，办理投资人姓名和住所变更登记；个人独资企业合法转让后，该企业的债权债务由受让人承受。

个人独资企业作为遗产，其营业适用概括继承。根据《继承法》第33条的规定，继承人继承个人独资企业的，应当承担该企业的债务和税款。当然，应当以个人独资企业的实际价值为限。继承人不愿从商或企业资不抵债的，继承人可以放弃继承。

五、个人独资企业的解散和终止

（一）个人独资企业的解散

个人独资企业的解散原因有：(1) 投资人决定解散；(2) 投资人死亡，无继承人或继承人决定放弃继承；(3) 被依法吊销营业执照；(4) 法律、行政法规规定的其他情况。

（二）个人独资企业的清算

个人独资企业解散，应当由投资人自行清算或者由债权人申请人民法院指定清算人清算。由投资人自行清算的，投资人应在清算前15日内书面通知债权人；无法通知的，应当予以公告。债权人在接到通知之日起30日内，未接到通知的，可以在公告之日起60日内，向债权人申报债权。

个人独资企业解散后，原投资人对个人独资企业存续期间的债务仍承担偿还责任。但债权人在个人独资企业解散后5年内未向原投资人提出偿债请求的，原投资人的偿还责任消灭。

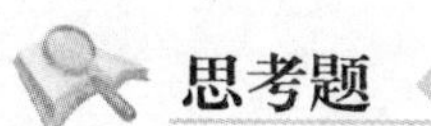

思考题

1. 合伙企业有哪些特征？
2. 普通合伙企业的设立条件有哪些？
3. 哪些合伙事务的决定应经全体合伙人一致同意？
4. 当然退伙的法定事由有哪些？
5. 有限合伙人享有哪些特殊权利？
6. 有限合伙人退伙与普通合伙人退伙有何不同？
7. 个人独资企业的法律特征有哪些？
8. 设立个人独资企业应具备哪些条件？

案例分析

2014年1月，甲、乙、丙共同设立一合伙企业。合伙协议约定：甲以现金人民币5万元出资，乙以房屋作价人民币8万元出资，丙以劳务作价人民币4万元出资；各合伙人按相同比例分配盈利、分担亏损。合伙企业成立后，为扩大经营，于2014年6月向银行贷款人民币5万元，期限1年。2014年7月，丁经甲、乙、丙同意加入合伙企业。2014年8

月，甲提出退伙，乙、丙、丁决定解散合伙企业，并将合伙企业现有财产价值人民币 3 万元予以分配，但对未到期的银行贷款未予清偿。2015 年 6 月，银行贷款到期后，银行找合伙企业清偿债务，发现该企业已经解散，遂向甲要求偿还全部贷款，甲称自己早已退伙，不负责清偿债务。银行向丁要求偿还全部贷款，丁称该贷款是在自己入伙前发生的，不负责清偿债务。银行向乙要求偿还全部贷款，乙表示只按照合伙协议约定的比例清偿相应数额。银行向丙要求偿还全部贷款，丙则表示自己是以劳务出资的，不承担还贷款义务。

问题：

（1）甲、乙、丙、丁各自的主张能否成立？并说明理由。

（2）合伙企业所欠银行贷款应如何清偿？

（3）在银行贷款还清后，甲、乙、丙、丁应如何分担清偿责任？

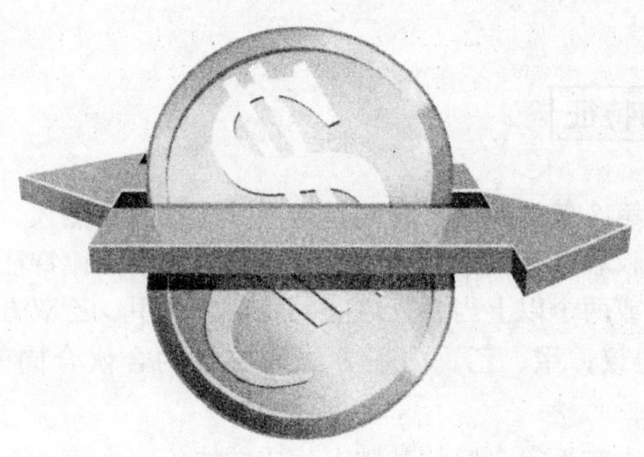

第三章　合同法

学习目标

通过本章的学习，使学生系统、准确地理解和掌握合同法的基本原理、基本法律制度及其相应的法律规范，学会在实践中灵活地运用、分析和处理各种合同实务问题。

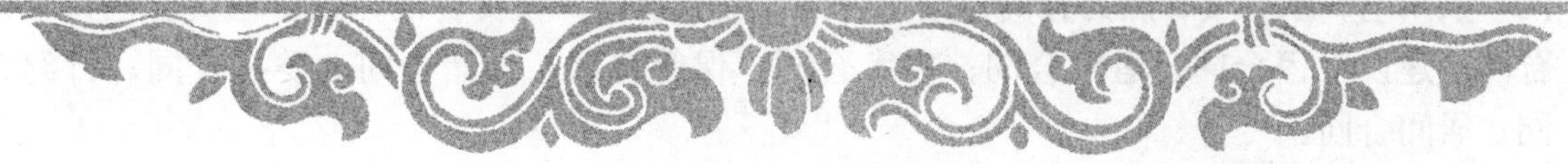

第一节 合同法概述

一、合同的概念和特征

根据《合同法》第 2 条的规定，合同是指平等主体的自然人、法人、其他组织之间设立、变更、终止民事权利义务关系的协议。合同具有如下法律特征：

（1）合同是两个或两个以上当事人之间的协议。如甲、乙双方签订房屋买卖合同就是双方当事人之间的协议；甲、乙、丙三方之间签订的合伙合同就是多方当事人之间的协议。

（2）合同是当事人在平等自愿的基础上达成的协议。平等，是指当事人双方在订立合同时的法律地位是平等的，相互间不存在隶属关系。自愿，是指在合同关系中，任何一方均不得将自己的意志强加给对方。

（3）合同是当事人设立、变更、终止民事权利义务关系的协议。设立、变更、终止民事权利义务关系是当事人订立合同的目的。如甲、乙签订技术转让合同，甲订立合同是为了获得技术，乙订立合同是为了获得金钱。

二、合同法的概念和适用范围

合同法是调整平等主体的自然人、法人、其他组织之间设立、变更、终止民事权利义务关系的法律规范的总称。

中国现行合同法为《中华人民共和国合同法》，该法于 1999 年 3 月 15 日第九届全国人民代表大会第二次会议通过，1999 年 10 月 1 日正式实施。该法由总则、分则、附则构成。总则共八章，分别为：一般规定；合同的订立；合同的效力；合同的履行；合同的变更和转让；合同的权利义务终止；违约责任；其他规定。分则共十四章，分别为：买卖合同；供用电、水、气、热力合同；赠与合同；借款合同；租赁合同；融资租赁合同；承揽合同；建设工程合同；运输合同；技术合同；保管合同；仓储合同；委托合同；行纪合同；居间合同。

我国现行《合同法》的适用范围：

（1）除《合同法》分则的有名合同适用《合同法》以外，对于《合同法》分则没有规定的无名合同，只要其内容为设立、变更、终止民事权利义务关系的，适用《合同法》总则的规定及最相近似的《合同法》分则的规定。如借用合同因《合同法》分则未规定，可适用《合同法》总则的规定。

（2）《合同法》不适用于行政合同，如行政奖励合同、行政委托合同、征地合同、拆迁合同等。

（3）劳动合同不适用《合同法》的规定，因为劳动合同不完全贯彻自愿原则，最低工资制度、劳动保障制度、休假制度、劳动培训制度、五险一金制度等，体现了法律干预原则，因此在我国法律制度中劳动合同由专门的《劳动合同法》加以调整。但劳务合同应由《合同法》调整，如家庭劳务合同、单位职工已退休后的返聘合同等，应适用《合同法》。

(4) 集体经济组织的内部土地承包合同不适用《合同法》，而适用《农村土地承包法》，因为农村土地承包合同是实现家庭联产承包责任制的方式，但农村土地的外部承包合同，即非农村集体组织的成员与农村集体经济组织签订的承包合同适用《合同法》。

(5) 企业的内部承包合同不适用《合同法》，但企业外部承包合同，即非企业工作人员承包企业签订的承包合同适用《合同法》。

(6) 有关身份关系的协议不适用《合同法》，如婚约、收养协议、夫妻财产制协议、离婚协议、遗赠扶养协议等，因其内容主要涉及身份关系，故不适用《合同法》而应适用《婚姻法》《继承法》《收养法》等相关法律规定。

(7) 抵押合同、质押合同，建设使用权出让、转让合同，矿业权出让、转让合同，应首先适用《物权法》和《矿产资源法》的相关规定。

(8) 著作权合同、专利权合同、商标权合同应首先适用《著作权法》《专利法》和《商标法》的相关规定。

(9) 保险合同、海事合同等应首先适用《保险法》《海商法》的相关规定。

(10) 股权转让合同、企业收购并购合同等，应首先适用《公司法》《证券法》的相关规定。

三、合同的分类

(一) 双务合同和单务合同

以当事人一方还是双方承担义务为标准，可将合同分为双务合同和单务合同。当事人双方相互享有权利，互负给付义务的合同称为双务合同，如买卖合同、租赁合同等。当事人一方负担义务，对方仅享有权利而不负担义务的称为单务合同，如借用合同、赠与合同等。

区分双务合同与单务合同的法律意义：第一，先履行抗辩权、同时履行抗辩权和不安抗辩权仅适用于双务合同，单务合同不适用；第二，双务合同有风险负担问题，如当事人一方因不可抗力致使合同不能履行时，可以解除合同，如果对方已经履行，应将所得利益予以返回，单务合同则没有对待给付及返回问题。

(二) 有偿合同和无偿合同

以当事人从合同中获取利益是否需要支付相应的代价为标准，可将合同分为有偿合同和无偿合同。一方履行合同义务，对方获得利益要为此支付相应代价的为有偿合同，如买卖合同、租赁合同、保险合同等。一方给付某种利益，对方取得该利益时无须支付任何代价的称为无偿合同，如借用合同、赠与合同。

区分有偿合同与无偿合同的法律意义：第一，有偿合同债务人的注意义务较无偿合同为重，如在保管合同中，对保管物的灭失，有偿保管人负有过失赔偿责任，无偿保管人仅负重大过失责任。第二，限制行为能力人订立与之行为能力不相适应的有偿合同，须经法定代理人追认才有效，而对纯粹获利的赠与等无偿合同，则可独立为之。如16岁的中学生小王享有某项发明专利，其与甲企业签订转让该发明专利的合同，应经其父母追认后有效。再如，15岁的贫困中学生小周接受刘某资助的赠与合同，无须经父母追认，赠与合同自签订之日起有效。

（三）有名合同和无名合同

以法律是否为合同规定了一定名称为标准，可将其分为有名合同与无名合同。法律已确定特定名称及规则的称为有名合同，如《合同法》分则规定的买卖合同等15类都属于有名合同。法律尚未确定名称与规则的称为无名合同，如物业管理合同，试吃、试穿合同等。

区分有名合同与无名合同的法律意义：有名合同的订立、变更或解除应按照《合同法》规定办理；根据《合同法》第124条的规定，无名合同可适用《合同法》总则并参照分则或其他法律最相类似的规定。无名合同只要不违反社会公德、社会公共利益和法律的禁止性规定，当事人可以自主设立，法律承认其效力。

（四）诺成合同和实践合同

以合同成立是否需要以实际交付标的物为标准，可将合同分为诺成合同和实践合同。当事人一方的意思表示一经对方同意合同即能成立或生效的，称为诺成合同，如买卖合同、承揽合同等。合同成立或生效除当事人双方意思表示一致以外还须交付标的物才能成立或生效的称为实践合同。如财产保管合同自保管物交付之日起合同成立并生效；自然人之间的借款合同自借款实际交付之日起合同生效；定金合同自定金实际交付之日起合同生效。诺成合同与实践合同的区分标准，通常应根据法律的规定及交易习惯而定。

区分诺成合同与实践合同的法律意义：诺成合同自合同订立之日起，合同当事人就受合同的约束，当事人双方依据合同约定享有权利和承担义务，当事人非依合同约定履行合同义务就应承担违约责任；实践合同自订立之日起具有成立效力，成立效力表现为：当事人不得任意撤销合同，否则会因违反诚信原则而承担缔约过失责任，但在交付标的物前合同并未生效，当事人不具有要求对方履行合同的权利，当事人拒绝对方履行请求不为违约，不承担违约责任。

（五）要式合同和不要式合同

以合同成立或生效是否应采取一定的形式为标准，可将合同分为要式合同与不要式合同。法律规定应当采取特定方式才能成立的称为要式合同，如房屋买卖合同、技术转让合同、融资租赁合同等。而无须采用特定形式，只要当事人意思表示一致合同便可成立的称为不要式合同，如借用合同、赠与合同、自然人之间的借款合同等。

区分要式合同与不要式合同的法律意义：有些合同法律规定必须采用书面形式，如房地产抵押合同、房屋买卖合同、专利权转让合同、商标权转让合同，未采用书面形式的，无法进行相应的权利设立、权利转让。因为相应的权利设立、权利转让以登记为要件，没有书面合同无法进行相应的设立登记和转让登记。有些合同法律规定，必须采用书面形式，如保证合同，未采用书面形式的，除非保证人愿意承担保证责任，否则法院不承认当事人之间存在保证合同关系，债权人要求保证人承担保证责任的，法院不予支持。而对于不要式合同，当事人之间未采用书面形式，有其他证据证明当事人之间存在合同关系的，

法院予以认定。

（六）主合同和从合同

以两个合同之间的主从关系为标准，可将合同分为主合同和从合同。无须以其他合同存在作为条件的合同称为主合同，而必须以其他合同作为存在条件的合同称为从合同。如贷款合同为主合同，为其担保设立的抵押合同就是从合同。

区分主合同与从合同的法律意义：第一，主合同是从合同的存在基础，没有主合同便没有从合同；第二，主合同与从合同存在制约关系，如主合同无效，从合同也无效。但从合同无效，不能推定主合同无效。如甲、乙之间存在股权转让合同，丙与甲签订了保证合同，股权转让合同无效的，保证合同肯定无效，保证人不承担保证责任，但应承担相应的过错责任。而保证合同无效的，不能推定股权转让合同无效。

（七）预约合同和本合同

根据订立合同是否有事先约定的关系为标准，合同可分为预约合同和本合同。预约合同是指当事人约定，为将来签订某一合同的合同。本合同又称本约，是指依预约合同将来订立的合同。如商品房预售合同和商品房买卖合同，商品房预售合同是为商品房买卖合同而预先订立的合同，故为预约合同，而商品房买卖合同则属于本合同。

区分预约合同和本合同的意义：预约合同当事人的义务，是将来按预约条件订立本合同，预约合同是一种独立合同，当事人一方不履行订立本合同的义务，另一方有权请求其履行订立本合同及要求其承担违约责任。

（八）缔约人为自己利益订立的合同和为第三人利益订立的合同

依据缔约当事人为谁的利益订立合同，合同可分为缔约人为自己利益订立的合同和为第三人利益订立的合同。缔约人为自己利益订立的合同，仅在当事人之间发生约束力，绝大多数合同均为为自己利益订立的合同。为第三人利益订立的合同是指当事人不是为自己利益设定权利，而是为第三人直接享有合同利益订立的合同，如人寿保险合同等。

区分为自己利益订立的合同和为第三人利益订立的合同的法律意义：为自己利益订立的合同，只在缔约当事人之间产生约束力，为第三人利益订立的合同其效力涉及第三人，在合同成立后，合同在当事人之间以及第三人与合同当事人之间发生相应的法律效力。

第二节 合同的订立

一、合同订立的一般程序

合同订立的一般程序，可以分为要约与承诺两个阶段。

（一）要约

1. 要约的概念和有效要件

要约是指当事人一方以缔结合同为目的，向对方提出订立合同的条件，希望对方接受的意思表示。前者称为要约人，后者称为受要约人。

要约的有效要件：(1) 要约应向特定的相对人发出。如甲向乙提出希望购买其房屋，乙便是特定的相对人。但在特殊情况下，受要约人也可以是不特定的。如商业广告的相对人是不特定的，但如果其内容符合要约的规定，可以视为要约；商店柜台标明单价的出卖品虽然受要约人不是特定的，也为要约，但商品橱窗标明单价的展示商品为要约邀请；处于运转状态下的自动售货机，虽然受要约人不特定，仍为要约。(2) 要约的内容应当明确具体。要约除明确表明订约人的订约愿望外，还应提出合同的主要条款，以供对方考虑是否承诺。如合同的标的、数量、质量、价款和酬金，合同履行的期限、地点和方式等。要约的条款必须明确，不能含糊不清，否则受要约人不能理解要约人的真实意图，无法承诺。(3) 要约还应表明一经受要约人承诺，合同即告成立，要约人便受其约束。

2. 要约邀请

要约邀请又称为引诱要约，是指行为人向不特定的相对人作出的，希望向自己发要约的意思表示。在现实生活中，寄送的价目表、拍卖公告、招标公告、招股说明书、商业广告（符合要约要求的除外）等均为要约邀请。

要约与要约邀请的主要区别是：(1) 要约的相对人一般都是特定的，而要约邀请的相对人是非特定的；(2) 要约的内容具体确定，而要约邀请的内容一般是不确定的；(3) 要约是订立合同的行为，对要约人具有约束力，而要约邀请是合同订立的预备行为，对行为人没有约束力。

3. 要约的法律效力

要约的法律效力表现为：(1) 要约的生效时间。要约到达相对人生效。(2) 对要约人的效力。在要约的有效期间，要约人不得随意改变要约内容或撤销要约。(3) 对受要约人的效力。在要约生效后，受要约人取得承诺的法律地位，一经受要约人承诺，合同便成立，受要约人便称为合同当事人，受到合同的约束。

4. 要约的撤回和撤销

要约的撤回是指要约人对其发出的尚未生效的要约阻止其生效的意思表示。要约从到达受要约人时生效，未到达受要约人之前，要约人有权取消要约。但是，撤回要约通知必须于要约到达受要约人之前或与要约同时到达受要约人。

要约的撤销是指要约人对已经生效但尚未获得对方承诺的要约消灭其效力的意思表示。要约一经受要约人承诺，合同便成立，要约便不能撤销。对要约撤销的时间，根据《合同法》的规定，撤销要约的通知应当在受要约人发出承诺通知之前到达受要约人。如果要约中约定了承诺期限或者以其他形式明示要约是不可撤销的，或者尽管没有明示要约不可撤销，但受要约人有理由信赖要约是不可撤销的，并且已经为履行合同做了准备工作，则不可撤销要约。

5. 要约失效

要约失效，是指要约丧失了法律约束力，即不再对要约人和受要约人具有约束。要约失效以后，受要约人也丧失了其承诺的资格，即使向要约人表示了承诺，也不能导致合同的成立。要约失效的原因主要有以下五种：(1) 要约的撤回；(2) 拒绝要约的通知到达要约人；(3) 要约人依法撤销要约；(4) 承诺期限届满，受要约人未作出承诺；(5) 受要约

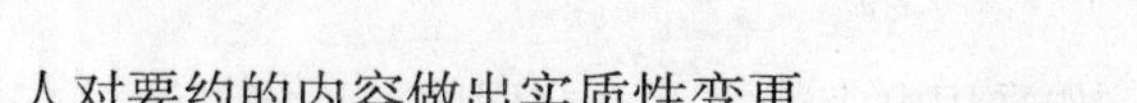

人对要约的内容做出实质性变更。

（二）承诺

1. 承诺的概念和要件

承诺是指受要约人同意要约的意思表示。承诺的意义在于承诺到达要约人，合同即告成立，要约人不得拒绝。

承诺的有效条件是：（1）须由受要约人向要约人作出。受要约人的代理人向要约人作出，也发生承诺的效力。但第三人向要约人发出，仅发生新要约的效力。（2）承诺须在要约规定的期限或在合理期限内到达要约人。要约人如果规定了承诺期限，受要约人应当在规定的期限作出承诺；没有规定期限时，如果要约是以对话方式作出的，承诺人应当即时作出承诺；如果要约是以非对话方式作出的，应当在合理的期限内作出并到达要约人。承诺未在规定期限内作出或者合理期限内作出，视为新要约。承诺在规定期限内作出或者合理期限内作出，但因某种原因未在规定期限内或合理期限内到达的，不影响其承诺的效力，除要约人及时通知承诺人承诺迟到的事实，使承诺失效以外，合同自承诺到达之日起发生成立效力。（3）承诺的内容须与要约的内容一致。"一致"，是指受要约人同意要约，未对其内容作实质性的更改的意思表示。这里所说的"实质性变更"，是指改变了要约的标的、数量、质量、期限、方式、价款和违约责任等相关内容。如果受要约人对要约的实质性内容进行了更改，就应视为对要约的拒绝，而提出的为新要约或为反要约。

2. 承诺的生效

根据《合同法》第 26 条的规定，承诺通知到达要约人时生效。承诺不需要通知的，根据交易习惯或者要约的要求作出承诺的行为时生效。此外，根据《合同法》第 23 条的规定，承诺应当在要约确定的期限内到达要约人。所以，承诺生效时间以到达要约人时确定。如果承诺不需要通知，则根据交易习惯或者要约的要求，一旦受要约人作出承诺的行为，即可使承诺生效。

3. 承诺的迟延与迟到

承诺的迟延是指迟发而迟到的承诺。《合同法》第 28 条规定："受要约人超过承诺期限发出承诺的，除要约人及时通知受要约人该承诺有效的以外，为新要约。"

承诺的迟到是指未迟发而迟到的承诺。因承诺人不知其迟到，要约人负有及时通知的义务；要约人怠于履行通知义务的，承诺视为未迟到，合同成立；要约人及时履行通知义务的，承诺视为新要约。

4. 承诺的撤回

承诺的撤回，是指受要约人发出承诺通知后，在承诺正式生效之前撤回其承诺。《合同法》第 27 条规定："承诺可以撤回。撤回承诺的通知应当在承诺通知到达要约人之前或者与承诺通知同时到达要约人。"撤回承诺是承诺人享有的权利，撤回承诺发生拒绝承诺的效力。

5. 合同成立的时间

承诺生效的时间即为合同成立的时间。此外，有几种特殊的合同成立方式需要注意：（1）采用数据电文形式订立合同的，如果要约人指定了特定系统接收数据电文的，则受要约人的承诺的数据电文进入该系统的时间为到达时间；未指定特定系统的，该数据电文进入要约人的任何系统的首次时间为到达时间。如采用电邮方式订立合同的，承诺到达对方指定的电子邮箱时间（电子邮箱显示的时间）为合同成立时间。(2) 采用合同书形式订立合同的，双方在合同书上签字或盖章或按手印的时间为合同成立时间。双方签字或盖章或按手印不在同一时间的，以最后一方的签字或盖章或按手印时间为合同成立时间，但特别法有规定的，应依照其规定，如工程合同依照《合同法》规定应采用书面形式，而工程合同绝大多数采用招投标方式，依照《招标投标法》的规定，中标时间为合同成立时间，而非双方签字或盖章或按手印的时间为合同成立时间。(3) 采用确认书形式订立合同的，签订确认书的时间为合同成立时间，但特别法有规定的依照特别法规定。如《拍卖法》规定拍卖合同为落锤成交，而非签订确认书的时间为合同成立时间。(4) 法律要求或者当事人约定采用书面形式订立合同，双方当事人未采用书面形式，但一方当事人履行合同主要义务，对方当事人接受该履行的时间为合同成立时间。这里所说的“合同主要义务”是指主给付义务，而非从给付义务，至于主给付义务是否全部履行不影响合同的成立，如甲与乙在洽谈中约定，甲向乙供应 1 000 吨某型号钢材，并约定签订书面合同，但甲与乙在签订合同之前，甲向乙供应了 500 吨钢材，乙接受了该批钢材，甲与乙之间的钢材买卖合同成立且生效，但甲向乙交付该批钢材的产地说明书或质量报告书，不能推定甲与乙之间的合同成立且生效。

6. 合同成立的地点

合同成立的地点又称合同的签订地。明确合同成立地点，对确定合同纠纷的诉讼管辖、适用交易习惯等有重大意义。根据《合同法》第 34 条和第 35 条的规定，第一，不要式合同应以承诺生效地为合同成立地点，要式合同则应以完成法定或约定形式的地点为合同成立地点。第二，采用合同书形式订立合同的，双方当事人签字或者盖章的地点为合同成立的地点。而采用数据电文形式订立合同的，以收件人的主营业地为合同成立的地点；没有主营业地的，其经常居住地为合同成立的地点。当事人另有约定的，按照其约定。

二、合同的内容

合同的内容是指当事人订立合同的各项意思表示，表现为合同的条款，在不违反法律强制性规范的情况下，合同的内容由当事人约定，一般包括：(1) 当事人的名称或者姓名和住所；(2) 标的，标的是合同权利义务指向的对象；(3) 数量；(4) 质量；(5) 价款或酬金；(6) 履行的期限、地点、方式；(7) 违约责任；(8) 解决争议的方法。当事人可以参照国内合同范本签订合同。

（一）合同的必备条款

合同的必备条款是指合同成立必须具备的条款，当事人只有就合同的必备条款协商一致，合同才能成立，欠缺必备条款的，合同不具有成立效力。必备条款又称合同的成立条款。

根据我国《合同法》的规定，当事人条款、标的条款、数量条款为所有合同必须具备的成立条款，欠缺上述条款的或上述条款不明确的，合同不成立，但人民法院能够确认上述条款内容的，不影响合同成立。对于某一具体合同而言，必备条款还包括：法律规定必

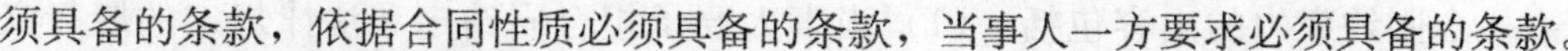

须具备的条款，依据合同性质必须具备的条款，当事人一方要求必须具备的条款。

（二）合同的普通条款

合同的普通条款又称合同的一般条款，指除合同必备条款以外的条款。合同的普通条款不是合同的成立条款，其欠缺与否不影响合同的成立效力。

合同欠缺普通条款或普通条款不明确的，当事人能达成补充协议的，依照该补充协议履行；不能达成普通协议的，依照合同解释或交易习惯可以确定的，按照合同解释或交易习惯履行；不能通过合同解释或交易习惯确定合同条款内容的，依照《合同法》第62条的规定履行。

（三）格式条款

格式条款是指当事人一方事先拟定，并由不特定当事人接受的，具有完整性和定型化的条款。如货物运输合同、机动车保险合同等都是由格式条款构成的。格式条款的特点是：(1) 均由一方事前拟定，未经当事人相互协商；(2) 要约对象具有广泛性，都是向不特定的公众发出；(3) 相对人处于从属地位，不能对其条款进行更改，因此，容易出现显失公平。

因为格式条款有它固有的缺陷，为了保护格式条款相对人的利益，《合同法》第39条和第41条对格式条款的拟定人作了限制性规定：(1) 提供格式条款的一方应当遵循公平原则确定当事人间的权利和义务，如果利用其条款排除对方的主要权利或免除自己的主要义务，该条款无效；提供格式条款的一方未尽说明义务或者提请注意义务，导致对方没有注意免除或限制其责任的事由的，对方对该格式条款可主张撤销。符合交易习惯的格式条款，或者已尽说明义务，或提请注意义务，且不违反公平原则的免责条款，当事人不得主张无效或撤销。(2) 如果格式条款与普通条款发生冲突，则优先适用普通条款。如甲与乙签订一份某型号机床的买卖合同，该合同在普通条款中规定，卖方承担该产品的瑕疵担保责任，同时在格式条款中规定买方因使用机床造成伤害的，卖方不承担责任，买方因使用说明书未说清楚机床的正确使用方法而导致伤害，应依据普通条款中瑕疵担保义务要求卖方承担瑕疵担保责任。(3) 当事人双方对格式条款的理解发生争议的，应按照通常理解予以解释。对格式条款有两种以上解释的，应当作出不利于提供格式条款一方的解释。如女模特甲与乙保险公司签订了以“腿”为保险标的的保险合同，后甲在饭店吃饭时，左腿脚面被热汤烫伤，甲要求保险公司支付保险金50万元，保险公司以“脚面”不属于“腿”为由拒绝支付保险金。对于“脚面”是否属于“腿”的范畴存在两种合理解释，以解剖学为依据，“脚面”不属于“腿”的范畴；而以人们的日常生活经验，“脚面”包含在“腿”的范围内。因此应作出不利于保险公司的解释，乙公司应向甲支付50万元的保险金。

第三节 合同的效力

一、合同效力的概念和内容

合同的效力，是指依法成立的合同对当事人具有的履行强制力。合同履行强制力即合同的约束力。合同约束力的内容包括：（1）当事人要承担合同约定和法律规定的履行义务，如甲与乙签订一份房屋买卖合同，卖方甲应承担交付房屋的义务、转移房屋所有权的义务和瑕疵担保义务，买方应承担依约交付房款的义务；（2）当事人违约要承担违约责任，如上例中甲因将该房屋转让丙，不能依约向乙转移房屋所有权，甲应对乙承担赔偿损失的责任；（3）当事人不得擅自变更、解除合同，也不得擅自转让合同权利和义务；（4）当事人还要承担法律规定的其他随附义务，如上例中甲应配合乙一起到房管部门办理房屋变更登记手续等。

二、合同的成立与生效

《合同法》第44条规定："依法成立的合同，自成立时生效。"合同的成立是指当事人就合同的主要条款达成合意；合同生效是指符合生效要件的合同产生的法律效力。在多数情况下，依法成立的合同就具备了生效要件，从成立时就生效。但在有些情况下，合同虽然成立但由于缺少生效要件，合同不具有履行力，如甲与乙签订了一份于12月31日生效的买卖合同，在12月31日到来之前，甲乙双方不具有要求对方履行合同的权利。

合同的生效要件，是衡量合同是否有效的重要条件。根据《民法通则》和《合同法》的相关规定，合同生效应当同时具备以下条件：

第一，订约人应具有相应的民事行为能力。（1）无民事行为能力人所订立的纯获利益的合同有效，如15岁的中学生与某企业签订了免费接受某企业学习用具的合同，该合同有效；（2）限制民事行为能力人所订立的与其年龄、智力等相适应的合同有效，如12岁的小学生用父母所给的零用钱购买商场学习用品的消费合同有效。（3）完全民事行为能力人所签订的合同有效，但法律明文禁止的除外。（4）法人和其他经济组织所签订的合同有效，其超范围经营所签订的合同原则上有效，但违反法律的禁止性规定、限制性规定、特许性规定的无效，如未取得烟草专卖特许经营许可证的企业与他人签订的烟草买卖合同无效。（5）企业法人的分支机构所签订的经营性合同有效，如租房合同、购买办公用品的合同、与员工签订的劳动合同、与生产经营相关的合同等，但企业法人的分支机构为他人债务所签订的保证合同，未经法人同意的无效。（6）法人或其他经济组织的法定代表人超越职权签订的合同，除相对人知道或应当知道其超越职权的以外，其代表行为有效，如甲企业章程规定法定代表人签订价值100万元以上的合同，应经董事会同意，法定代表人乙与丙企业签订的购买价值150万元的钢材合同，虽未经董事会同意，只要丙企业是善意的，该合同就对甲企业发生效力。

第二，意思表示真实。这是指行为人作出的意思表示与其内心意思相一致。可以从两个方面认定其意思表示是否真实：（1）行为人的意思表示是自愿的，不是被他人或组织强制实施的；（2）行为人的意思表示与主观意思是一致的。

第三，不违反法律和社会公共利益。合同的内容不违反法律、法规的强制性规定，不损害社会公共利益。

第四，合同的标的必须确定和可能，具有履行实现的可能性。这里所说的"合同标的确定"，是指合同标的能够确定，合同标的不能够确定的，合同不具有成立效力，更不具

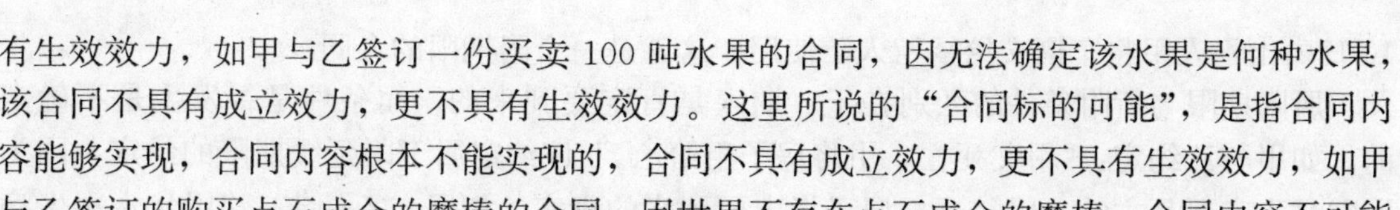

有生效效力，如甲与乙签订一份买卖100吨水果的合同，因无法确定该水果是何种水果，该合同不具有成立效力，更不具有生效效力。这里所说的“合同标的可能”，是指合同内容能够实现，合同内容根本不能实现的，合同不具有成立效力，更不具有生效效力，如甲与乙签订的购买点石成金的魔棒的合同，因世界不存在点石成金的魔棒，合同内容不可能实现，甲与乙签订的合同不具有成立效力，更不具有生效效力。

三、附条件和附期限的合同

（一）附条件的合同

附条件的合同，是指当事人在合同中约定以将来可能发生的不确定的客观事实的成就或不成就作为合同生效或失效的条件的合同。附生效条件的合同，自条件成就时合同生效。如房屋出租人甲与房屋承租人乙约定“如果甲迁往外地，就把该房出租给乙”，甲迁往外地就是甲与乙房屋租赁合同的生效条件。附解除条件的合同，自条件成就时合同失效。如甲与乙签订的房屋租赁合同中规定：“如果出租人甲的儿子大学毕业后回家居住，承租人乙就应立即将房子腾出还给甲。”这就是附了一个解除条件。当事人为自己的利益不正当地阻止条件成就的，视为条件已成就，不正当地促成条件成就的，视为条件不成就。

无论所附的是生效条件还是解除条件，该条件均应满足以下要求：

（1）尚未发生的事实。过去的事实不能作为所附条件。例如，甲与乙约定“如甲建新房，就将此房出租给乙”，其实甲早建新房，此为过去的事实，此约定视为未附条件，合同自签订之日发生效力。

（2）或然性的事实。肯定发生或肯定不发生的事实不能作为所附条件。例如，甲与乙约定“太阳如从西边升起，甲借给乙10万元”，该约定中，所附条件应为无效，该借款合同也应无效。因为太阳不可能从西边升起，该事实不可能发生。同时，甲与乙的约定表明了甲无借钱的真实意思表示。故该借款合同无效。再如，甲与乙约定“太阳如果从东边升起，甲就借给乙10万元”，该约定不为附生效条件的约定。因为太阳肯定从东边升起，此为确定的事实，该借款约定应认为未附条件，自签订之日发生效力。

（3）合法的事实。如属非法事实，则不能构成所附条件，如甲与乙约定“如乙削去丙的一只耳朵，甲赠与乙10万元”，这不属于附条件的赠与合同，“削去丙的一只耳朵”属于非法的事实，不构成所附条件。甲与乙的约定属于买凶约定，在刑法上构成共同犯罪，在民法上构成共同侵权。

（4）当事人约定的事实。条件应为当事人约定的事实而非法定事实，法律规定的条件不为所附条件，如甲与乙约定本定金合同自定金交付之日起生效，该约定不具有附条件的意义，因为定金合同自交付之日起生效是法律规定的条件。

（二）附期限的合同

附期限的合同，是指当事人在合同中约定特定的期限，并将该期限的到来作为合同生效或失效的界限。根据《合同法》第46条的规定，附生效期限的合同，自期限届至时生效。附终止期限的合同，自期限届满时失效。如甲乙双方约定自汽车租赁合同成立之日起

10 日内出租人甲将车辆交给承租人乙使用，这就是一个附期限的合同。

所附期限与所附条件的区别在于：期限是肯定要到来的，而条件是否发生是不确定的。如甲与乙约定："甲父死亡，甲将房子租给乙。"该约定属于附延缓期限的约定，因为甲父是肯定要死亡的，甲父死亡属于肯定要到来的事实。如甲与乙约定："甲父本次生病死亡，甲将房子租给乙。"该约定属于附延缓条件的约定，因为甲父本次生病是否死亡是不确定的事实。

四、无效合同

（一）无效合同的概念和含义

无效合同是指合同因欠缺生效要件而不发生当事人预期法律效力的合同。无效合同的含义：（1）自始无效。即从合同成立之日起无效，而非从法院判决合同无效之日起无效，人民法院的判决只是对合同无效的确认。（2）确定无效。合同无效应为确定无效，如买卖毒品的合同是确定无效的。（3）当然无效。无效合同无论当事人是否主张无效，均为无效，如私下买卖枪支的合同，无论当事人是否主张该合同无效，该合同当然无效。当事人主张合同无效，不适用诉讼时效和除斥期间的规定。

（二）无效合同的种类

1. 以欺诈、胁迫手段订立的损害国家利益的合同

以欺诈、胁迫的手段订立的合同，原则上属于可撤销的合同，但采用欺诈、胁迫手段损害国家利益的合同为无效合同。如甲作为某国有企业的法定代表人趁国有企业改革之机，采用欺诈手段伪造企业的债务以低价格受让国有企业股权的合同，就属于以欺诈手段损害国家利益的合同。该合同无效，不是因为采用欺诈手段而无效，而是因为损害国家利益而无效。

2. 恶意串通，损害国家、集体或者第三人利益的合同

恶意串通，损害国家、集体、第三人的合同为无效合同，此处的恶意的内容是损害国家、集体或第三人利益；此处的串通是指合同当事人之间彼此通谋或者彼此明知该合同存在损害国家、集体或第三人利益，如甲明知乙的车为租赁车辆，低价与乙签订买卖合同；甲明知乙的房屋设定了抵押登记，而低价与乙签订房屋买卖合同等。否则便不能予以认定，如甲与乙签订了房屋买卖合同以后，丙不知道甲与乙之间存在买卖合同，或者虽然知道甲与乙之间存在买卖合同，但以高于乙的购价与甲签订买卖合同，这通常不得认定为恶意串通损害他人利益导致合同无效。当然，在此情况下，如违反《反不当竞争法》《反垄断法》的规定，则应认定合同无效。

3. 以合法形式掩盖非法目的的合同

以合法形式掩盖非法目的的合同为无效合同，该合法形式因不属于当事人的真实意思而无效，该非法目的如违反法律的禁止性规定则无效，不违反法律的禁止性规定的部分仍然有效。在实务中通常表现为"阴阳合同"，如甲与乙签订房屋买卖合同，合同价款为 500 万元，但为规避税收，合同价款为 100 万元，此时表明合同价款为 100 万元的合同无效，表明合同价款为 500 万元的合同有效；再如，某企业为了规避禁止洋垃圾进口的规定，伪

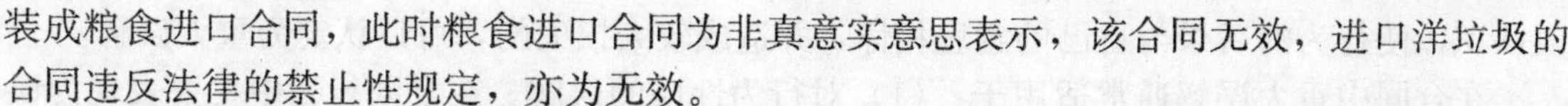

装成粮食进口合同，此时粮食进口合同为非真意实意思表示，该合同无效，进口洋垃圾的合同违反法律的禁止性规定，亦为无效。

4. 损害社会公共利益的合同

这是指合同履行的结果会对社会公共利益造成损害。如借腹生子合同、赌博合同等。

5. 违反法律、行政法规的禁止性或强制性规定的合同

违反法律、行政法规强制性规定的合同无效。这里所讲的强制性规定是指法律和行政法规层面的强制性规定，地方性法规、政府部门规章的强制性规定不能当然作为合同无效的依据。这里所讲的强制性规定是指法律、行政法规的效力性规范，而非管理性规范，例如依照《房地产管理法》的规定，城镇房屋租赁合同应向房管部门备案，未向房管部门备案的，不影响租赁合同的效力。

（三）合同被确认无效后的法律后果

1. 返还财产

所谓返还财产，是指一方当事人在合同被确认为无效后，对其已交付给对方的财产享有返还请求权，而已经接受对方交付的财产则负有返还对方的义务。需要注意的是：(1) 返还财产旨在使财产关系恢复到合同订立前的状态；(2) 返还财产的对象仅限于原物及因原物所产生的孳息；(3) 行使返还财产请求权原则上不应当考虑对方是否具有过错。

2. 赔偿损失

根据《合同法》第58条的规定，合同被确认无效后，有过错的一方应当赔偿对方因此所受到的损失，双方都有过错的，应当各自承担相应的责任。

3. 收归国库或返还集体或第三人

因当事人故意订立的损害国家利益或社会公共利益的无效合同，当事人已经取得或约定取得的财产应收归国库所有，或返还给集体或第三人。当事人一方是故意的，应采取单方返还的办法；如果双方都是故意的，应追缴财产收归国家所有。如甲与乙为了获取非法利益，签订了买卖走私物品的合同，由于该合同损害了国家利益，应将走私物和货款收归国库。

五、可撤销合同

（一）可撤销合同的概念和特征

可撤销合同是指当事人订立合同时，因意思表示有瑕疵或者合同内容显失公平，一方行使撤销权而使其归于无效的合同。其法律特征是：(1) 这类合同是当事人一方的意思表示有瑕疵或者合同内容显失公平；(2) 须由一方行使撤销权，请求撤销合同；(3) 合同在未被撤销以前有效，享有撤销权的一方当事人不行使撤销权的或者在一年的除斥期间内未行使撤销权的，合同仍然有效；(4) 撤销权人可以请求撤销合同，也可以请求变更合同。撤销权人请求人民法院撤销合同的，人民法院作出撤销合同判决的，合同发生自始无效的效力。

（二）可撤销合同的种类

1. 因重大误解订立的合同

行为人因对行为的性质、对方当事人，或者标的物的品种、质量、规格和数量等的错

误认识，使行为的后果与自己的意思相悖，并造成较大损失的，可以认定为重大误解。

在合同中重大误解通常适用于：（1）对行为性质的误解。在合同行为中主要表现为误将买卖当赠与。如宾馆房间所摆物品，如标明价款的应为出卖品，房客使用该物品或带走该物品，不得以重大误解为由主张撤销。如标明该物品为免费使用品的，宾馆不得以重大误解为由主张撤销，要求使用物品的房客支付价款或退回该物。如既未标明价款又未标明免费使用品的，则房客使用或带走的，这可能构成重大误解，宾馆或房客可主张撤销。（2）对对方当事人的误解。通常是指误将甲当作乙。在合同行为中，如属纯粹财产利益的合同，如买卖合同、租赁合同等，则不得以重大误解为由主张撤销，因为纯粹财产利益的合同对相对人的误解不影响合同目的的实现。如属人身性质利益的合同，如演讲合同、演出合同、绘画合同、授课合同，由于其人身性质的重大性，对演讲人、演出人、绘画人、授课人等的误解构成重大误解，可主张撤销。（3）对标的物品种的误解，如误将黄金当黄铜出卖；对标的物质量的误解，如误将一级茶叶当三级茶叶出卖；对标的物数量的误解，如误将100吨写成1 000吨。

在合同中不适用重大误解的主要有：（1）价格问题不构成重大误解。因为在交易中价格是双方当事人反复讨论的重大问题，不存在误解问题。但价格问题在合同订立阶段可能构成显失公平问题，在合同履行阶段可能构成情势变更问题。（2）对行为动机的误解。例如，王某决定今年购买商品房，便与家具店签订购买家具的合同，与装修公司签订装修合同，后王某未购买商品房，不影响其与家具店、装修公司所签合同的效力，王某应对上述合同当事人承担违约责任。

2. 显失公平的合同

一方当事人利用优势或者利用对方没有经验，致使双方的权利与义务明显违反公平、等价有偿原则的，可以认定为显失公平。对于显失公平的认定：（1）其主观要求是一方当事人利用自己的优势地位，或者利用对方没有经验；（2）合同内容明显违反等价有偿原则，当事人设立的义务明显不对等；（3）显失公平应以合同订立时的市场价格进行判断，而非按照合同履行时的市场价格进行判断。合同履行时的市场价格，发生重大变动的不为显失公平问题，可能构成情势变更或者商业风险问题。

显失公平并非适用于所有的合同。（1）公开竞价行为所形成的合同不适用显失公平，因为公开竞价遵循落槌成交规则；（2）投机行为所形成的合同不适用显失公平，因为投机行为本身包含了行为人自愿承担风险的意思，如炒期货炒到血本无归；（3）有些依照交易习惯而签订的合同也不适用显失公平，如甲到云南与他人赌玉所签合同；（4）政府定价领域的合同一般不适用显失公平，如居民用电、用水、用气等一般由政府定价，上述合同不适用显失公平。

3. 因欺诈订立的合同

欺诈是指当事人一方故意隐瞒真实情况或者故意制造虚假情况，诱使对方当事人作出错误意思表示的行为。欺诈必为故意形态，过失不构成欺诈。欺诈通常以作为形态出现，在特定情况下，不作为也可能构成欺诈，如出卖人明知出卖物有瑕疵，但不履行说明义务，则可能构成欺诈。欺诈应与表意人之间的错误意思表示存在因果关系，买受人知假买假的，出卖人通常不为欺诈，但对于食品、药品，买受人明知假货仍然购买的，可认定为

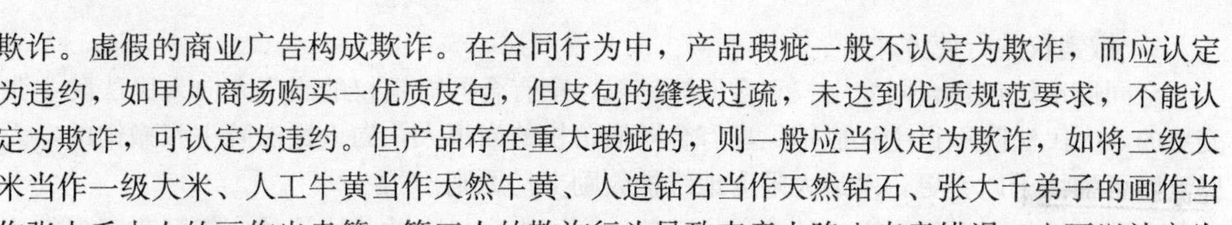

欺诈。虚假的商业广告构成欺诈。在合同行为中，产品瑕疵一般不认定为欺诈，而应认定为违约，如甲从商场购买一优质皮包，但皮包的缝线过疏，未达到优质规范要求，不能认定为欺诈，可认定为违约。但产品存在重大瑕疵的，则一般应当认定为欺诈，如将三级大米当作一级大米、人工牛黄当作天然牛黄、人造钻石当作天然钻石、张大千弟子的画作当作张大千本人的画作出卖等。第三人的欺诈行为导致表意人陷入表意错误，也可以认定为欺诈，如甲出卖山寨版 iPhone 手机，乙购买时，甲的好友丙在旁边说该手机为真货，导致乙信以为真而购买，可认定为欺诈。

采用欺诈手段订立的合同，在不损害国家利益的情况下为可撤销合同。

4. 因胁迫订立的合同

行为人以给他方及其亲友的生命、健康、荣誉、名誉、财产等造成损害或者以给法人的荣誉、名誉、财产等造成损害为要挟，迫使对方作出违背真实的意思表示的，可以认定为胁迫行为。胁迫行为只能是故意行为，过失行为不构成胁迫。应将玩笑话与胁迫区别开来，如甲与乙为生意中的伙伴，甲对乙开玩笑说，“如果这单生意你不跟我签，小心你的脑袋”，乙乐呵呵地在合同上签字，这不构成胁迫，而是生活中的玩笑话。对于胁迫的认定，应与相关情景因素联系起来，如身材纤弱的李总（女）对身材威猛的张总（男）说，“这单生意你不跟我签，我掐死你”，张总乐呵呵地在合同上签字，这不构成胁迫。

胁迫的目的是迫使对方陷于恐惧的心理状态或加深恐惧的心理状态，从而使表意人作出错误的意思表示。胁迫既可以是行为人本人的胁迫，也可以是第三人的胁迫。胁迫可以表现为语言威胁，也可以表现为行为威胁。威胁内容表现为诋毁他人名誉、荣誉，损害他人健康，毁坏他人财产等。

采用胁迫手段订立的合同，在不损害国家利益的情况下为可撤销合同。

5. 乘人之危订立的合同

乘人之危是指一方当事人乘对方处于危难之机，为牟取不正当利益，迫使对方作出不真实的意思表示，严重损害对方利益的行为。乘人之危一定要求对方当事人存在危难背景，一定要求行为人存在谋取不正当利益的目的，一定要求表意人的表意是不真实的，而且该不真实的表意与行为人的行为之间存在因果关系，一定要求严重损害了表意人的正当利益。例如，甲的母亲病重无钱医治，乙趁机低价购买甲的名画或甲的房屋的行为。乘人之危存在胁迫因素，其与胁迫的区别在于，乘人之危存在危难背景，而胁迫不存在危难背景。

因乘人之危订立的合同为可撤销合同。

（三）可撤销合同的撤销权

1. 撤销权的享有

依照《合同法》第 54 条的规定，在欺诈、胁迫、乘人之危的情况下，合同撤销权的享有者为合同订立时的被欺诈人、被胁迫人、乘人之危的受害人。欺诈人、胁迫人、乘人之危人不享有撤销权。在重大误解的情况下，没有过错的受害人肯定享有撤销权，有过错的受害人是否享有撤销权存在不同立法例，如甲商店误将高于国产奶粉 5 倍价格的进口奶粉按国产奶粉出售，商店是否享有合同撤销权，依照我国《合同法》的规定，商店也享有合同撤销权。在显失公平的情况下，受害人享有合同撤销权。

2. 撤销权的行使方式

合同撤销权包含合同变更权和合同撤销权，享有合同撤销权的当事人向人民法院主张变更的，人民法院不得主张撤销。享有合同撤销权的当事人，向人民法院主张撤销的，人民法院可酌情予以变更，以最大限度地维护鼓励交易原则。

合同撤销权应采用诉讼或仲裁方式行使，合同当事人有仲裁协议的，依照我国现行法的规定，合同撤销权应首先采用仲裁方式撤销合同；合同当事人未约定仲裁协议的，应采用诉讼方式行使合同撤销权。

3. 撤销权的行使期间

根据《合同法》第55条的规定，合同撤销权人向人民法院主张撤销合同的，应在知道或应当知道撤销事由之日起一年内，向人民法院行使撤销权。该一年为除斥期间，未在该除斥期间内行使撤销权的，合同撤销权人的撤销权消灭，合同继续发生效力。

六、效力未定合同

（一）效力未定合同的概念和特征

效力未定合同，是指合同虽然已经成立，因其不完全符合生效要件，其效力尚未确定，须经权利人追认才能生效的合同。

效力未定合同的特征是：（1）合同效力处于悬而未决的不确定状态，既非有效也非无效；（2）合同效力的确定取决于享有形成权的第三人是否追认，享有形成权的第三人追认的该合同有效，拒绝追认的该合同无效；（3）享有形成权的第三人予以追认的，自追认通知到达相对人时发生效力，合同溯及于合同成立时发生效力，拒绝追认的合同自始无效。

（二）效力未定合同的种类

1. 限制民事行为能力人依法不能独立订立的合同

《合同法》第47条规定："限制民事行为能力人订立的合同，经法定代理人追认后，该合同有效……相对人可以催告法定代理人在一个月内予以追认。法定代理人未作表示的，视为拒绝追认。合同被追认之前，善意相对人有撤销的权利。撤销应当以通知的方式作出。"

（1）法定代理人的追认权。

追认权的主体通常为法定代理人，追认权的性质为形成权，追认方式为通知方式，通知到达相对人时发生追认的效力，追认期间应在相对人行使撤销权之前，如15岁的中学生将其所写的剧本转让给某剧场，其与剧场所签的剧本转让合同为效力未定的合同，该合同自其父母的追认通知到达剧场时发生追认效力，该合同自签订之日起有效。

（2）相对人的催告权和撤销权。

对于未成年人所签订的效力未定的合同相对人享有催告权，相对人有权催告法定代理人在一个月内予以追认，法定代理人在一个月内未予以追认的，视为拒绝追认。相对人的撤销权以善意为前提，相对人不具有善意不享有撤销权。这里所说的"善意"是指相对人不知道或者不应当知道对方为未成年人之情形。相对人的撤销权的行使方式应采用通知方式，通知到达法定代理人时发生撤销的效力，相对人撤销权的行使期间，应在法定代理人追认之前，因为法定代理人的追认通知到达相对人时合同发生生效的效力。

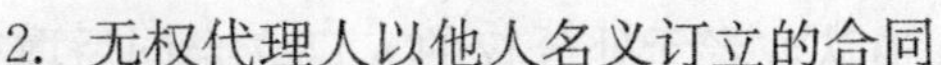

2. 无权代理人以他人名义订立的合同

这种合同是指行为人没有代理权或超越代理权，以被代理人名义订立的合同。主要包括三种情况：（1）无权代理人自始没有代理权而以他人名义订立的合同；（2）无权代理人超越代理权而以他人名义订立的合同；（3）无权代理人在代理权终止后以他人的名义订立的合同。上述三类无权代理人订立的合同，经过被代理人追认合同有效，未经被代理人追认，对被代理人不发生效力，由行为人自己承担责任，但“表见代理”除外。

对于无权代理人所签订的合同，被代理人享有追认权，被代理人予以追认的，无权代理变为有权代理。被代理人的追认方式包括明示方式和默示方式，明示方式是指被代理人采用通知的方式追认，通知到达相对人时发生追认效力，合同自始有效；默示方式是指被代理人接受相对人的履行或者对相对人开始履行义务。

对于无权代理人所签订的合同，相对人享有催告权和撤销权，相对人应向被代理人行使催告权，催告权应在被代理人追认之前行使。催告应采用通知方式。善意相对人享有撤销权。这里所说的“善意”是指相对人不知道或者不应当知道代理人为无权代理人，相对人撤销权的行使应在被代理人追认之前，并采用通知的方式，自通知到达被代理人之日起发生撤销效力。

表见代理，是指与无权代理人订立合同的相对人有理由认为无权代理人有代理权而与之订立的合同，这类合同无须被代理人追认，就对被代理人有约束力。如李某为甲公司的业务员，因受贿被公司解雇，李某利用没有收回的工作证和盖有公司印章的有效合同书与乙企业订立了购销合同，这种情况就属于表见代理。

表见代理可分为外表授权的表见代理、特定身份关系的表见代理和容忍的表见代理。对于外表授权的表见代理，只要相对人持有有效的被代理人的授权文件，如被代理人盖有公章的有效期内的空白合同书，被代理人盖有公章的有效期内的介绍信，被代理人盖公章的有效期内的授权委托书等，就可认定表见代理成立。但被代理人能反证上述有效文件是伪造的、偷盗的、丢失的或者借用的且能证明自己尽到了相应的补救义务的，表见代理则不能成立。如被代理人能证明对于被偷盗的空白合同书已经报案且合同在报案之后签订的，被代理人可否认表见代理，拒绝履行合同义务；被代理人能证明丢失的空白授权委托书，已登报声明作废且合同在登报声明作废之后签订的，被代理人可以否定表见代理，拒绝履行合同义务；被代理人能够证明他人借用自己的建筑资质签订工程合同，该合同无效，被代理人不履行合同义务，但因此给相对人造成损失的，应与借用人一起对相对人负连带责任。对于特定身份关系的表见代理，在实务中该特定身份一般指商事中的身份，而且要求被代理人和相对人之间存在老客户关系，如甲企业的采购员长期向乙工厂采购原料，甲企业在月底结账，后该采购员离职仍以甲企业的名义与乙工厂签订采购合同（乙工厂不知该采购员离职），采购员将原料倒卖后逃逸，甲企业对乙工厂仍附有支付货款的义务。容忍的表见代理是指被代理人知道他人以自己的名义签订合同而不表示反对之情形，如甲在某商场营业大厅以商场名义出卖货物，商场不加阻止的，商场应对甲出卖货物的瑕疵承担违约责任。

3. 无权处分人处分他人财产的合同

这类合同是指无处分权人擅自订立的处分他人财产的合同。根据《合同法》第 51 条的规定，无处分权的人处分他人财产，经权利人追认或者无处分权的人订立合同后取得处分权的，该合同有效。根据《最高人民法院关于审理买卖合同纠纷案件适用法律问题的解释》第3条的规定，无权处分合同的当事人主张合同无效的，人民法院不予支持。

对于无权处分合同的效力应区分三种不同情况：(1) 权利人追认的，该合同自始有效。权利人的追认既可向相对人表示，也可向无权处分人表示。权利人追认后，该合同的权利人和相对人形成合同关系，无权处分人转化为代理人。如甲租赁了乙的汽车，甲以自己的名义卖给丙，乙对该汽车买卖合同予以追认，则在乙与丙之间形成了汽车买卖关系，甲成为该合同的代理人。(2) 无权处分人取得处分权后，该合同自始有效。如乙为甲之子，乙以自己的名义将甲的房屋卖给丙，与丙签订房屋买卖合同，后甲死亡，乙继承了该房屋，则乙与丙之间的房屋买卖合同自始有效。(3) 无权处分合同未被权利人追认，无权处分人也未取得处分权的，该合同对权利人不发生效力；无权处分人应对该无权处分合同承担履行不能的违约责任。

第四节　合同的履行

一、合同履行概述

合同的履行，是指债务人全面地、适当地完成合同义务，以使债权人的债权得到完全实现的行为。

合同履行应当遵循以下原则：(1) 全面履行原则，即按照合同约定的标的、数量、质量、时间、地点、方式等全面履行合同；(2) 诚信履行原则，即合同当事人应当遵循诚实信用原则，根据合同的性质、目的、交易习惯，履行通知、协助、保密等义务；(3) 经济合理原则，即合同当事人履行合同时应讲究经济效益，应符合对方的利益诉求及国家利益和社会公共利益；(4) 情势变更原则，即合同成立后因不可归责于双方当事人的原因，发生了不可预见的情势变更，若继续履行合同原有效力则显失公平，应允许变更或解除合同。

二、合同履行的规则

(一) 合同条款不明时的履行规则

合同履行时，当事人因质量、价款或报酬、履行的期限、地点等内容没有约定或约定不明确的，可以签订补充协议加以明确，不能达成补充协议的，应按照合同有关条款或交易习惯确定，按照有关条款或交易习惯仍然不能确定的，应依照《合同法》第62条的规定履行：(1) 质量要求不明确的，按国家标准、行业标准履行；没有国家标准、行业标准的，按通常标准或符合合同目的特定标准履行。通常标准是指同类或类似标的物的质量标准。(2) 价款或报酬不明确的，按照订立合同时履行地的市场价格履行；依法应当执行政府定价或政府指导价的，按照规定履行。(3) 履行地点不明确，给付货币的，在接受货币

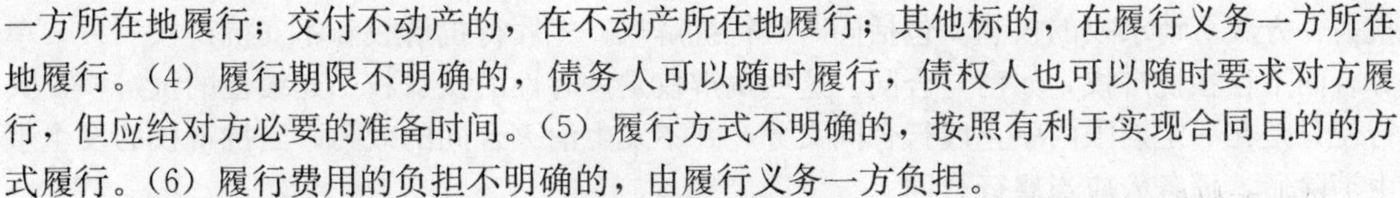

一方所在地履行；交付不动产的，在不动产所在地履行；其他标的，在履行义务一方所在地履行。(4) 履行期限不明确的，债务人可以随时履行，债权人也可以随时要求对方履行，但应给对方必要的准备时间。(5) 履行方式不明确的，按照有利于实现合同目的的方式履行。(6) 履行费用的负担不明确的，由履行义务一方负担。

（二）合同履行过程中价格发生变动时的履行规则

对于执行政府指导价的合同，在合同履行过程中价格发生变动的，应遵循的规则是：(1) 合同交付期限内政府定价或政府指导价调整时，应按照交付时的价格履行，因为政府价格调整是不可归责双方当事人的原因，双方当事人均无过错，若按照原价来履行，则明显显失公平。(2) 合同交付期限外价格调整时，逾期交付标的物的，遇价格上涨时按照原价来执行，价格下跌时，按照新价来执行；逾期提取标的物或逾期付款的，遇价格上涨时，按照新价格执行，价格下跌时，按照原价来执行，因为合同交付期限外价格调整表明一方存在过错，过错方应承担价格变动的风险责任。

（三）债务人向第三人履行债务的规则

债务人向第三人履行债务，必须基于合同当事人的约定，而且这种约定不得违反法律和行政法规的强制性规定。债务人向第三人履行债务有约定的：(1) 第三人享有对债务人请求履行的权利；(2) 债务人未向第三人履行或履行不符合约定的，债务人应当向债权人承担违约责任，而非向第三人承担违约责任；(3) 债务人对债权人享有的抗辩权可向第三人行使；(4) 债务人向第三人履行债务增加的费用，除另有约定以外，应由债权人承担。

（四）第三人向债权人履行债务的规则

第三人向债权人履行债务，必须基于当事人之间的约定，而且该约定不得违反法律和行政法规的强制性规定。第三人向债权人履行债务，有约定的：(1) 债权人应当接受第三人的履行，否则构成违约；(2) 债权人有权要求第三人履行债务人的债务；(3) 第三人不履行债务，或者履行债务不符合规定，债务人应当向债权人承担违约责任，而非第三人向债权人承担违约责任；(4) 债权人要求第三人履行债务时，第三人可行使债务人对债权人的抗辩权；(5) 第三人向债权人履行增加的费用，除另有约定外，由债务人承担。

（五）债务提前履行的规则

依据《合同法》第 71 条的规定，债权人对于债务人的提前履行，可拒绝接受，但不损害其利益的除外，即债权人拒绝债务人的提前履行以不损害债权人利益为前提。

（六）债务人部分履行债务的规则

依据《合同法》第 72 条的规定，债务人部分履行债务，债权人可以拒绝接受，但不损害其利益的除外。部分履行债务给债权人增加的费用，由债务人负担。

（七）合同当事人的某些变化不影响合同履行的规则

依照《合同法》第 76 条的规定，合同生效后，当事人不得因姓名、名称的变更或者法定代表人、负责人、承办人的变动而不履行合同义务。

三、合同履行抗辩权

合同履行抗辩权，是指在双务合同履行中，当事人一方在符合法定条件时享有的，对抗另一方履行请求权的权利。包括同时履行抗辩权、先履行抗辩权和不安抗辩权三种。单务合同不存在抗辩权，如赠与合同。这些抗辩权是一时性的抗辩权、延缓性的抗辩权，其行使只是在一定期限内中止履行合同义务，并不发生消灭合同的效力。当抗辩权的发生事由消除后，债务人应当履行合同。

（一）同时履行抗辩权

同时履行抗辩权，是指合同当事人互负债务，没有约定履行先后顺序的应当同时履行，一方在对方未对待给付以前，可拒绝履行其债务的权利。一方在对方履行合同不符合约定时，也可拒绝相应的履行请求的权利。如甲与乙签订一份西瓜买卖合同，没有约定履行顺序。乙因资金困难要求甲提前支付货款，甲便可行使抗辩权予以拒绝。

（二）先履行抗辩权

先履行抗辩权，又称顺序履行抗辩权，是指当事人约定了先后履行顺序，先履行一方未履行的或者履行存在相应瑕疵，后履行一方有权拒绝其履行请求或者相应的履行请求。先履行抗辩权以先履行一方具有履行能力为前提。如甲与乙签订一份钢材买卖合同，约定甲付款一个月后交货，甲要求乙提前交货，乙便可行使先履行抗辩权予以拒绝。

（三）不安抗辩权

不安抗辩权，是指在双务合同中，应当先履行债务的当事人在有确切证据证明后履行债务的当事人在订约后丧失或者可能丧失履行能力时，可以中止自己履行的权利。不安抗辩权既可以在后履行债务的当事人确定丧失履行债务能力时行使，也可以在后履行债务的债务人可能丧失履行债务能力时行使。如甲与乙签订一份毛料购销合同，约定合同成立后甲先向乙支付预付款。付款期限到来时，甲发现乙厂房发生火灾，担心乙不能按期发货，便通知乙暂停付款，这就是甲行使不安抗辩权。

1. 不安抗辩权适用的条件

（1）后给付义务人的履行能力明显下降，有不能履行合同的现实危险。按照《合同法》第 68 条的规定，先履行债务的当事人，有确切证据证明对方有下列情形之一的，可以中止履行：经营状况严重恶化；转移财产、抽逃资金，以逃避债务；丧失商业信誉；有丧失或者可能丧失履行债务能力的其他情形。当事人没有确切证据中止履行的，应当承担违约责任。

（2）后给付义务人未提供适当担保。按照《合同法》第 69 条的规定，对方提供适当担保时，应当恢复履行。

（3）先履行义务人负有通知和举证义务。当事人行使不安抗辩权中止履行时，应当及时通知对方，并负有证明对方履行能力明显下降，不能履行合同现实危险的义务。

2. 不安抗辩权的法律后果

后履行一方恢复履行能力或提供有效担保后，先履行一方应当恢复履行；后履行一方在合理期限内未恢复履行能力或未提供适当担保的，先履行一方有权解除合同。

四、合同履行中的保全措施

合同保全是指在合同履行中，法律为防止因债务人财产的不当减少致使债权的实现受到

危害，设置的保全债务人责任财产的法律制度。包括债权人的代位权和债权人的撤销权。

按照合同相对性原则，合同效力仅约束合同当事人，债权人只能向债务人请求为一定给付，债务人也仅对债权人负有给付义务及附随义务，第三人在合同关系上既不承担义务也不享有权利。而债权人的代位权和撤销权行使的对象则是债务人以外的第三人，这一规定是对合同相对性原则的突破，也被称为债权的对外效力。

（一）债权人的代位权

1. 代位权的概念与性质

债权人代位权，是指债务人怠于行使其对次债务人的债权，而损害债权人债权时，债权人为保全自身的债权，以自己的名义，请求法院代为行使债务人对次债务人的权利。如甲对乙享有30万元的到期金钱债权，乙对丙享有30万元的到期金钱债权，乙怠于行使对丙的债权，甲有权向法院起诉丙，请求丙向自己清偿30万元。

代位权的性质表现为：（1）债权人代位权是债权人的固有权，不是债权人代理债务人行使权利，其权利来源于债权的保全功能；（2）债权人代位权不是债权人对次债务人的请求权，债权人不能直接向次债务人请求履行，而应通过诉讼行使该权利；（3）债权人代位权不是固有意义上的形成权，而是债权人债权的法定权能，不论当事人是否约定，债权人都享有此项权利；（4）债权人代位权是实体法上的权利而非诉讼法上的权利，因此其不同于债权人的诉前保全或诉讼中的财产保全等诉讼法上的权利。

代位权不同于代理权，主要区别是：（1）名义不同，代理人是以被代理人的名义，代位权人是以自己的名义；（2）权限不同，代理人的权限是委托授权或指定、法定的范围以内；代位权人的权限是债权人的债权范围以内；（3）诉讼资格不同，代理人一般不具有原告资格，代位权人具有原告资格；（4）后果不同，代理的法律效果归于被代理人，代位权的法律效果是债权人债权的实现。

2. 代位权行使的要件

第一，两个债权均合法有效到期，且债务人对次债务人的债权是非专属于债务人自身的金钱债权。如甲对乙享有30万元债权，乙对丙享有30万元债权，甲对乙的债权不合法（赌债、毒资），甲对丙便不享有债权人代位权。如上例中，甲对乙的债权合法但未到期，甲行使对丙的代位权，丙可以债权未到期为由对甲进行抗辩；甲对乙的债权合法但已过诉讼时效，甲行使对丙的债权，丙可以诉讼时效已过为由对甲进行抗辩。反之，乙对丙的债权不合法，或乙的债权未到期，或乙的债权已过诉讼时效，丙可对甲主张代位权不成立或对甲主张抗辩。

债务人对第三人享有股权或者物权等绝对权，债权人不得代为行使上述绝对权。如甲对乙享有30万元到期金钱债权，乙持有丙公司30万元股权，甲不得对丙公司提起代位权诉讼。此时甲可起诉乙，通过执行程序变卖乙的股权，使甲的债权得以实现。

债权人对次债务人享有的财物债权或劳务债权，债权人不得行使代位权，如甲对乙享有30万元到期金钱债权，丙应向乙交付30万元电脑，甲不得对丙提起代位权诉讼请求丙将电脑交付自己。因为我国代位权诉讼的立法目的在于清理“三角债”，同时防止债务清偿中“拉郎配”的情况出现，将代位权诉讼限定在金钱债权，避免代位权诉讼扩大导致的不利后果。

债务人对次债务人享有的专属金钱债权，债权人不得行使代位权。专属金钱债权是指基于扶养关系、抚养关系、赡养关系、继承关系产生的给付请求权和劳动报酬、退休金、养老金、抚恤金、安置费、人寿保险、人身伤害赔偿请求权等权利。如甲对乙享有5万元的到期金钱债权，乙对丙享有5万元的人身伤害赔偿金，甲对丙不得行使代位权。

第二，债务人怠于行使其到期债权。这里所说“债务人怠于行使”，是指债务人对次债务人债权已到期，债务人未向次债务人提起诉讼或者申请仲裁。债务人向次债务人通知还钱或者直接要钱，不影响债权人行使代位权。债务人与次债务人订有仲裁协议，也不影响债权人行使代位权。债务人已向法院提起诉讼或者申请仲裁，债权人提起代位权诉讼的，法院应裁定不予受理，或裁定驳回起诉。

第三，债务人怠于行使给债权人造成损害。债权人行使代位权，不要求债务人陷于资不抵债的困境，也不要求债权人已对债务人提起债权诉讼而债权未得到清偿，但要求债务已陷入迟延，即债务人未依债权人请求向债权人清偿债务。

第四，债权人以保全债权为必要限度。如甲对乙享有30万元到期金钱债权，乙对丙享有50万元到期金钱债权，则甲对丙行使代位权以30万元为限。

3. 代位权诉讼

债权人代位权不能直接向次债务人行使，而应以诉讼方式行使。在代位权诉讼中，债权人为原告，次债务人为被告，债务人为诉讼中无独立请求权的第三人。债权人未将债务人列为第三人的，法院可依职权追加债务人为第三人。债权人向债务人提起债权诉讼，同时又向同一法院对次债务人提起代位权诉讼，符合条件的，法院予以受理，但在债权诉讼裁决前，应中止代位权诉讼。如乙欠甲10万元，丙欠乙10万元，甲在A法院起诉乙后，又在A法院起诉丙，法院应予受理甲的代位权诉讼。

在代位权诉讼中，债务人擅自放弃债权或转让债权的行为无效。在债权人提起代位权诉讼之前，债务人放弃债权或者以明显不合理低价转让债权，损害债权人利益的，债权人可提起撤销权之诉以维护自己的利益。在债权人提起代位权诉讼之后，债务人对次债务人的债权为诉讼中的财产，债务人无权擅自处分，其处分行为为无效行为，不影响债权人行使代位权。如甲对乙享有30万元债权，乙对丙享有50万元到期债权，甲提起代位权诉讼后，乙放弃对丙的债权，该放弃行为无效。甲对丙仍可行使30万元代位权。

在代位权诉讼中，次债务人可依据自己对债务人享有的抗辩权对债权人行使，如甲对乙享有30万元金钱债权，乙对丙享有30万元金钱债权，丙可以自己的债务未到期为由对甲的代位权进行抗辩，至于次债务人能否以债务人对债权人享有的抗辩权对债权人行使抗辩权，理论界存在争议，但通说认为，次债务人也可据此抗辩，如丙可以乙对甲的债务已过诉讼时效为由，对甲进行抗辩。

在代位权诉讼中，次债务人能否以自己对债务人的抵销权对债权人主张抵销权、能否以债务人对债权人的抵销权对债权人主张抵销权，理论界存在争议，但依据债的抵销要求债权人和债务人互享债权、互负债务的原理，通常认为次债务人不得据此行使抵销权，但可以据此进行抗辩。如甲对乙享有30万元债权，乙对甲享有10万元债权，乙对丙享有30万元债权，甲对丙提起30万元代位权诉讼后，丙不得对甲主张10万元的抵销权，但丙可对甲主张10万元的抗辩权。再如甲对乙享有30万元债权，乙对丙享有30万元债权，丙对乙享有10万元债权，甲对丙提起30万元的代位权诉讼，丙不得对甲主张10万元的抵销权，但可对甲主张10万元的抗辩权。

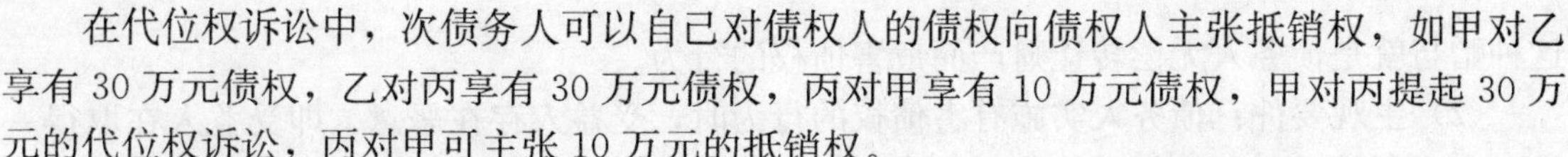

在代位权诉讼中，次债务人可以自己对债权人的债权向债权人主张抵销权，如甲对乙享有30万元债权，乙对丙享有30万元债权，丙对甲享有10万元债权，甲对丙提起30万元的代位权诉讼，丙对甲可主张10万元的抵销权。

债权人提起代位权诉讼后，债权人对债务人的债权和债务人对次债务人的债权均发生诉讼时效中断的效力。

4. 代位权的效力

在代位权诉讼胜诉后：(1) 债权人直接受领次债务人的履行；(2) 诉讼费用由次债务人承担（次债务人承担该费用后能否向债务人追偿，存有争议）；(3) 法院判决由次债务人承担债务后，次债务人丧失履行能力的，债权人不得向债务人就同一债务追偿（判决生效之日导致债权人与债务人、债务人与次债务人债权债务关系消灭）。如甲对乙享有30万元债权，乙对丙享有30万元债权，甲向丙提起代位权诉讼，法院判决丙向甲清偿30万元，丙清偿20万元后无清偿能力，甲不得再向乙主张剩余10万元债权。

（二）债权人的撤销权

1. 债权人撤销权的概念及与合同当事人撤销权的区别

债权人的撤销权，是指债权人对债务人所为的危害债权的行为，请求法院予以撤销的权利。我国《合同法》设立撤销权制度的原因，是因为实践中严重存在债务人为逃避债务而隐匿资产或者与第三人通谋而转移财产的行为，造成债权人"讨债难"。

债权人撤销权与合同当事人撤销权不同：(1) 债权人撤销的合同是债务人与第三人之间的合同，该合同在撤销之前是有效合同，不是可变更、可撤销的合同。合同当事人撤销的合同是当事人自己与相对人之间的合同，该合同属于可变更、可撤销的合同。(2) 债权人撤销的债务人与第三人的合同，应是债权发生之后的合同，对于债权发生之前的债务人的合同，债权人不得撤销。如乙将财产赠与丙后，向甲借钱，到期不能偿还，甲不能撤销乙与丙之间的赠与合同。合同当事人撤销权不存在此问题。(3) 债权人撤销权撤销的合同，应是债权发生后债务人所为的危害债权的合同，如债务人无偿转让财产、债务人放弃债权、债务人以明显不合理的低价转让财产且受让人知道的等。合同当事人的撤销权是基于合同订立时存在欺诈、胁迫、乘人之危、重大误解、显失公平而享有的。(4) 债权人撤销权受两个除斥期间的限制，即债权人知道或应当知道撤销事由起一年和债务人实施上述行为之日起五年；合同当事人撤销权只受一年除斥期间的限制。当然合同当事人撤销权和债权人撤销权的行使方式及行使效果是相同的，即应采取诉讼方式行使，不得采用通知方式行使，均发生恢复原状的效力。

2. 债权人撤销权的行使要件

债权人撤销权的行使要件因债务人的有偿合同和无偿合同有所区别。对债务人有害债权的无偿合同只需具备客观要件便可行使，如债务人无偿转让财产或权利的行为。对债务人有害债权的有偿合同行使撤销权，除具备客观要件外还应具备主观要件，如债务人以明显的不合理低价转让财产的合同。

(1) 客观要件：债务人实施了有害债权的行为。主要包括：放弃到期债权、无偿转让财产、以明显不合理的低价转让财产的行为。如甲向乙借款10万元，到期后称没钱而不履行还款义务，乙调查后得知甲于近日将自己价值10余万元的轿车无偿赠与他的朋友丙，这种赠与就是债务人无偿转让财产而危害债权的行为。

（2）主观要件：债务人实施有害债权的行为时，受益人存在恶意。即受益人在取得一定财产或利益时，已经知道债务人所实施的处分财产的行为有害于债权人的债权。若受益人受益后才知道债务人所实施的处分财产的行为有害于债权的，债权人不能行使撤销权。至于债务人是否存在主观上的恶意，对债权人撤销权的行使不产生影响。

3. 撤销权的行使方式和期限

债权人行使撤销权必须以自己的名义向法院提起诉讼，请求法院撤销债务人的不当处分财产的行为。撤销权的行使期限为：自债权人知道或者应当知道撤销事由之日起一年内行使。债务人的行为发生之日起五年内没有行使撤销权的，该撤销权消灭。

4. 债权人撤销权的效力

债权人撤销权的效力，依判决确定而产生。

（1）债务人的行为一旦撤销，合同自始无效。已经以该行为给付的，受益人负有恢复原状的义务。如果原物存在的，受益人理论上应向债务人返还原物，但债务人拒绝受领或迟延受领的，在解释上应推定债权人享有代位受领的权利。债权人也可通过执行程序，使债权受偿。如甲对乙享有50万元的到期债权，乙到期无力清偿，乙将仅有的一辆奥迪车转让于丙，甲可在丙返还于乙之前，申请法院查封该奥迪车，并以该奥迪车抵偿自己的债权。如果原物不存在的，因该财产受益的，如受让人将受益财产转让获得价金、受让人因消费该财产而获益等，受让人应作价返还；如果受让人未获利益的，如受让财产因不可抗力灭失、因自身性质毁损等，受让人不负作价返还的义务。如果受让人存在主观恶意，如甲为了逃避乙的债权，将仅有的奥迪车赠与知情的丙，丙受让该车后，该车被盗，此案未破，此种情况下，乙可对甲与丙之间的赠与合同主张无效，并因甲、丙之间存在恶意串通，而要求其承担连带责任，而非通过行使撤销权要求丙承担连带责任。

（2）债权人行使债权的必要费用，由债务人负担，该必要费用包括律师代理费、差旅费等。第三人有过错的，第三人也应适当分担。

（3）受益人受让财产后，又将该财产转让给第三人，债权人撤销权的效力是否及于转得人，我国法律暂未规定。依法理转得人善意取得的，撤销权的效力不及于转得人；转得人不符合善意取得要件的，撤销权的效力应及于该转得人，可要求该转得人返还财产。如甲对乙享有10万元的财产，乙无其他财产，将仅有的奥迪车赠与丙，丙又转赠丁，甲对乙提起撤销权诉讼胜诉，法院判决丙应返还该奥迪车，甲可通过执行程序查封丁处的该奥迪车，以清偿债务。

第五节　合同的变更与转让

一、合同的变更

（一）合同变更的概念

对合同的变更理解有广义与狭义之分。广义的合同变更，包括合同内容的变更与合同主

体的变更。狭义的变更是指合同内容的变更。《合同法》规定的合同变更指狭义上的变更。

（二）合同变更的方式

（1）协议变更，即当事人双方经协商达成变更协议的变更。当事人对合同变更的内容约定不明确，推定为未变更。变更依法应当办理批准、登记手续的，办理相关手续后才发生变更的效力。

（2）法定变更，即基于法律的直接规定事由出现，当事人一方行使变更权而导致的合同内容的变化。如合同履行中发生不可抗力事由，合同中的违约责任条款就发生变更。

（3）裁决变更，即对于可撤销合同，当事人可请求法院或仲裁机构裁决变更。

（三）合同变更的效力

合同变更后，当事人应当按照变更后的合同内容履行合同，未变更部分仍然有效。合同变更对已履行部分不具有溯及力。

三、合同的转让

（一）合同转让概述

合同转让是当事人一方依法将合同权利或义务的全部或者部分转让给第三人履行。它包括合同权利的转让、合同义务的转让、合同权利义务的概括转让三种形式。

合同的转让具有以下特点：（1）合同的转让并不改变原有的权利义务内容；（2）合同的转让使合同主体发生变化；（3）合同转让涉及原合同当事人、转让人与受让人之间的权利义务关系。

合同的转让应当具有可让与性，有下列情形之一的，无论是债权还是债务均不得转让：（1）根据合同性质不得转让的，主要是指那些与人身有密切关系的合同，如演出合同；（2）按照当事人约定不得转让的；（3）依照法律规定不得转让的，如人寿保险合同等。

（二）合同权利的转让

合同权利的转让是指债权人将权利转让给第三人享有，包括合同权利的全部或部分转让两种形式。

合同权利转让的要件：（1）须存在有效的合同权利；（2）转让人与受让人达成转让协议；（3）被转让的合同权利须具有让与性；（4）转让合同权利按照法律、行政法规的规定需要办理批准、登记等手续的，手续办理完才能生效；（5）债权人转让权利的，应当通知债务人。未经通知，该转让对债务人不发生效力。债权人转让权利的通知不得撤销，但经受让人同意的除外。债务人接到债权转让通知后，债务人对让与人的抗辩，可以向受让人主张。

合同权利转让的效力：（1）合同权利转让协议自债权人与受让人签订之日起生效，无须经债务人同意。合同权利转让的是不得转让的债权，该转让协议无效。受让人受损失的，可向转让人主张损害赔偿责任。（2）合同权利转让应通知债务人，通知债务人的效力表现为：第一，自通知到达债务人之日起，发生时效中断的效力。第二，自通知到达债务人之日起，受让人取得债权人的地位，受让人享有对债务人的债务履行请求权；债务人对原债权人的抗辩权可向受让人主张，如原债权人的履行存在瑕疵、原债权人尚未履行或部分履行等，债务人可据此向受让人主张抗辩；债务人对原债权人的抵销权也可向受让人主张，如甲将对乙的20万元债权转让给丙，此时，乙对甲亦享有10万元的到期债权，乙可据此向丙主张抵销。第三，原债权人撤销债权转让通知除经受让人同意外对债务人不产生效力，债务人可拒绝向原债权人履行，债务人如向原债权人履行，不免除其对受让人的履行义务，如甲通知乙将对乙的20万元债权转让给丙，后甲又通知乙撤销前通知，要求乙将20万元债权向甲清偿，乙向甲清偿20万元后，仍需向丙支付20万元，乙可向甲主张20万元不当得利。第四，受让人取得除专属于债权人自身的从权利（包括担保物权、保证债权）。(3) 债权转让未通知债务人的，对债务人不发生效力，表现为债务人仍应向原债权人履行义务，受让人未取得债权人的法律地位。

（三）合同义务的转让

合同义务的转让，是指债务人将债务全部或部分地转移给第三人承担。合同义务转让须经债权人同意，否则不发生转让效力。因为受让人不是合同当事人，他是否具有履行合同的能力、信誉如何直接关系到合同权利的实现。

合同义务转让的效力表现为：(1) 合同义务转让协议自通知到达债权人时发生时效中断的效力。(2) 债务承担协议生效后，债务受让人取得原债务人的地位。第一，原债务人对债权人的抗辩权可由受让人向债权人主张；第二，原债务人对债权人的抵销权，受让人不得向债权人主张，但其自己对债权人的抵销权可向债权人主张；第三，受让人发生履行不能或者履行不符合约定时，债权人只能向受让人主张，不能向原债务人主张；第四，原债务人向债权人履行构成不当得利，不免除受让人对债权人的履行义务；第五，除债务人自身提供的物保外，未经担保人同意的，担保人不对债权人承担担保责任。

（四）合同权利义务的概括转让

合同权利义务的概括转让，是指当事人一方将权利和义务一并转让给第三人。合同权利义务的一并转让，因为会涉及合同义务的履行问题，所以，转让的主要条件是：必须征得对方的同意。

合同权利义务的概括转让通常有两种情况：一是合同承受；二是企业合并和分立。合同承受，是指一方当事人依其与第三人的约定，并经对方当事人同意，将合同的权利义务一并转移于第三人，由第三人取代自己在合同中的地位，享受权利并负担义务。如房屋租赁合同签订后，甲承租人经乙出租人同意，将承租权全部转让给丙，由丙取代甲的地位。合同订立后企业发生合并的，由合并后的法人或者其他组织享有合同权利，履行合同义务。企业发生分立的，除债权人和债务人另有约定的以外，由分立的法人或者其他组织对合同的权利和义务享有连带债权，承担连带债务。

第六节　合同权利义务的终止

一、合同权利义务终止的概念和效力

合同权利义务的终止，是指基于一定法律事实的发生，合同的权利义务归于消灭。根

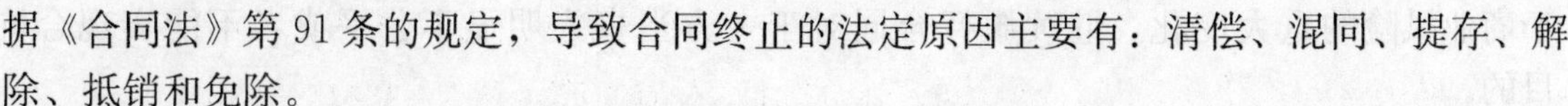

据《合同法》第 91 条的规定，导致合同终止的法定原因主要有：清偿、混同、提存、解除、抵销和免除。

合同终止以后尚未履行的不再履行；合同终止后，当事人还应遵循诚实信用原则，根据交易习惯履行通知、协助、保密等附随义务；合同终止后，当事人请求赔偿的权利，合同中的结算、清理、解决争议的条款仍然有效。

二、合同的解除

（一）合同解除的概念与特征

合同解除是指合同有效成立后，没有履行或者没有完全履行前，因当事人之间达成解除协议，或者因约定或者法定的解除条件出现，享有解除权的一方作出解除合同的意思表示到达相对人时，使合同权利义务关系终止的行为。合同解除可以分为约定解除和法定解除两类。

合同解除的特征是：(1) 合同解除以合同有效为前提，无效合同、效力未定合同不存在合同解除的问题。(2) 合同解除必须基于合同当事人达成解除协议，或者基于法定或者约定解除条件出现。如因不可抗力导致合同目的不能实现的，合同当事人就可通知对方解除合同。(3) 基于法定或者约定条件解除合同，享有解除权的一方当事人应采用通知方式解除合同。通知到达相对人时，发生解除的效力。(4) 解除合同必须在法定除斥期间内行使，法律没有规定除斥期间的，解除合同应该在合同履行完毕之前行使。合同履行完毕，不存在合同解除问题。

（二）合同解除的种类

1. 协议解除

协议解除是指合同成立以后，在未履行或未完全履行之前，当事人双方通过协商解除合同，从而使合同效力消灭的行为。合同当事人可以自由订立合同，当然可以通过协议解除合同。

2. 约定条件出现时的解除

当事人双方在合同中事先约定了合同解除的条件，当该条件出现时，享有合同解除权的一方，可通知对方行使合同解除权。自通知到达对方当事人，合同发生解除的效力。如甲与乙签订了一份房屋租赁合同，合同约定甲的女儿大学毕业回本市工作，便解除房屋租赁合同。因甲的女儿回本市工作，甲有权通知乙解除房屋租赁合同。

3. 法定解除

依据《合同法》第 94 条及《最高人民法院关于适用〈中华人民共和国合同法〉若干问题的解释（二）》（以下简称《合同法解释二》）第 26 条的规定，合同法定解除的原因包括：(1) 因不可抗力导致合同目的不能实现的；(2) 在合同履行期限届满之前，当事人一方明确表示或者以自己的行为表明不履行主要债务；(3) 当事人一方迟延履行主要债务，经催告后在合理期限内仍不履行；(4) 当事人一方迟延履行主要债务，或者有其他违约行为，致使合同目的不能实现；(5) 在合同履行期间，发生情势变更之情由等。情势变更是指合同成立以后客观情况发生了当事人在订立合同时无法预见的、非不可抗力造成的不属于商业风险的重大变化，继续履行合同对于一方当事人明显不公平或者不能实现合同目的。

合同的法定解除，解除权由合同当事人行使。因一方当事人违约而解除合同，合同解除权由非违约方享有，违约方不得行使合同解除权。在不可抗力、情势变更等不可归责于双方当事人的原因，致使合同目的不能实现的情况下，当事人双方均享有合同解除权。

合同解除权属于形成权，解除权人主张解除合同的，除情势变更解除合同应采用诉讼方式以外，应采用通知方式，自通知到达对方发生解除合同效力。对方当事人，对解除合同有异议的，应在收到解除通知之日起3个月内向人民法院主张解除异议，未在3个月内向人民法院主张解除异议的，发生解除合同的效力。解除权人行使合同解除权应在法律规定或者当事人约定的解除期限内行使，未在该期限内行使的，或者经对方催告后在合理期限内仍不行使的，解除权消灭。

（三）合同解除的效力

合同解除的法律后果是：（1）尚未履行的，终止履行。如甲与乙签订钢材买卖合同，在合同履行前，甲与乙达成了合同解除协议，甲无须向乙履行交付钢材的义务，乙无须向甲履行支付货款的义务。（2）已经履行的，根据履行情况和合同性质，当事人可以要求恢复原状、采取其他补救措施。如甲与乙签订一年期的供电合同，合同履行到第七个月，甲与乙协议解除合同。在此情况下，对于已经供电的部分，应按照合同的约定支付价款，对于没有履行的部分，不再履行。再如，甲向乙购买一批油漆，用于油漆墙面。甲因墙面装修改变，不需要油漆，甲与乙达成解除合同协议，甲可将该批油漆退还于乙，并承担相应的违约责任。（3）合同解除不影响结算和清理条款的效力，不影响当事人请求赔偿的权利。

（四）合同解除与违约责任

合同因一方当事人违约而导致解除的，非违约方可要求违约人承担相应的违约责任。例如甲与乙签订一份木材买卖合同，甲只依约供应了一半木材，其他部分无力履行，乙可行使合同解除权，乙解除合同以后可要求甲依照合同违约责任条款支付相应的违约金。

三、清偿

清偿又称债务的履行，是指当事人按照合同约定履行了债务使债权得以实现的行为。

在合同债务的清偿中，通常由合同当事人清偿合同债务，但也存在第三人代为清偿的情况，对于第三人代为履行合同的，遵循第三人向债权人履行的规则。

合同当事人履行合同债务通常依合同约定，但也存在代物清偿的情况。如甲欠乙100万元金钱债务，甲与乙约定用甲自有房屋清偿该100万元。代物清偿自物权发生变动效力之日起，发生债的消灭效力。

在合同债务的履行中，还存在清偿充抵问题。清偿充抵，是指债务人对同一债权人存在多个债务的情况下，债务人的财产不足以清偿全部债务时，应如何清偿合同债务。依照我国《合同法解释二》第20条的规定，其债务清偿的顺序是，首先清偿已届清偿期的债务；均已届清偿期或均未届清偿期，应先清偿无担保债务或担保最少的债务；担保相同的，优先抵充债务负担较重的债务；负担相同的，按照债务到期的先后顺序抵充；到期时

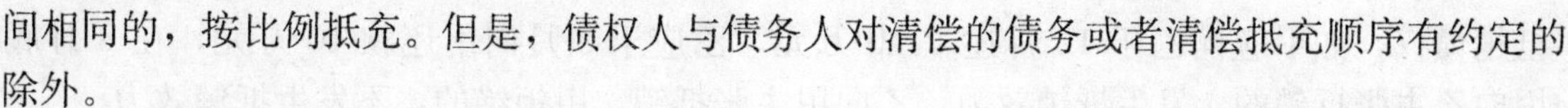

间相同的，按比例抵充。但是，债权人与债务人对清偿的债务或者清偿抵充顺序有约定的除外。

四、抵销

（一）抵销的概念和种类

抵销，是指当事人互负到期债务的，各自以债权抵偿债务的行为。在抵销关系中，主动主张抵销的债权称为主动债权或抵销债权，被动接受抵销的债权称为被动债权。

抵销可分为法定抵销与合意抵销。法定抵销是指具备法律所规定的要件时，以当事人一方意思所为的抵销。抵销通知自到达债权人时发生抵销的效力。抵销权为形成权。合意抵销是指双方当事人达成抵销之协议，从而使债发生消灭的效力。合意抵销没有条件限制，只要双方当事人达成合意，就发生抵销的效力。

（二）法定抵销的要件

依照《合同法》第99条的规定，法定抵销应具备的要件包括：

1. 双方互负债务、互享债权

如甲对乙享有20万元债权，乙对甲也享有20万元债权，甲、乙可互相主张抵销，如乙对丙享有20万元债权，则乙不得对甲主张抵销。

2. 双方债务的给付为同一种类和同一品质

这里所说“种类相同”，是指债的内容种类相同，如金钱之债抵销金钱之债等；关于品质相同，应注意的是：（1）具有人身性质的金钱债权与一般金钱债权的抵销中，具有人身性质的金钱债权可作为主动债权抵销，如甲父年初向其子借款1 000元，年终其子应向甲父支付1 000元的赡养费，其子向甲父主张抵销，甲父不同意的，不发生抵销效力，但甲父主张抵销的，发生抵销效力。（2）已过诉讼时效的可抵销债权与未过诉讼时效的可抵销债权，未过诉讼时效的可抵销债权可作为主动抵销债权。已过诉讼时效的可抵销债权只有在特殊情形下方可作为主动抵销债权，如甲对乙的10万元债权时效期间只剩6个月，此时，乙向甲出卖货物，甲应在2个月内向乙支付货款10万元。1年后，甲对乙的债权已过诉讼时效，但甲仍可向乙主张抵销。反之，甲对乙的10万元债权已过诉讼时效，此时，乙向甲出卖货物，甲应向乙支付10万元货款，甲向乙主张抵销，乙不同意的，不发生抵销效力。在上述两例中，乙的债权到期的，都可以向甲主张抵销。（3）无抗辩权的债权可作为主动债权抵销有抗辩权的债权，如甲对乙10万元货款的债权，乙享有产品瑕疵的抗辩权，乙对甲享有10万元的借款债权，上述两债权均以到期，乙可向甲主张抵销，甲向乙主张抵销，乙拒绝的，不发生抵销效力。（4）有担保的债权和无担保的债权的抵销中，无担保的债权应首先抵销无担保的债权，保留有担保的债权，如甲对乙分别享有房屋抵押的100万元债权和无担保的100万元债权，乙对甲享有100万元的无担保债权，甲可以任一债权向乙主张抵销，乙只能向甲主张抵销无担保的100万元债权。

3. 双方债务均届清偿期

在债的抵销中，当事人双方的债权债务均应届清偿期，否则已届清偿期的一方债权人，可对未届清偿期的一方当事人的抵销行使抗辩权。但已到期的可抵销债权可作为主动抵销债权，如甲应向乙于 12 月还款 10 万元，乙应于 8 月向甲还款 10 万元，在 8 月底，甲向乙主张抵销的，发生抵销效力，乙向甲主张抵销，甲拒绝的，不发生抵销效力。

4. 双方的债务均为可抵销的债务

不得抵销的债务有：(1) 当事人之间有禁止抵销约定时，债务不得抵销。(2) 法律规定不得抵销的债务，不得抵销。如故意实施侵权行为的债务人，不得主张抵销侵权损害赔偿债权。违约金债务不得以自行扣发货物或扣付货款等方式主张抵销。(3) 以债的性质不得抵销，如以不作为债务抵销不作为债务，就达不到债的目的，故不允许抵销。

（三）抵销的方式和效力问题

除合同当事人达成合意抵销之协议以外，法定抵销为单方行为，自抵销通知到达合同相对人时，发生效力。但抵销不得附条件或者附期限。

抵销的效力表现为债的消灭效力。即双方当事人在对等债权额的范围内发生消灭效力。

五、提存

（一）提存的概念

提存，是指因债权人的原因致使债务人无法向其交付标的物时，将该标的物交给提存部门保管以终止合同关系的情形。提存涉及三方当事人，即提存人（债务人）、提存部门和债权人。因提存而发生提存人与提存部门、提存人与债权人、债权人和债务人的三方法律关系。

（二）提存的原因

根据《合同法》第 101 条的规定，提存原因有：(1) 债权人无正当理由拒绝受领；(2) 债权人下落不明；(3) 债权人死亡未确定继承人或者丧失民事行为能力未确定监护人；(4) 法律规定的其他情形。

（三）提存的要件

根据《合同法》第 101 条的规定，提存的要件为：(1) 有合法的提存人，提存人是对债权人负有清偿义务的人，包括债务人及其代理人等；(2) 有合法的提存原因；(3) 提存的标的与合同标的相符并且适于提存，对于标的物不适于提存或者提存费用过高的，提存人可以申请提存部门拍卖，或者变卖标的物，提存所得价款。

（四）提存的方法

提存的方法为：(1) 由提存人提出申请，申请书中应载明提存的原因、提存的标的物、标的物的受领人（不知受领人的，应说明不知受领人的理由）。(2) 经提存部门同意。提存部门受理提存申请后应予以审查，以决定是否同意提存。提存部门同意提存的，指定提存人将提存物交有关的保管人保管。(3) 由提存部门制作提存证书并交给提存人。提存证书具有受领证书同等的法律效力。

（五）提存的效力

1. 在债务人与债权人间的效力

提存后，债因提存而消灭，债务人不再负清偿责任。提存物的所有权如同债务人给付

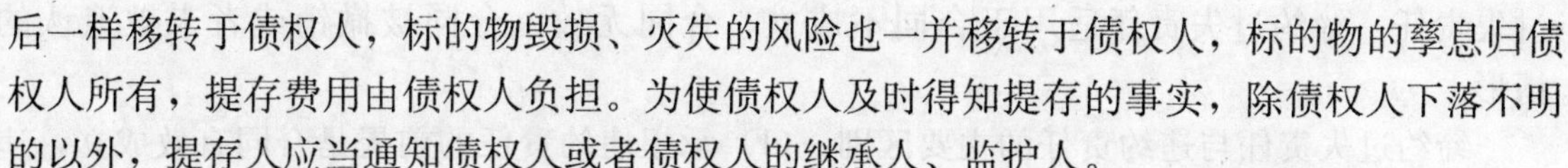

后一样移转于债权人，标的物毁损、灭失的风险也一并移转于债权人，标的物的孳息归债权人所有，提存费用由债权人负担。为使债权人及时得知提存的事实，除债权人下落不明的以外，提存人应当通知债权人或者债权人的继承人、监护人。

2. 在提存人与提存部门之间的效力

提存部门有保管提存物的权利和义务。在提存有效成立期间，提存人不得取回提存物。

3. 在提存部门与债权人间的效力

《合同法》第 104 条规定："债权人可以随时领取提存物，但债权人对债务人负有到期债务的，在债权人未履行债务或者提供担保之前，提存部门根据债务人的要求应当拒绝其领取提存物。"所以，在一般情况下，债权人不仅有受领提存物的权利，也有请求交付提存物的权利。债权人领取提存物的权利应于法律规定的期限内行使。根据《合同法》第 104 条的规定，债权人领取提存物的权利，自提存之日起 5 年内不行使而消灭，提存物扣除提存费用后归国家所有。

六、免除

免除，是指债权人放弃自己部分或全部债权，免除债务人债务的单方法律行为。根据《合同法》第 105 条的规定，债权人部分或全部免除债务的，合同的权利义务部分或全部终止。因此免除债务也是债的消灭原因。

七、混同

混同，是指债权与债务同归于一人，致使合同权利义务消灭的法律事实。如甲乙双方订立一个购销合同，在履行过程中甲与乙合并为一个单位，原合同权利义务都由一个新单位承担，合同关系终止。但是，合同关系涉及第三人的除外。

第七节　合同责任

一、缔约过失责任

（一）缔约过失责任的概念及与违约责任的区别

缔约过失责任，是指在缔约过程中，当事人一方因违背其依据诚实信用原则所尽的义务，致使另一方信赖利益造成损失应承担的民事责任。如甲为破坏竞争对手丙与乙达成商铺租赁合同关系，恶意与乙进行磋商，导致乙支付相关谈判费用，并且未与丙达成商铺租赁合同，甲的行为为缔约过失行为，其行为给乙造成损失的，甲应对乙承担缔约过失责任。缔约过失责任适用于合同不成立、合同无效、合同被撤销或者未被追认的情形。

缔约过失责任与违约责任的主要区别：(1) 承担违约责任的前提是合同有效成立，违约人承担的是不履行合同的责任；承担缔约过失责任的前提是，在合同协商过程中，因一方过失致使合同未成立、被撤销或者无效，致使对方蒙受损失而应当承担的赔偿责任。(2) 缔约过失责任要求缔约一方存在故意或重大过失，而违约责任对当事人的主观过错的要求不同，有的要求当事人存在故意或重大过失，如无偿保管合同；有的只要求当事人存在一般过失，如承揽合同、买卖合同等；有的不要求当事人存在过失，如运输合同中的人身安全责任。(3) 违约责任救济的是当事人的履行利益，缔约过失责任救济的则是法律规定的信赖利益。

（二）缔约过失责任的成立要件

1. 缔约人违反了先合同义务

先合同义务，是指合同成立之前，缔约双方在磋商过程中根据诚实信用原则应承担的说明、告知、通知等义务。如甲谎称自己有一幅张大千的名画，与乙签订该名画的买卖合同，后该合同被法院撤销，乙为签订该合同所支付的相关费用可要求甲承担。

2. 缔约人有过错

过错是指缔约人的主观故意或重大过失，无过错不承担缔约过失责任。在缔约过失责任中，该过错就其程度而言是指缔约过失方存在主观恶意、主观故意或重大过失，一般过失或轻微过失不存在缔约过失责任。该过错就其内容而言是违背诚信原则的过错，而非其他过错。如甲约乙到北京于 31 日签约，因甲住院通知乙病好后再签约，甲的行为不违背诚信原则，因此甲对乙不存在缔约过失责任。

3. 造成了另一方信赖利益的损失

信赖利益的损失，是指缔约相对人因相信合同成立而付出的缔约费用或直接财产的减少。在缔约过失责任中，受害人不得主张人身伤害赔偿和精神损害赔偿。如甲与乙签约，因受乙欺骗而生病住院，甲对乙主张住院费和精神损害赔偿的，不予支持。

（三）缔约过失责任的类型

(1) 假借订立合同，恶意进行磋商。即当事人一方没有缔约的目的，故意与对方磋商拖延时间，使其丧失与第三方缔约时机后中断磋商的行为。如在房价上涨之际，甲的房屋已经出售给丙，仍与乙就房屋买卖进行磋商，并许诺与乙签订合同。房屋涨价后，甲与乙停止了房屋的买卖磋商，致使乙丧失了购买房屋的良好时机，不得已花高价购买他人的房屋而遭受损失。

(2) 故意隐瞒与订立合同有关的重要事实或者提供虚假情况。即当事人一方故意隐瞒与缔约有关的重大事项或提供虚假情况，使对方陷入错误认识。这种行为已构成欺诈，如受害人行使撤销权，缔约过失责任人应承担赔偿责任，假如放弃行使撤销权，则合同仍然有效。

(3) 违反保密义务。即当事人一方泄露或者不正当地使用缔约时知晓的对方商业秘密行为。根据法律规定，当事人在订立合同过程中知悉的商业秘密，无论合同是否成立，都不得泄露或者不正当地使用。泄露或者不正当地使用该商业秘密给对方造成损失的，应当

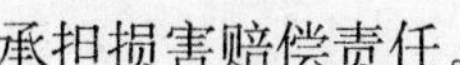

承担损害赔偿责任。

（4）因当事人一方的过错，致使合同无效或被撤销。

（5）其他违背诚实信用原则的缔约过失行为。《合同法》第 42 条中的这一规定主要是为了弥补上述列举不完全性的漏洞，对以后发生的缔约过失行为方式加以概括适用。

二、违约责任

（一）违约责任的概念和特征

违约责任，是指当事人违反合同义务所应承担的民事责任。合同义务从时间序列上看是指合同生效至合同履行完毕当事人所负义务。合同生效前当事人所负义务为先合同义务，违反先合同义务当事人应承担缔约过失责任。合同履行完毕后当事人所负义务为后合同义务，违反后合同义务当事人应承担违反后合同义务的责任。合同义务不同于传统民法上的约定义务，其包含约定义务（如主给付义务和从给付义务）、合同履行中的附随义务（如合同履行中的通知、协助、保密义务）、合同履行中的法定义务（如买卖合同中的瑕疵担保义务）。因此，违反约定义务属于违约责任，违反瑕疵担保义务也属于违约责任。预期违约行为也应承担违约责任。

违约责任的产生是以合同有效为前提的，是违反有效合同的法律后果。它具有以下特点：（1）违约责任是以不履行合同义务为主要条件；（2）具有相对性，它只能在当事人之间发生；（3）具有补偿性，旨在弥补因违约行为造成的损害后果；（4）具有任意性，违约责任的比例、数额可由当事人约定。

（二）违约责任的构成要件

1. 有违约行为

有违约行为，是指合同当事人违反合同义务的行为，即“不履行合同义务或者履行合同义务不符合约定”的行为。主要包括：合同的不履行、迟延履行、不适当履行、拒绝履行、全部不履行或部分不履行等。

2. 无免责事由

免责事由，是指法律规定或当事人约定的，可以免除其责任的事由，如不可抗力等。如果具有免责事由的，当事人适当免除违约责任。

（三）违约责任的免责事由

1. 不可抗力

不可抗力，是指不能预见、不能避免并不能克服的客观情况。如台风、洪水、地震等。合同履行期届至时，发生不可抗力的，按照不可抗力对当事人履行合同的影响情况，除法律有特殊规定以外，可以全部或部分免除违约责任。但因迟延履行而遇到不可抗力的，不得免除违约责任。不可抗力发生后，当事人不能履行合同的，应及时通知对方，并在合理的期限内提供证明。

2. 违约相对人有过失

违约行为发生后，相对人应采取措施防止损失扩大，如未采取措施造成损失扩大的，不得要求对扩大部分赔偿损失；当事人都有过失的，各自承担相应的责任。

3. 约定的免责事由

约定的负责事由，是指当在订立合同时，当事人协商确定的免责事由。但是，约定免责事由违反法律或社会公共利益的，不发生免责效果。如《合同法》第53条规定，约定造成对方人身伤害、因故意或重大过失造成对方财产损失的免责条款无效。

（四）违约行为的类型

1. 预期违约

预期违约，是指在履行期限到来之前，一方无正当理由而明确表示在履行期到来后将不履行合同，称为明示的预期违约；或者以其行为表示将不履行合同，称为默示的预期违约。一方预期违约，对方可以在合同履行期限届满之前要求其承担违约责任。如甲与乙签订钢材买卖合同，合同履行期限为10月11日，卖方甲在5月1日通知乙，到期将不履行合同，买方乙可通知甲解除合同，并要求甲依据合同的违约金条款承担违约责任。

2. 拒绝履行

拒绝履行，是指在合同履行期届至，一方无正当理由拒绝履行合同全部义务。一方拒绝履行时，另一方既可要求违约方继续履行合同，也可要求其承担违约金或损害赔偿责任。

3. 迟延履行

迟延履行，是指当事人的履约行为超过了履行的期限。在迟延履行的情况下，非违约方可要求违约方支付迟延履行违约金，在违约金不足以弥补损失时，还可要求赔偿损失。

4. 瑕疵履行

瑕疵履行，是指当事人交付的标的物不符合同约定的质量要求，即履行具有瑕疵。根据《合同法》第111条的规定，质量不符合约定的，应当按照当事人的约定承担违约责任。对违约责任没有约定或者约定不明确的，依照《合同法》第61条的规定仍不能确定的，受损害方可以根据标的的性质以及损失的大小，合理选择要求对方承担修理、更换、重作、退货、减少价款或者报酬等违约责任。

（五）违约责任的形式

1. 继续履行

继续履行，是指在一方不履行合同义务时，对方请求法院强制违约方继续履行合同的义务。继续履行只适用于非金钱债务，金钱债务不存在继续履行，但存在强制履行。继续履行的目的不在于弥补损害，而在于实现当事人的合同目的。

继续履行的适用条件：（1）当事人一方存在不履行合同义务的行为；（2）债权人在合理期限内请求继续履行，人民法院不得依职权主动强制违约方继续履行；（3）继续履行合同是可能的，如果标的物已经灭失，则不得请求继续履行；（4）继续履行是合理的，如果履行费用过高，则不得请求继续履行；（5）合同标的适于继续履行。如果属于具有人身性质的演出、雇佣等合同，则不得请求继续履行。

继续履行与其他违约责任方式可以选择适用，也可并用，如甲与乙签订了一份100吨水泥的买卖合同，甲拒绝向乙交付100吨水泥，乙不仅可以要求甲继续履行，而且可要求甲承担延期履行的违约金或损害赔偿金。如果甲交付的水泥存在瑕疵，乙可要求甲承担瑕

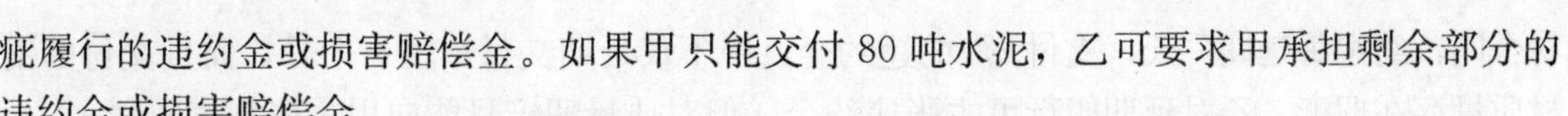

疵履行的违约金或损害赔偿金。如果甲只能交付 80 吨水泥，乙可要求甲承担剩余部分的违约金或损害赔偿金。

2. 违约金

违约金，是指当事人约定，一方违约应向对方给付的一定数额的金钱。根据《合同法》第 114 条的规定，违约金数额可由当事人约定，约定的违约金过分高于或低于造成的损失的，当事人可以请求人民法院或者仲裁机构予以适当减少或增加。违约金的适当减少和增加，称为违约金的调整。

违约金的调整有两种情况：(1) 违约金的增加。违约金低于所造成的损失的，当事人可要求法院予以增加，法院不得以职权主动增加。这里所说“造成的损失”是指实际损失，不包含可预期利益，如合同约定的违约金为 10 万元，实际损失为 9 万元，可预期利益为 5 万元，当事人增加违约金 4 万元的请求不予支持。如约定违约金为 10 万元，实际损失为 12 万元，当事人可请求法院判决增加 2 万元的违约金，也可请求法院补偿 2 万元的赔偿金。(2) 违约金的减少。违约金过分高于所造成的损失的，当事人可请求法院减少。这里所说“所造成的损失”包含实际损失和可预期利益。如约定违约金为 10 万元，违约造成实际损失为 5 万元，预期利益损失为 5 万元，当事人请求减少 5 万元，法院不予支持。这里所说“过分”应遵循 30%规则，如约定违约金为 15 万元，所造成损失为 10 万元，当事人只能请求减少 2 万元的违约金，而非 5 万元的违约金。

3. 定金

定金，是指当事人为了确保合同的履行，依据法律规定或合同约定，一方预先支付给对方一定数额金钱作为债权担保的形式。《担保法》第 91 条规定：“定金的数额由当事人约定，但不得超过主合同标的额的百分之二十。”根据《合同法》第 114 条、第 116 条的规定，定金担保作用表现为：债务人履行债务后，定金应当抵作价款或者收回。给付定金的一方不履行约定的债务的，无权要求返还定金；收受定金的一方不履行约定的债务的，应当双倍返还定金。当事人既约定违约金，又约定定金的，一方违约时，对方可以选择适用违约金或者定金条款，两者不能并用。

4. 损害赔偿

损害赔偿，是指因违约行为给对方造成损失时，依法律规定应承担的赔偿责任。根据《合同法》第 113 条的规定，损害赔偿的范围包括实际损失和预期利益的损失。实际损失，是指现实财产的减少，也称直接损失；预期利益，是指缔约时当事人可以预见的履行利益，又称间接损失。除《消费者权益保护法》规定的赔偿责任外，违约赔偿的预期利益不得超过违约人缔约时预见或能够预见到违约可能造成的损失。根据《合同法》第 119 条的规定，当事人一方违约后，对方应当采取适当措施防止损失的扩大；没有采取适当措施致使损失扩大的，不得就扩大的损失要求赔偿。当事人因防止损失扩大而支出的合理费用，由违约方承担。

在存在合同违约的情况下，损害赔偿存在于：(1) 合同没有约定违约金条款，此种情况下，受害人只能请求损害赔偿；(2) 合同约定的违约金数目不足以弥补损失，对不足以弥补损失部分，受害人可请求损害赔偿；(3) 合同约定的违约金为单项违约金，对其他违约行为没约定违约金的，对其他违约行为造成的损失，受害人可请求损害赔偿。如甲与乙签订钢材合同，约定每延期一天，支付3‰的违约金，甲不仅延期交付钢材一个月，而且交付的钢材质量存在瑕疵，乙对延期履行可主张违约金，但对质量瑕疵只能向甲主张损害赔偿。

（六）违约责任与侵权责任的竞合

根据《合同法》第122条的规定，因当事人一方的违约行为，侵害对方人身、财产权益的，受损害方有权选择依照《合同法》要求其承担违约责任或者依照其他法律要求其承担侵权责任。这是对违约责任与侵权责任请求权的明确规定。如财产承租人因不当使用，损害了租赁物时，这种行为既是违约行为，又是侵害出租人财产所有权行为，因而发生两个损害赔偿请求权的竞合，出租人仅能选择其中一种。

第八节 《合同法》分则规定的主要有名合同

一、买卖合同

（一）买卖合同的概念和特征

买卖合同是指出卖人交付标的物并转移标的物所有权于买受人，买受人支付价款的合同。买卖合同具有以下法律特征：（1）出卖人转移标的物所有权的合同。（2）买受人支付价款的合同。（3）为诺成合同、有偿合同、双务合同和不要式合同。

（二）买卖合同当事人的主要义务

1. 出卖人的主要义务

（1）交付标的物并转移标的物所有权的义务。交付标的物，是指出卖人按照合同约定，将标的物交付给买受人占有。买受人的目的就是要取得标的物的所有权，所以将标的物所有权转移给买受人，是出卖人的主要义务之一。在一般情况下，出卖人将标的物交付给买受人，该标的物的所有权即转移。但有时根据法律规定或者当事人特别约定，转移标的物所有权要经过批准、登记或者其他手续的，出卖人还应当按照上述规定或者约定的内容，履行相关的义务。

（2）瑕疵担保的义务。出卖人对出卖的标的物的品质瑕疵和权利瑕疵均负担保义务。

出卖人交付的标的物的品质应符合合同的约定。出卖的标的物有保质期的，在保质期内出卖人负瑕疵担保义务；没有保质期但约定了检验期间的，在检验期间内，买受人提出产品不符合要求、存在瑕疵的，出卖人应当承担违约责任；既没有保质期又没有约定检验期间的，自产品交付之日起两年内出卖人承担瑕疵担保义务，超过该期间买受人没有提出产品质量瑕疵的，视同该产品符合产品质量要求。

出卖人应当保证其对出卖的标的物享有合法的权利，并且保证该标的物权利本身没有瑕疵，与他人不存在权利争议。如果标的物权利本身有瑕疵，出卖人应当如实告知买受人，并保证该标的物不被第三人追索。如果由于标的物权利存在瑕疵，而使买受人受到第三人追索或者被主张权利的，应承担权利瑕疵担保责任。但是，如果买受人订立合同时知道或者应当知道第三人对标的物享有权利的，出卖人则不负担此项义务。

2. 买受人的主要义务

(1) 支付价款的义务。向出卖人支付价款是买受人最主要的一项义务，具体包括以下几方面内容：第一，按照约定的数额支付价款。如果价款没有确定，执行市场定价的，则按照订立合同时履行地的标的物的市场价格履行付款义务。第二，按照约定的地点支付价款。支付地点没有约定的，则一般应在出卖人的营业地支付。第三，按照约定的时间支付价款。支付时间没有约定的，应当在收到标的物或者提取标的物单证的同时支付。

(2) 接受标的物并对其检验和通知的义务。买受人应当按照合同约定的时间、地点和方式，接受出卖人交付的标的物。买受人应当在约定的检验期间内，对收到的标的物进行检验；没有约定检验期的，买受人应当及时检验。如果发现标的物的数量或者质量不符合约定，买受人应当妥善保管并将瑕疵情况在检验期间内通知出卖人；如没有约定检验期，应当在合理期间内通知出卖人。若超过约定或法定期限，买受人不通知的，支付的标的物视为无瑕疵。

二、赠与合同

(一) 赠与合同的概念和特征

赠与合同是指赠与人将自己的财产无偿给予受赠人，受赠人受领该赠与财产的合同。赠与合同具有以下特征：

(1) 赠与合同为转移财产所有权合同。赠与人赠与动产的通常自交付动产便转移财产所有权，赠与人赠与不动产的自办理过户登记转移财产所有权。

(2) 赠与合同为诺成合同。只要双方当事人意思表示一致，赠与合同即成立。赠与合同自成立时起生效，不以赠与物的实际交付作为生效要件。

(3) 赠与合同为单务、无偿合同。在赠与合同中，受赠人并无对待给付义务，仅由赠与人负有给付赠与财产的义务，故为单务合同。赠与合同不存在对价，故为无偿合同。

(二) 赠与合同当事人的主要义务

1. 赠与人的主要义务

(1) 交付赠与标的物的义务。赠与合同以赠与财产的权利归于受赠人为直接目的，赠与人的主要义务是依照合同约定的期限、地点、方式、标准将标的物转移给受赠人。因赠与合同系无偿合同，赠与人在赠与财产的权利转移之前，享有任意撤销权，即不交付赠与标的物。不过，对于具有救灾、扶贫等公益性、道德义务性质的赠与合同和经过公证赠与合同，赠与人不得任意撤销。在合同签订后，赠与人的经济状况显著恶化，严重影响生产或家庭生活，可以不再履行赠与义务。

(2) 瑕疵担保义务。在赠与合同履行中，一般不要求赠与人承担瑕疵担保义务。但有如下两种例外：第一，在附义务赠与中，赠与的财产有瑕疵的，赠与人在附义务的限度内承担与出卖人相同的违约责任。第二，赠与人故意不告知瑕疵或保证无瑕疵，造成受赠人损失的，应当承担损害赔偿责任。

2. 受赠人的主要权利和义务

(1) 受赠人的权利。受赠人享有无偿取得赠与物的权利；对于具有救灾、扶贫等社会公益及道德义务性质的赠与，赠与人不交付赠与财产的，受赠人可以请求交付。

（2）受赠人的义务。在赠与财产的权利转移给受赠人之后，受赠人严重侵害赠与人及其近亲属的权利、受赠人不履行合同约定义务或不履行扶养义务的，赠与人自知道或应当知道之日起一年内享有撤销赠与合同的权利；受赠人因违法行为导致赠与人死亡或者丧失行为能力的，其继承人或监护人有权自知道或应当知道之日起六个月内行使撤销权。

三、借款合同

（一）借款合同的概念和特征

借款合同是指借款人向贷款人借款，到期返还借款并支付利息的合同。其中向对方借款的一方称为借款人，出借钱款的一方称为贷款人。借款合同依据贷款人不同可以分为金融机构借款合同和自然人之间的借款合同。

借款合同的主要特征为：

（1）借款合同当事人一般是特定的。除自然人之间的借款外，借款合同贷款方仅限于国家授权办理贷款业务的金融机构。

（2）借款合同的标的物为货币资金。借款合同是转移标的货币所有权的合同。

（3）借款合同可为有偿合同，也可为无偿合同。金融机构的贷款合同一般为有偿合同，借款人应向金融机构支付利息。自然人之间的借款合同中，可以约定利息，也可以不约定利息，没有约定利息的，视为无息借款。

（4）借款合同可以是诺成性合同，也可以是实践性合同。金融机构的借款合同自依法成立时生效，故为诺成性合同，自然人之间的借款合同从货币交付借款人之日起生效，故为实践性合同。

（二）借款合同当事人的主要义务

1. 贷款人的主要义务

（1）金融机构应按期、足额提供借款。贷款人应按照约定的日期提供借款，未按照约定的日期提供借款，造成借款人损失的，应当赔偿损失。贷款人还应按照约定的数额足额提供借款，借款的利息不得预先在本金中扣除。利息预先在本金中扣除的，借款人有权按照实际借款数额返还借款并计算利息。由于贷款人未足额提供借款给借款人造成损失的，应赔偿损失。

（2）保密义务。金融机构对于其在合同订立和履行阶段所掌握的借款人的各项商业秘密有保密义务，不得泄密或进行不正当使用。

2. 借款人的主要义务

（1）依约提供担保。借款人应依据金融机构的要求提供担保，该项义务常发生在借款合同的主要内容生效之前。

（2）如实申报义务。订立借款合同，借款人应当按照贷款人的要求提供与借款有关的业务活动和财务状况的真实情况。该项如实申报义务也常发生在借款合同的主要义务生效之前。

（3）按照约定用途使用借款。借款人应当按照约定的借款用途使用借款，借款人未按照约定的借款用途使用借款的，贷款人可以停止发放借款、提前收回借款或者解除合同。

（4）按期支付利息、归还本金。金融机构借款合同为有偿合同，借款人有义务按照约定的期限支付利息、归还本金。

四、租赁合同

（一）租赁合同的概念与特征

租赁合同，是指出租人将租赁物交付承租人使用、收益，承租人支付租金并于租赁期限届满时返还租赁物的合同。租赁合同有以下几个法律特征：（1）租赁合同是转让财产使用权的合同。在租赁期内，承租人享有租赁物的使用、收益权，所有权仍归出租人享有。（2）租赁合同是双务合同、有偿合同、诺成合同。

（二）租赁合同当事人的主要义务

1．出租人的主要义务

（1）交付租赁物的义务。出租人应按合同约定交付租赁物于承租人使用；出租人交付的租赁物与合同约定不符导致承租人合同目的不能实现的，承租人有权解除合同，并有权要求赔偿损失，如甲承租乙的“东风号”运输活鱼船，乙向甲交付“东风号”运沙船，甲有权要求解除合同，并要求赔偿损失。反之，乙向甲交付同一型号和规格的“西风号”运输活鱼船，不影响甲的合同目的实现的，甲不得要求解除合同和赔偿损失。

（2）租赁合同是继续性合同，合同存续期间，出租人有继续保持租赁物符合法定或约定品质和用途，使租赁物符合约定的使用、收益状态的义务。

（3）瑕疵担保的义务。当租赁物存在瑕疵或权利瑕疵致使承租人不能使用、收益时，承租人有权解除合同，承租人因此遭受损失的，出租人应承担赔偿责任，但承租人订约时明知权利有瑕疵的除外。

（4）风险承担的义务。除当事人另有约定外，租赁物在承租期间因不可抗力灭失的，出租人应承担该风险责任，如乙承租甲的房屋，在租赁期间房屋因雷电起火被烧毁，该风险责任应由乙承担。

2．承租人的主要义务

（1）按照租赁物的性质和约定的方法使用租赁物；妥善保管租赁物；只有取得出租人的同意后，承租人才能对租赁物进行改善或增设他物。在房屋租赁合同中，承租人未经出租人同意而擅自对房屋进行扩建、改变主体结构和承重结构的，出租人可以要求承租人在合理期间内恢复原状或赔偿损失，承租人未在合理期间内恢复原状的，出租人有权解除合同，并要求赔偿损失。

（2）承租人不得将租赁物转租他人。承租人转租租赁物的，应经出租人同意，否则出租人享有解除租赁合同的权利，并要求返还租赁物，转承租人因此受到的损失由承租人赔偿。在房屋租赁合同中，承租人擅自转租，出租人自知道或者应当知道之日起六个月内未表示反对的，视为同意。经出租人同意，承租人转租租赁物多得租金，为承租人享有；承租人擅自转租多得租金，出租人享有不当得利返还请求权。

（3）按照约定期限支付租金、返还租赁物的义务。

五、承揽合同

（一）承揽合同的概念和特征

承揽合同，是指承揽人按照定作人的特别要求完成工作，并将工作成果交付定作人，定作人按照约定接受工作成果并给付酬金的合同。承揽的工作包括：加工、定作、修理、复制、测试、检验等。承揽人可以是一人，也可以是数人。当承揽合同为数人时，即为共同承揽人，如果没有相反约定时，共同承揽人对定作人负连带责任。承揽合同具有以下特征：

（1）以完成一定工作为内容的合同。承揽合同的标的不是人的劳动，而是劳动成果。如冲洗照片、修理电器、亲子鉴定等。承揽人应当按照合同约定的标准和要求完成工作；定作人的主要目的是取得承揽人完成的工作成果。

（2）标的物具有特定性。定作人对工作成果的质量、数量、规格、形状等的要求使承揽标的物特定化，使它与其他物品有所区别，从而满足定作人的特殊需要。

（3）承揽人的工作具有独立性。定作人与承揽人之间订立承揽合同，一般是建立在对承揽人的能力和条件信任的基础上。只有承揽人独立完成合同约定的工作才符合定作人的要求。承揽人如将其主要义务交由其他人来完成，属于债务不履行，定作人有权解除合同并要求承揽人承担违约责任。

（4）承揽合同是诺成性合同、双务合同、有偿合同、不要式合同。

（二）承揽人的基本义务

（1）亲自完成主要工作成果的义务。承揽人将主要工作成果交由第三人完成的，定作人可解除承揽合同，并要求承揽人承担损失。如甲委托乙加工红木家具，乙将该加工任务委托给丙完成。乙的行为构成根本违约，甲有权解除合同，并要求乙承担损失。但乙将油漆工作转交油漆匠丙完成，这属于次要工作，无须取得甲的同意。丙完成工作有瑕疵的，由乙对甲承担违约责任，而非由乙和丙对甲承担连带责任。乙对甲承担责任以后，可向丙追偿。

（2）妥善保管定作人交付的材料和样品，未尽妥善保管义务的，致使材料毁损、灭失，承揽人应承担赔偿责任；导致工作成果完成延期的，承揽人还应承担延期交付工作成果的违约责任。

（3）除非合同约定由承揽人提供材料，否则承揽人不得自行提供材料，而应由定作人提供材料进行加工。定作人提供的材料有瑕疵的，承揽人应通知定作人更换相关材料，而非自行提供材料进行加工。

（三）承揽合同的风险负担

（1）对于承揽工作中的风险，由承揽人承担。但定作人在定作、选任和指示方面存在过错的，应承担过错责任。如某宾馆为省钱委托不具备相应资质的清洁公司清扫大厦的玻璃墙面，清洁公司的工作人员不慎坠落致残，清洁公司无力承担责任，某宾馆因选任过

错，应对致残职工承担相应责任。

(2) 对于交付之前和完成之前的成果风险，由承揽人承担，但另有约定的除外。如甲为乙印刷书籍 5 万册，交付之前 5 万册图书因雷电起火被焚，该损失应由甲承担。

(3) 对于已交付给承揽人的材料风险，依民法原理，由材料所有人承担。如甲为乙学校加工 500 套校服，甲接受了乙学校提供的布匹，加工之前布匹因雷电起火被焚，应由乙学校承担，除非另有约定。

(四) 定作人的任意变更权和解除权

承揽合同的基础是定作人对工作成果要求的特殊性，因此在工作成果完成之前，定作人享有任意变更权和任意解除权，但因此给承揽人造成损失的应承担损失赔偿责任。定作人的任意变更和解除行为属于行使形成权的行为，而非违约行为。该形成权的行使方式为通知方式，自通知到达承揽人时起发生效力。应予注意的是，承揽人不享有此项权利，承揽人任意变更或解除承揽合同的，其行为为违约行为，应承担违约责任。

六、建设工程合同

(一) 建设工程合同的概念和特征

建设工程合同是指承包人进行工程建设，发包人支付工程价款的合同。建设工程合同包括勘察合同、设计合同、施工合同、安装合同。工程监理合同等不属于建设工程合同，工程监理合同是发包人与工程监理公司之间就工程质量监理所签订的合同，其属于委托合同；具体施工中的劳务合同，也不属于建设工程合同，如搬运土石方、运送建筑材料等，不属于建设工程合同。建设工程合同具有以下特征：

(1) 合同主体的限定性。建设工程合同的主体为承包人和发包人，发包人一般为建设工程的建设单位，承包人只能是具有从事勘察、设计、施工、安装资质的法人。承包人未取得相应资质、借用资质、超越资质所签工程合同无效，但工程经验收合格的，发包人应支付工程款。

(2) 合同标的的限定性。建设工程合同的标的只能是属于基本建设的工程而非其他工作。

(3) 合同管理的特殊性。建设工程合同从合同签订到合同履行，从资金投放到成果验收都有法律的特别要求，如建设工程合同一般应采用招标、投标方式签订，法律规定应采用招标、投标方式签订的，未采用该方式所签的合同无效。

(4) 合同形式的要式性。建设工程合同应当采用书面形式。

(二) 总包与分包

建设工程合同可由发包人与承包人签订总承包合同，也可由发包人分别与勘察人、设计人、施工人、安装人签订承包合同。

在承包人签订总承包合同的情况下，承包人可将工程进行分包。对于分包应区分擅自分包和违法分包。擅自分包是指未经发包人同意的分包。违法分包是指：(1) 将全部工程“肢解”后分包；(2) 将主体工程分包；(3) 将工程分包给不具有资质的分包人；(4) 再分包。违法分包所得利益为非法所得，予以追缴。

合法分包应具备的条件是：(1) 应取得发包人同意；(2) 应为非主体工程；(3) 分包人应具备资质。分包人所完成的工程质量存在问题的，由承包人和分包人对发包人负连带责任。

(三) 未经验收先行使用的法律后果

建设工程应经竣工验收方可使用，发包人未经竣工验收先行使用的，应区分情况进行处理。(1) 发包人先行使用后，又以工程质量不符合约定为由主张权利的，不予支持。如发包人在使用过程中因地面不平、粉刷不匀、门窗不严，要求承包人承担责任的，不予支持。(2) 承包人应当在建设工程的合理使用寿命内对地基基础工程和主体结构质量承担民事责任。如发包人使用后发现地基下沉、承重墙开裂等，可要求承包人就质量瑕疵承担责任。(3) 发包人因先行使用，造成自己人身或财产损失的，承包人不承担责任。如发包人将货物堆放在未经竣工验收的仓库，因仓库屋顶不实进水，导致货物受损的，承包人不承担赔偿责任。(4) 发包人未经验收先行使用，因工程倒塌致他人损害的，承包人应与发包人负连带责任。如甲公司承建的楼房，乙公司未经验收先行使用，楼房倒塌导致丙遇害，甲公司和乙公司对此应承担连带责任。

(四) 承包人的优先受偿权

承包人的优先受偿权，是指发包人未依约支付工程款，经催告在合理期限内仍未支付，承包人就所建工程进行变卖、拍卖或作价，以行使优先受偿权。承包人的优先受偿权的规则是：(1) 优先受偿权的主体为施工合同的承包人和安装合同的承包人，勘察合同和设计合同的承包人不享有优先受偿权。承包人享有优先受偿权，实际施工人（分包人）也享有优先受偿权。工程合同无效，工程经验收合格的实际施工人亦享有优先受偿权。(2) 优先受偿权的范围为人员工资和垫付的工程款（包括约定的利息）。(3) 优先受偿权的客体为商业性工程，不包括公益性工程。工程所涉及的建设用地使用权，虽然应一并处分，但优先受偿权的范围不包含建设用地使用权的价值。(4) 优先受偿权的行使方式包括作价、变卖和拍卖。(5) 优先受偿权的行使期间为自工程竣工之日起六个月。(6) 优先受偿权的效力可以对抗抵押权，但不得对抗已支付了主要价款的消费者的权利。

七、运输合同

(一) 运输合同的概念与特征

1. 运输合同的概念

运输合同是指承运人将旅客或者货物从起运地点运输到约定地点，旅客、托运人或者收货人支付票款或运输费用的合同。

2. 运输合同的特征

运输合同具有以下特征：

(1) 运输合同以运送行为为标的。运输合同的主体为承运人、旅客和托运人，当事人订立合同的直接目的是将旅客或货物运送到约定地点，因而不同于承揽合同。运输合同的旅客或托运人需要的不是承运人的工作成果而是运送行为，旅客和货物仅是运输行为的对象。

(2) 运输合同为双务、有偿合同。承运人负有将旅客或货物运送到约定地点的义务，

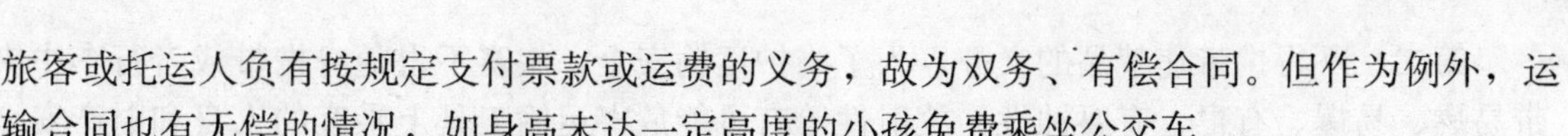

旅客或托运人负有按规定支付票款或运费的义务，故为双务、有偿合同。但作为例外，运输合同也有无偿的情况，如身高未达一定高度的小孩免费乘坐公交车。

(3) 运输合同多为格式合同。运输合同多为承运人提供的、为了重复使用而预先拟定的格式条款，在订立合同时旅客或托运人只有同意或不同意的权利。运输合同一般为格式合同，但并不排除有的非格式条款部分可由双方协商。如在民用航空客运合同中，旅客可以就机票票价数额与承运人或代理人协商。

(4) 客运合同承运人具有强制缔约的义务。客运合同具有较强的公益性，负担公共运输任务的承运人，对于旅客合理的缔约要求不得拒绝。

(二) 客运合同

1. 客运合同的概念和特征

客运合同是承运人将旅客及其行李安全运输到目的地，旅客为此支付运费的合同。客运合同除具有运输合同的一般特征外，还具有以下特征：

(1) 客运合同的标的为运输旅客的行为。客运合同的目的是承运人按时将旅客安全送达目的地，因此，客运合同的标的即为运输旅客的行为，旅客不仅是合同的当事人，还是承运人运送的对象。

(2) 客运合同采取票证式。客运合同为格式合同，并采取票证形式。客票既是客运合同的书面形式，又是有价证券。根据《合同法》第 293 条的规定，客运合同自承运人向旅客交付客票时成立，但当事人另有约定或者另有交易习惯的除外。客运合同自旅客登上交通运输工具时生效。

(3) 客运合同还包括运送旅客行李的内容。客运合同以将旅客运送到约定目的地为主要内容，还包含将旅客的行李安全运送到约定地点的内容。承运人在运输旅客的同时，还必须按照公告的规定，随同运输旅客一定数量的行李，对超过规定数量的行李，旅客应当凭客票办理托运。

2. 客运合同当事人的主要义务

(1) 承运人的主要义务。

第一，告知义务。《合同法》第 298 条规定："承运人应当向旅客及时告知有关不能正常运输的重要事由和安全运输应当注意的事项。"即承运人负有告知义务。因为在旅客运输中，常常会出现一些异常情况导致运输行为不能正常进行，如发生不可抗力或在运输途中运输工具发生故障，致使承运人不能将旅客按时运送到目的地，承运人应当及时向旅客告知这些不能正常运输的重要事由。

第二，安全运输的义务。承运人对旅客的人身伤害负无过错责任，但承运人能够证明旅客的人身伤害是由于旅客的自身健康原因、旅客的故意或重大过失造成的除外。承运人对旅客随身携带的行李的损坏或灭失承担过错责任。

第三，按照约定的时间、地点、方式和运输工具运输是承运人的主要义务。

第四，救助义务。《合同法》第 301 条规定："承运人在运输过程中，应当尽力救助患有急病、分娩、遇险的旅客。"

(2) 旅客的主要义务。

第一，支付运费义务。旅客必须按规定支付票价、行李运费等费用。

第二，不得携带违禁品的义务。为了维护运输安全，旅客不得随身携带或者行李中夹带易燃、易爆、有毒、有腐蚀性、放射性等有可能危害运输工具上乘客的人身和财产安全的危险品或违禁品乘车。

第三，按客票记载的时间乘运的义务。承运人有义务按客票载明的时间运输旅客，旅客也应按照客票记载的时间乘坐运输工具。

（三）货运合同

1. 货运合同的概念

货运合同是指承运人将托运人交付的货物运送到指定的地点，托运人支付运费的合同。货运合同往往涉及第三人，即收货人。收货人不是货运合同的当事人，但可以独立享有合同权利并为此承担相应的义务。

2. 货运合同当事人的主要义务

（1）托运人的主要义务。

第一，如实申报托运货物。

第二，依约交付托运物并办理有关手续。

第三，按规定支付运费和其他有关费用。

（2）承运人的主要义务。

第一，按合同约定调配适当的运输工具和设备，接收承运的货物，按期将货物运到指定的地点。

第二，从接收货物时起至交付收货人之前，负有安全运输和妥善保管的义务；承运人对承运货物的毁损、灭失承担无过错责任，但货物毁损、灭失是由于不可抗力、货物本身的自然损耗或者托运人及收货人的原因造成的除外。货物交付前因不可抗力灭失的，已付运费应予退还，未付运费不再支付。

第三，货物运到指定地点后，应及时通知收货人收货。

（3）收货人的主要义务。

第一，检验及领取货物。

第二，支付托运人少交或未交的运费或其他费用的义务。

八、技术合同

（一）技术合同概述

1. 技术合同的概念

技术合同是当事人就技术开发、转让、咨询或服务订立的确立相互之间权利和义务关系的合同。技术合同包括技术开发合同、技术转让合同、技术咨询合同、技术服务合同。

2. 技术合同的特征

技术合同具有以下特征：

（1）技术合同的标的是与技术成果相关的行为。这里所说的“技术成果”是指利用科学技术知识、信息和经验做出的设计产品、工艺、材料及其改进的技术方案，包括专利、专利申请、技术秘密、计算机软件、集成电路、布图设计、植物新品种等。技术成果具有无形性，可同时为多人利用。

（2）技术合同的主体具有特殊性。该特殊性表现为技术合同主体不受其他条件限制，如技术开发合同中的开发人，只要具有研发能力就可成为开发人。

（3）技术合同为双务合同、有偿合同。

3. 技术合同无效及其救济手段

根据《合同法》第329条的规定，非法垄断技术、妨碍技术进步或者侵害他人技术成果的技术合同无效。如甲与乙签订专利排他许可使用合同，乙擅自与丙再签订许可使用合同，乙与丙的合同即为无效。再如甲偷得乙的技术秘密，将其转让与丙，甲与丙的技术秘密转让合同无效。对于侵害专利权的无效合同，受让人明知的，受让人与转让人均为侵权人，均负有停止侵害的义务，因侵权给专利权人造成损害的，应承担损害赔偿的连带责任。如受让人为善意的，受让人与转让人均为侵权人，但受让人只承担停止侵害的责任，不承担赔偿损失的责任。对于侵害技术秘密的无效合同，受让人明知的，受让人与转让人均为侵权人，均负停止侵害和赔偿损失的责任；若受让人为善意的，受让人在原范围内享有继续使用的权利，但应向原权利人支付合理使用费。

（二）技术开发合同

1. 技术开发合同的概念

技术开发合同是指当事人之间就新技术、新产品、新工艺和新材料及其系统的研究开发所订立的合同。

技术开发合同包括委托开发合同和合作开发合同。委托开发合同是当事人一方委托另一方研究开发新技术成果的合同。合作开发合同是当事人各方共同进行新技术成果研究开发的合同。

2. 技术开发合同的特征

技术开发合同具有以下特征：

（1）技术开发合同的标的是研究开发具有创造性的新技术成果。在技术合同开发合同的履行中，作为合同标的的技术成果已经由他人公开的，当事人可解除合同。

（2）技术开发合同的主体应具备相应的条件。委托人应具备开发所需要的财力、物力，开发人应具备相应的研究开发能力。

（3）技术开发合同是诺成合同、双务合同、有偿合同。

（4）技术开发合同的当事人应承担相应风险。在技术开发合同履行过程中，出现无法克服的困难致使研究开发失败或者部分失败的，该风险承担依当事人约定；当事人没有约定，又不能达成补充协议的，风险责任由当事人合理分摊。

3. 委托开发合同当事人的主要义务

委托人的主要义务：（1）按照合同约定，支付研究开发的经费和报酬；（2）按照合同约定，提供技术资料、原始数据，完成协作事项；（3）按期接受研究开发成果，并依约对成果进行鉴定或验收。

委托人违反约定造成研究开发工作停滞、延误或者失败的，应当承担违约责任。

研究开发人的主要义务：（1）按照约定制订和实施研究开发计划。未经委托人同意，研究开发人不得将研究开发的主要工作交给第三人完成。（2）合理使用研究开发经费。

（3）按期完成研究开发工作，及时交付研究开发成果。在交付技术成果后，应向委托人提供有关技术资料，对委托人进行必要的技术指导和帮助，并按约定保守技术秘密。

研究开发人违反约定造成研究开发工作停滞、延误或者失败的应当承担违约责任。

4. 委托开发合同中技术开发成果的归属

委托开发完成的发明创造，对成果归属有约定的，依照约定；对成果归属没有约定，又不能达成补充协议的，专利申请权和专利权归研究开发人。委托人享有免费使用权和同等条件下的优先受让权，委托开发的技术秘密成果，对成果归属有约定的，依照约定；对成果归属没有约定，又不能达成补充协议的，该技术秘密成果，委托人和开发人均享有使用和转让权利，但研究开发人在将成果交付给委托人之前不得转让给第三人。

5. 合作开发合同当事人的主要义务

合作开发合同中当事人的主要义务：（1）按照约定进行投资。（2）按照约定分工进行研究开发，当事人不参与研究开发工作，只是提供资金等物质技术条件或仅提供辅助性工作，不为合作开发的当事人，而为委托开发的当事人。（3）协作配合委托开发工作。

6. 合作开发合同中的成果归属

对于合作开发完成的发明创造，除当事人另有约定外，申请专利的权利为合作开发当事人所共有，一方当事人不同意申请专利的，他方当事人不得申请专利；当事人一方转让其专利申请权的，其他当事人在同等条件下享有优先受让权利；当事人一方放弃共有的专利申请权的，其放弃的专利申请权由其他当事人享有，申请人取得专利权的，放弃专利权申请的一方有权免费使用该专利。对于合作开发的技术秘密成果，有约定的依照约定；没有约定，当事人又不能达成补充协议的，合作各方均享有使用和转让权利。

（三）技术转让合同

1. 技术转让合同的概念与特征

技术转让合同是当事人之间就技术转让的权利义务签订的合同。技术转让合同包括专利权转让合同、专利申请权转让合同、技术秘密转让合同、专利实施许可合同。

技术转让合同具有以下特征：

（1）技术转让合同的对象是现有的技术转让成果。尚未研究开发的技术成果不能成为技术转让合同的对象。

（2）技术转让合同转让的是技术成果的使用权或专有权。

（3）技术转让合同是诺成合同、双务合同、有偿合同。

2. 技术转让合同中当事人的主要权利义务

（1）对于专利权转让合同，转让人和受让人在合同中约定，受让人不得对原专利进行改进、提高等内容的，该约定属于非法垄断技术、妨碍技术进步的条款，该条款无效，对受让人无约束力。受让人在原专利基础上，提炼的新的技术成果，除有约定以外，原专利权人不享有任何权利。

（2）对于专利申请权转让合同，受让人事后未取得专利权，要求解除专利申请权转让合同，退还专利申请权转让费的，应区别对待：1）因转让的专利申请权依法不能获得专利，或因有他人在专利申请文件上记载在先，导致受让人不能进行专利申请权登记的，受让人要求解除合同、退还专利申请权转让费的，应予支持；2）受让人在专利申请权登记

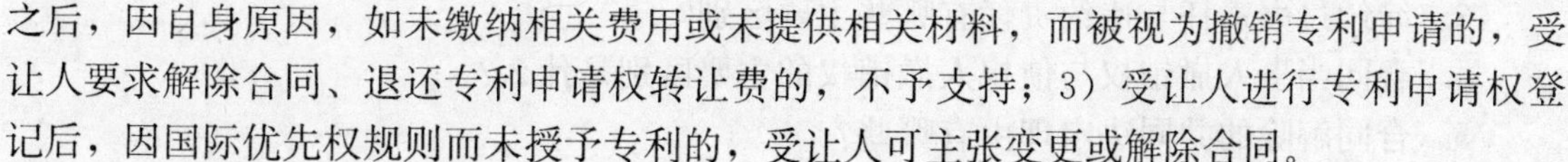

之后，因自身原因，如未缴纳相关费用或未提供相关材料，而被视为撤销专利申请的，受让人要求解除合同、退还专利申请权转让费的，不予支持；3）受让人进行专利申请权登记后，因国际优先权规则而未授予专利的，受让人可主张变更或解除合同。

（3）对于技术秘密成果转让合同，受让人应依照合同约定承担保密的义务，受让人违反该义务应承担违约责任。

（4）对于使用许可合同，如属独占许可，第三人侵害专利权或技术秘密成果，独占许可人可不经原权利人同意，直接要求第三人停止侵害。如属其他许可，第三人侵害专利权或技术秘密成果，其行使上述权利应经原权利人同意，因为此种情况下，许可使用人仅享有合同债权，故其不得对第三人主张侵权责任。

（四）技术咨询与技术服务合同

1. 技术咨询与技术服务合同的概念与特征

技术咨询合同是当事人一方为另一方就特定技术项目提供可行性论证、技术预测、专题技术调查、分析评价报告等，另一方支付报酬的合同。技术服务合同是指一方以技术知识为另一方解决特定技术问题，另一方支付报酬的合同。

技术咨询合同和技术服务合同具有以下特征：

（1）技术咨询合同与技术服务合同的标的是技术性劳务。

（2）技术咨询合同与技术服务合同是诺成合同、双务合同、有偿合同。

2. 技术咨询合同当事人的主要义务

技术咨询合同的委托人的主要义务是：按照约定阐明咨询的问题；提供技术背景材料及有关资料、数据；为受托人进行调查论证提供必要的工作条件；按期接受受托人的工作，支付报酬。

技术咨询合同受托人的主要义务是：按照约定完成咨询报告或者解答问题；提出的咨询报告应达到约定要求。

3. 技术服务合同当事人的主要义务

技术服务合同委托人的主要义务是：按照约定提供工作条件，完成配合事项；接受工作成果并支付报酬。

技术服务合同受托人的主要义务是：按照约定完成服务项目、解决技术问题；传授解决技术问题的知识。

4. 技术咨询合同与技术服务合同履行中取得新技术成果的归属

技术咨询合同与技术服务合同履行过程中形成的新的技术成果，当事人有约定的依照约定。当事人没有约定，又不能达成补充协议的，受托人利用委托人提供的技术资料和工作条件完成的新的技术成果，属于受托人；委托人利用受托人的工作成果完成的新的技术成果，属于委托人。

思考题

1. 要约与要约邀请有哪些主要区别？
2. 怎样理解承诺的内容应与要约内容一致的含义？

3. 缔约过失责任与违约责任有哪些主要区别？
4. 合同当事人撤销权与债权人撤销权的主要区别是什么？
5. 合同解除的共同法定理由有哪些？
6. 承揽合同中风险负担规则的内容是什么？
7. 建设工程合同中承包人的优先受偿权的内容是什么？

案例分析

1. 甲厂向乙大学发函表示："本厂生产的W型电教室耳机，每副单价30元。如果贵校需要，请与我厂联系。"乙大学回函："我校愿向贵厂订购W型耳机1 000副，每副单价30元，但需在耳机上附加一个音量调节器。"2个月后，乙大学收到甲厂发来的1 000副耳机，但这批耳机上没有音量调节器，于是拒收，为此甲厂以乙大学违约为由起诉于法院。

问题：

(1) 甲厂向乙大学的发函是否属于要约？为什么？

(2) 乙大学向甲厂的回函是否属于承诺？为什么？

(3) 乙大学的拒收行为是否是违约？为什么？

2. 2015年2月，甲公司因扩大经营规模之需，拟在本市找一房主租赁几间厂房。经人介绍，在2月20日与乙电子器材厂签订了一份房屋租赁合同。合同规定，如果乙电子器材厂新建厂房能够在2015年10月前后竣工并交付使用，就把该厂三间共250平方米旧厂房于10月中旬租给甲公司使用，每月租金为2 000元，租期30年。合同签订后，丙房地产公司也表示愿意租三间厂房给甲公司，但甲公司考虑到已经和乙电子器材厂签约，再等几个月就可租到房屋，没有必要为此违约，因而没有答应丙房地产公司。2015年9月底，乙电子器材厂新建厂房竣工，甲公司即找到它要求履行合同，而乙电子器材厂却已把合同中约定的三间厂房租给了某个体工商户丁。甲公司无奈，只好起诉到法院，要求乙电子器材厂赔偿经济损失。

问题：

(1) 甲公司与乙电子器材厂签订的是附条件还是附期限的合同？为什么？

(2) 甲公司与乙电子器材厂签订的合同是否有效？为什么？

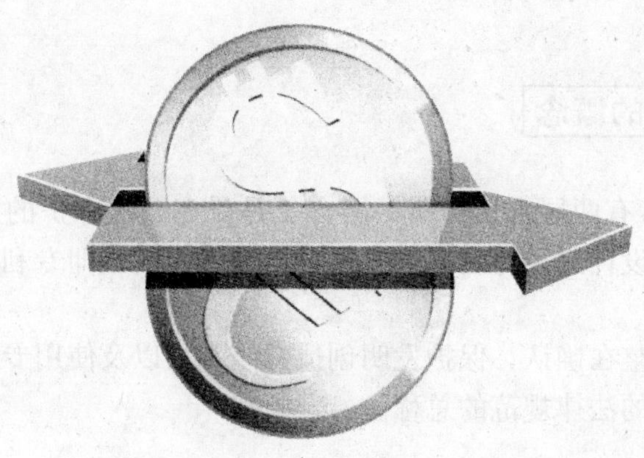

第四章　专利法

学习目标

通过本章的学习，应了解专利和专利法的概念与特征，进而掌握专利法的基本制度，特别是有关专利权授予的条件、专利权人的权利及专利权的期限、终止和无效等相关制度。

第一节　专利法概述

一、专利和专利法的概念

“专利”一词通常有两层含义：第一层含义是受专利法保护的发明创造，一般包括发明、实用新型和外观设计三种专利；第二层含义是专利权，即专利法保护的对发明创造享有的专有权利。

专利法，是指调整在确认、保护发明创造的专有权以及使用专有的发明创造过程中而形成的各种社会关系的法律规范的总称。

二、专利权的客体

专利权的客体，是指依法可以取得专利权的发明创造。我国专利权的客体包括发明、实用新型和外观设计。

（一）发明

发明，是指对产品、方法或者其改进所提出的新的技术方案。发明包括产品发明和方法发明。产品发明是指发明人通过智力劳动创造的并能以有形形式表现的各种制成品，如新的医药产品或新的建筑材料等；方法发明是指发明人通过智力劳动创造的获取某种物质或实现某种效果的方法或手段，如培育植物新品种的方法等。

（二）实用新型

实用新型，是指对产品的形状、构造或者其结合所提出的适于实用的新的技术方案。实用新型必须具有实用价值。例如带有花纹的轮胎，既有立体形状，又有防滑功能，可以申请实用新型专利。实用新型还强调“型”，即必须是一种具有形状或者构造的产品。粉末、颗粒状的物质或者材料就不属于实用新型。实用新型的创造性比发明小，实用性的要求比发明低，申请和审批的手续比较简单，因此又被称为“小发明”。

（三）外观设计

外观设计，也称工业品外观设计，是指对产品的形状、图案或者其结合以及色彩与形状、图案的结合所作出的富有美感并适于工业应用的新设计。外观设计依托于产品的外观，气态、液态、粉末或颗粒状的物质就不能成为外观设计的载体。形状、图案和色彩是外观设计的构成要素，单纯的色彩不能称为外观设计。

三、专利权的主体

专利权的主体，是指有权向国务院专利行政管理部门提出专利申请并取得专利权的单位和个人。

（一）发明人、申请人与专利权人

1. 发明人

发明人是直接完成发明创造的人。专利法上的发明人必须满足的条件是：（1）发明人必须是直接参加发明创造活动的人。在发明创造过程中，只负责组织管理工作或者仅仅提供物质条件的人都不是发明人。（2）发明人必须是对发明创造的实质性特点有创造性贡献的人。仅提出所要解决的技术问题却未能为解决问题提供具体方案的人，或者仅在发明创造过程中从事辅助工作的人都不能称为发明人。（3）发明人必须是自然人，单位不能成为发明人。发明人不受行为能力的限制，即使是无行为能力人或者限制行为能力人也可以成为发明人。

2. 申请人

申请人是指就一项发明创造向国家专利行政主管机关提出专利申请的人。很多情况下，发明人与申请人是同一人，但现实中也存在发明人与申请人不一致的情况。造成发明人与申请人背离的原因主要有三个方面：一是发明人通过专利申请权转让合同将申请专利的权利转让给他人；二是发明人的继承人通过继承取得发明创造的专利申请权；三是法律直接将专利申请权赋予发明人以外的其他人，如职务发明的专利申请权就属于单位，而非发明人。

3. 专利权人

专利权人即享有专利权的人。专利权人与专利申请人也是两个不同的概念。一项技术成果申请专利后未必能够获得专利权，因而专利申请人未必能成为专利权人。另一方面，由于专利权可以通过转让或者继承的方式获得，因此，专利权人也不一定是专利申请人。

（二）专利权的归属

1. 职务发明

职务发明，是指执行本单位的任务或者主要是利用本单位的物质技术条件所完成的发明创造。执行本单位的任务所完成的职务发明包括：在本职工作中作出的发明创造；履行本单位交付的本职工作之外的任务所作出的发明创造；离职、退休或者调动工作后一年内作出的，与其在原单位承担的本职工作或者原单位分配的任务有关的发明创造。本单位的物质技术条件，是指本单位的资金、设备、零部件、原材料或者不对外公开的技术资料等。

职务发明申请专利的权利属于该单位，申请被批准后，该单位为专利权人。被授予专利权的单位应当对职务发明的发明人给予奖励。发明创造专利实施后，根据其推广应用的范围和取得的经济效用，给予发明人合理的报酬。发明人有权在专利文件中写明自己是发明人。

利用本单位的物质技术条件所完成的发明创造，单位与发明人或者设计人订立合同，对申请专利的权利和专利权的归属作出约定的，从其约定。

2. 非职务发明

非职务发明，是指不是为执行本单位的任务或者没有利用本单位的物质技术条件所完成的发明创造。非职务发明，申请专利的权利属于发明人。申请被批准后，该发明人为专利权人。对发明人的非职务发明专利申请，任何单位或者个人不得压制。

3. 共同发明和委托发明

当一项发明创造为两个以上单位或者个人共同完成时，该发明创造就是共同发明。一个单位或者个人接受其他单位或者个人委托所完成的发明创造，是委托发明。对于共同发明和委托发明的权利归属，有约定的依照其约定，没有约定或者约定不明的，申请专利的权利属于完成或者共同完成发明创造的单位或者个人。申请被批准后，申请专利的单位或者个人为专利权人。

四、授予专利权的条件

（一）授予发明和实用新型专利权的条件

授予专利权的发明和实用新型，应当具备新颖性、创造性和实用性。

1. 新颖性

新颖性，是指该发明或者实用新型不属于现有技术；也没有任何单位或者个人就同样的发明或者实用新型在申请日以前向国务院专利行政部门提出过申请，并记载在申请日以前公布的专利申请文件或者公告的专利文件中。

但是，在申请日前已经公开的技术并不必然导致新颖性的丧失。根据《专利法》第24条的规定，申请专利的发明创造在申请日以前6个月内，有下列情形之一的，不丧失新颖性：（1）在中国政府主办或者承认的国际展览会上首次展出的；（2）在规定的学术会议或者技术会议上首次发表的；（3）他人未经申请人同意而泄露其内容的。

2. 创造性

创造性，是指与现有技术相比，该发明具有突出的实质性特点和显著的进步，该实用新型具有实质性特点和进步。“现有技术”，是指申请日以前在国内外为公众所知的技术。

3. 实用性

实用性，是指该发明或者实用新型能够制造或者使用，并且能够产生积极效果。例如降低了耗能，减少了成本等。

（二）授予外观设计专利权的条件

根据《专利法》第23条的规定，授予专利权的外观设计，应当不属于现有设计；也没有任何单位或者个人就同样的外观设计在申请日以前向国务院专利行政部门提出过申请，并记载在申请日以前公告的专利文件中。授予专利权的外观设计与现有设计或者现有设计特征的组合相比，应当具有明显区别。授予专利权的外观设计不得与他人在申请日以前已经取得的合法权利相冲突。他人已经在先取得的合法权利包括已经取得的商标权、企业名称权等。“现有设计”，是指申请日以前在国内外为公众所知的设计。

（三）不授予专利权的发明创造或事项

（1）对违反法律、社会公德或者妨害公共利益的发明创造，不授予专利权。如能逃过检查夹藏毒品的背心。

（2）对违反法律、行政法规的规定获取或者利用遗传资源，并依赖该遗传资源完成的发明创造，不授予专利权。如人类基因图谱。

（3）对下列各项，不授予专利权：1）科学发现；2）智力活动的规则和方法；3）疾病的诊断和治疗方法；4）动物和植物品种；5）用原子核变换方法获得的物质；6）对平面印刷品的图案、色彩或者二者的结合作出的主要起标识作用的设计。但是，动物和植物品种的生产方法，可以依法授予专利权。

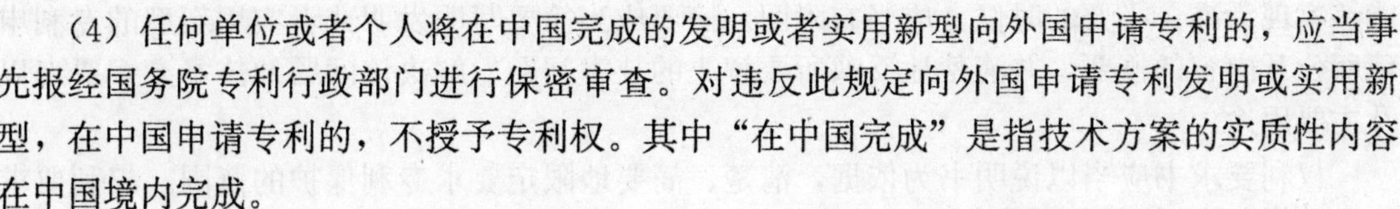

(4) 任何单位或者个人将在中国完成的发明或者实用新型向外国申请专利的，应当事先报经国务院专利行政部门进行保密审查。对违反此规定向外国申请专利发明或实用新型，在中国申请专利的，不授予专利权。其中“在中国完成”是指技术方案的实质性内容在中国境内完成。

第二节　专利权的取得程序

一、专利申请

(一) 专利申请的原则

1. 先申请原则

同样的发明创造只能授予一项专利权。两个以上的申请人分别就同样的发明创造申请专利的，专利权授予最先申请的人。两个以上的申请人在同一日分别就同样的发明创造申请专利的，应当在收到国务院专利行政部门的通知后自行协商确定申请人。各申请人通过协商，确定各自的共有份额，将发明创造作为共同发明申请专利，或者其中一方在获得相应补偿之后放弃申请权，由另一方单独申请。

如果同一个申请人同日对同样的发明创造既申请实用新型专利又申请发明专利，先获得的实用新型专利权尚未终止，且当事人声明放弃该实用新型专利权的，可以授予发明专利权。

2. 单一性原则

单一性原则是指一件专利申请的内容中只能包含一项发明创造，不能将两项或两项以上的发明创造作为一件申请提出。《专利法》第 31 条规定：“一件发明或者实用新型专利申请应当限于一项发明或者实用新型”，“一件外观设计专利申请应当限于一项外观设计”。但是，对于一些不会因两项或者多项发明创造合案申请而造成不方便的情形，法律也允许申请人合案申请。《专利法》第 31 条还规定：“属于一个总的发明构思的两项以上的发明或者实用新型，可以作为一件申请提出”，“同一产品两项以上的相似外观设计，或者用于同一类别并且成套出售或者使用的产品的两项以上外观设计，可以作为一件申请提出”。例如，成套茶具中的茶壶、茶杯等，就可以作为一件外观设计专利提出申请。

(二) 专利申请文件

因申请专利权的客体不同，需要提交的专利申请文件也有差别。

(1) 申请发明或者实用新型专利的，应当提交请求书、说明书及其摘要和权利要求书等文件。

请求书应当写明发明或者实用新型的名称，发明人的姓名，申请人的姓名或者名称、地址，以及其他事项。

说明书应当对发明或者实用新型作出清楚、完整的说明，以所属技术领域的技术人员能够实现为准；必要的时候，应当有附图。摘要应当简要写明发明或者实用新型的专利申请所公开内容的概要，并清楚地反映所要解决的技术问题、解决该问题的技术方案要点以及主要用途。

权利要求书应当以说明书为依据，清楚、简要地限定要求专利保护的范围。权利要求书有几项权利要求的，应当用阿拉伯数字顺序编号。

（2）申请外观设计专利的，应当提交请求书、该外观设计的图片或者照片以及对该外观设计的简要说明等文件。

申请人提交的有关图片或者照片应当清楚地显示要求专利保护的产品的外观设计。如申请外观设计的产品有多件，申请人需就每件外观设计产品所需要保护的内容提交有关图片或者照片。

外观设计的简要说明应当写明外观设计产品的名称、用途，外观设计的设计要点，并指定一幅最能表明设计要点的图片或者照片。对同一产品的多项相似外观设计提出一件外观设计专利申请的，应当在简要说明中制定其中一项作为基本设计。简要说明不得使用商业性宣传用语，也不能用来说明产品的性能。

（三）专利申请日和优先权

国务院专利行政部门收到专利申请文件之日为申请日。如果申请文件是邮寄的，以寄出的邮戳日为申请日。邮戳日不清晰的，除当事人能够提出证明外，以国务院专利行政部门收到日为申请日。

专利申请的优先权是指专利申请人就其发明创造第一次提出专利申请后，在专利法规定的期限内，又就同一主题的发明创造提出专利申请，申请人有权要求将第一次申请日视为后一次申请的申请日。

专利申请的优先权可分为外国优先权和本国优先权。

1. 外国优先权

申请人自发明或者实用新型在外国第一次提出专利申请之日起 12 个月内，或者自外观设计在外国第一次提出专利申请之日起 6 个月内，又在中国就相同主题提出专利申请的，依照该外国同中国签订的协议或者共同参加的国际条约，或者依照相互承认优先权的原则，可以享有优先权。

2. 本国优先权

申请人自发明或者实用新型在中国第一次提出专利申请之日起 12 个月内，又向国务院专利行政部门就相同主题提出专利申请的，可以享有优先权。

申请人要求优先权的，应当在申请的时候提出书面声明，并且在 3 个月内提交第一次提出的专利申请文件的副本；未提出书面声明或者逾期未提交专利申请文件副本的，视为未要求优先权。

申请人享有优先权的，优先权日视为申请日。

（四）专利申请的撤回和修改

申请人可以在被授予专利权之前随时撤回其专利申请。申请人撤回专利申请的，应当向国务院专利行政部门提出声明，写明发明创造的名称、申请号和申请日。撤回专利申请的声明在国务院专利行政部门做好公布专利申请文件的印刷准备工作后提出的，申请文件

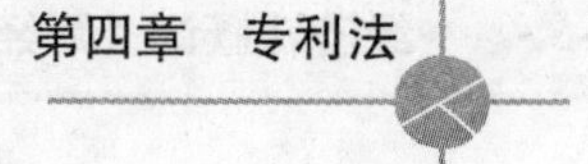

仍应公布，但是，撤回专利申请的声明应当在以后出版的专利公报上予以公告。

《专利法》还规定了发明专利申请视为撤回的三种情况：(1) 发明专利申请人自申请日起3年内无正当理由逾期不要求实质审查的；(2) 发明专利已经在外国提出过申请，但申请人在国务院专利行政部门指定提交相关材料的期限内无正当理由不提交的；(3) 国务院专利行政部门对发明专利申请进行实质审查后，认为不符合《专利法》的有关规定，要求申请人在指定期限内陈述意见或进行修改，申请人无正当理由逾期不答复的。

申请人可以对其专利申请文件进行修改，但是，对发明和实用新型专利申请文件的修改不得超出原说明书和权利要求书记载的范围，对外观设计专利申请文件的修改不得超出原图片或者照片表示的范围。国务院专利行政部门对发明专利申请进行实质审查后，认为不符合《专利法》有关规定的，也可以要求申请人在指定期限内进行修改。

(五) 专利申请的代理

专利申请的代理，是指在申请专利的过程中，有权申请专利的人委派具有专利代理人资格的机构以其名义，按照专利法的相关规定向专利局办理专利申请或其他专利事务。我国《专利法》第19条第1款和第2款规定："在中国没有经常居所或者营业所的外国人、外国企业或者外国其他组织在中国申请专利和办理其他专利事务的，应当委托依法设立的专利代理机构办理。中国单位或个人在国内申请专利和办理其他专利事务的，可以委托依法设立的专利代理机构办理。"

专利代理机构应当遵守法律、行政法规，按照被代理人的委托办理专利申请或其他专利事务；对被代理人发明创造的内容，除专利申请已经公布或者公告的以外，负有保密责任。专利代理机构的具体管理办法由国务院规定。

二、专利申请的审查和批准

(一) 初步审查

初步审查也称形式审查，是指对专利申请文件、委托事项以及是否属于法律禁止授予专利权的事项等进行审查。

国务院专利行政部门收到发明专利申请后，经初步审查认为符合《专利法》要求的，自申请日起满18个月，即行公布。国务院专利行政部门可以根据申请人的请求早日公布其申请。

(二) 实质审查

实质审查，是指对发明创造的新颖性、创造性和实用性进行审查。发明专利申请自申请日起3年内，国务院专利行政部门可以根据申请人随时提出的请求，对其申请进行实质审查；申请人无正当理由逾期不请求实质审查的，该申请即被视为撤回。国务院专利行政部门认为必要的时候，可以自行对发明专利申请进行实质审查。

发明专利的申请人请求实质审查的时候，应当提交在申请日前与其发明有关的参考资料。发明专利已经在外国提出过申请的，国务院专利行政部门可以要求申请人在指定期限内提交该国为审查其申请进行检索的资料或者审查结果的资料；无正当理由逾期不提交的，该申请即被视为撤回。

（三）驳回专利申请

国务院专利行政部门对发明专利申请进行实质审查后，认为不符合《专利法》规定的，应当通知申请人，要求其在指定的期限内陈述意见，或者对其申请进行修改；无正当理由逾期不答复的，该申请即被视为撤回。发明专利申请经申请人陈述意见或者进行修改后，国务院专利行政部门仍然认为不符合《专利法》规定的，应当予以驳回。

（四）授予专利权

发明专利申请经实质审查没有发现驳回理由的，由国务院专利行政部门作出授予发明专利权的决定，发给发明专利证书，同时予以登记和公告。发明专利权自公告之日起生效。

实用新型和外观设计专利申请经初步审查没有发现驳回理由的，由国务院专利行政部门作出授予实用新型专利权或者外观设计专利权的决定，发给相应的专利证书，同时予以登记和公告。实用新型专利权和外观设计专利权自公告之日起生效。

（五）专利申请的复审

专利复审委员会进行专利申请的复审工作。专利复审委员会由国务院专利行政部门指定的技术专家和法律专家组成。

专利申请人对国务院专利行政部门驳回申请的决定不服的，可以自收到通知之日起 3 个月内，向专利复审委员会请求复审。申请人向专利委员会请求复审时，应当提交复审请求书并说明理由，必要情况下还应当附具有关证据。专利复审委员会复审后，认为复审请求不符合《专利法》及其实施细则规定的，应当通知复审申请人，要求其在指定期限内陈述意见。期满未答复的，该复审申请视为撤回。如果专利复审委员会审查后认为原驳回决定不合法或者认为经过修改的专利申请文件消除了原驳回决定指出的缺陷的，应当撤销原驳回决定，由原审查部门继续进行审查程序。专利申请人对专利复审委员会的复审决定不服的，可以自收到通知之日起 3 个月内向人民法院起诉。

第三节　专利权

一、专利权的期限、终止和无效

（一）专利权的期限

发明专利权的期限为 20 年，实用新型专利权和外观设计专利权的期限为 10 年，均自申请日起计算。

（二）专利权的终止

因专利权期限届满专利权终止。

有下列情形之一的，专利权在期限届满前终止：

（1）没有按照规定缴纳年费的；

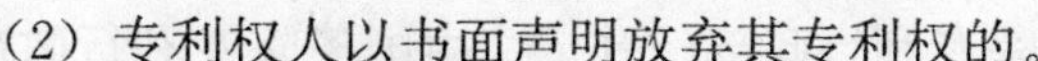

（2）专利权人以书面声明放弃其专利权的。

专利权在期限届满前终止的，由国务院专利行政部门登记和公告。

（三）专利权的无效

1. 申请宣告专利权无效的主体

自国务院专利行政部门公告授予专利权之日起，任何单位或者个人认为该专利权的授予不符合《专利法》有关规定的，可以请求专利复审委员会宣告该专利权无效。

2. 宣告专利权无效的程序

专利复审委员会对宣告专利权无效的请求应当及时审查和作出决定，并通知请求人和专利权人。宣告专利权无效的决定，由国务院专利行政部门登记和公告。在专利复审委员会就无效宣告请求作出决定之后，又以相同的理由和证据请求无效宣告的，专利复审委员会不予受理。

对专利复审委员会宣告专利权无效或者维持专利权的决定不服的，可以自收到通知之日起 3 个月内向人民法院起诉。人民法院应当通知无效宣告请求程序的对方当事人作为第三人参加诉讼。

3. 宣告专利权无效的法律效果

宣告无效的专利权视为自始即不存在。宣告专利权无效的决定，对在宣告专利权无效前人民法院作出并已执行的专利侵权的判决、调解书，已经履行或者强制执行的专利侵权纠纷处理决定，以及已经履行的专利实施许可合同和专利权转让合同，不具有追溯力。但是因专利权人的恶意给他人造成的损失，应当给予赔偿。如果不返还专利侵权赔偿金、专利使用费、专利权转让费，明显违反公平原则的，应当全部或者部分返还。

二、专利权人的权利和义务

（一）专利权人的权利

1. 独占权

专利权人的独占权是指专利权人有自己制造、使用和销售专利产品，或者使用专利方法的权利。根据《专利法》第 11 条的规定，发明和实用新型专利权被授予后，除《专利法》另有规定的以外，任何单位或者个人未经专利权人许可，都不得实施其专利，即不得为生产经营目的的制造、使用、许诺销售、销售、进口其专利产品，或者使用其专利方法以及使用、许诺销售、销售、进口依照该专利方法直接获得的产品。外观设计专利权被授予后，任何单位或者个人未经专利权人许可，不得实施其专利，即不得为生产经营目的的制造、许诺销售、销售、进口其外观设计专利产品。

这里的“许诺销售”是指专利权人为了促使销售的成立而在实际销售前从事的各种行为。例如，专利权人向客户进行产品展示、派送或做广告等。

2. 转让权

专利权人有将自己的专利权转让给他人的权利。根据《专利法》第 10 条的规定，专利权可以转让。中国单位或者个人向外国人、外国企业或者外国其他组织转让专利申请权或者专利权的，应当依照有关法律、行政法规的规定办理手续。转让专利申请权或者专利权的，当事人应当订立书面合同，并向国务院专利行政部门登记，由国务院专利行政部门予以公告。专利申请权或专利权的转让自登记之日起生效。

3. 许可权

专利权人有许可他人实施其专利并收取使用费的权利。《专利法》第 12 条规定："任何单位或者个人实施他人专利的，应当与专利权人订立实施许可合同，向专利权人支付专利使用费。被许可人无权允许合同规定以外的任何单位或者个人实施该专利。"发明专利申请公布后，申请人可以要求实施其发明的单位或者个人支付适当的费用。

专利许可以专利权人能否继续实施该专利并许可他人使用该专利为标准，可分为独占实施许可、排他实施许可和普通实施许可。独占实施许可，是指将专利权仅许可一个被许可人使用且专利权人依约定也不得使用该专利。排他实施许可，是指专利权人将专利权许可一个被许可人使用，专利权人依约定可以使用该专利，但不得另行许可他人使用该专利。普通实施许可，是指专利权人许可他人使用专利后，可自行使用该专利和许可他人使用该专利。

专利权人有多人的，共有人可以约定权利的行使方式。没有约定的，共有人可以单独实施或者以普通许可方式许可他人实施该专利；许可他人实施该专利的，收取的使用费应当在共有人之间分配。除此之外，共有人行使共有的专利申请权或者专利权应当取得全体共有人的同意。

4. 标记权

专利权人的标记权是指专利权人有权在其专利产品或者该产品包装上标明专利标识。根据《专利法》第 17 条的规定，发明人或者设计人无论是否为专利权人，均有在专利文件上写明自己是发明人或者设计人的权利。

（二）专利权人的义务

1. 缴纳专利年费

年费是专利权人付给专利行政部门的管理费用。专利权人应从授予专利权的当年开始缴纳专利年费，不按规定缴纳年费的，专利权应予终止。

2. 被授予专利权的单位对发明人或者设计人应予以奖励

职务发明创造取得专利，被授予专利权的单位应当对职务发明创造的发明人或者设计人给予奖励；发明创造专利实施后，根据其推广应用的范围和取得的经济效益，对发明人或者设计人给予合理的报酬。

三、专利权的限制

（一）不视为侵权的使用

《专利法》第 69 条规定了不视为侵犯专利权的五种情形：

（1）专利产品或者依照专利方法直接获得的产品，由专利权人或者经其许可的单位、个人售出后，使用、许诺销售、销售、进口该产品的；

（2）在专利申请日前已经制造相同产品、使用相同方法或者已经做好制造、使用的必要准备，并且仅在原有范围内继续制造、使用的；

（3）临时通过中国领陆、领水、领空的外国运输工具，依照其所属国同中国签订的协议或者共同参加的国际条约，或者依照互惠原则，为运输工具自身需要而在其装置和设备中使用有关专利的；

（4）专为科学研究和实验而使用有关专利的；

（5）为提供行政审批所需要的信息，制造、使用、进口专利药品或者专利医疗器械的，以及专门为其制造、进口专利药品或者专利医疗器械的。

在专利侵权纠纷中，如果被控侵权人有证据证明其实施的技术或者设计属于现有技术或者现有设计的，不构成侵犯专利权。其中现有技术，是指被诉落入专利权保护范围的全部技术特征，与一项现有技术方案中的相应技术特征相同或者无实质性差异的。被诉侵权设计与一项现有设计相同或者无实质性差异的，为现有设计。

（二）专利实施的强制许可

专利实施的强制许可，是指国务院专利行政部门依照法定条件和程序颁发的使用专利的许可。申请人获得强制许可后，不必经专利权人同意，就可以实施专利。强制许可的意义在于防止和限制专利权人滥用专利权，维护社会整体利益，促进专利的实施。

1. 强制许可的种类

专利实施的强制许可适用于以下几种情况：

（1）滥用专利权的强制许可。

有下列情形之一的，国务院专利行政部门根据具备实施条件的单位或者个人的申请，可以给予实施发明专利或者实用新型专利的强制许可：1）专利权人自专利权被授予之日起满 3 年，且自提出专利申请之日起满 4 年，无正当理由未实施或者未充分实施其专利的；2）专利权人行使专利权的行为被依法认定为垄断行为，为消除或者减少该行为对竞争产生的不利影响的。

其中 1）项中“未充分实施其专利”，是指专利权人及其被许可人实施其专利的方法或者规模不能满足国内对专利产品或者专利方法的需求。

（2）公益目的的强制许可。

在国家出现紧急状态或者非常情况时，或者为了公共利益的目的，国务院专利行政部门可以给予实施发明专利或者实用新型专利的强制许可。

强制许可涉及的发明创造为半导体技术的，其实施限于公共利益和反垄断的目的。

（3）药品专利的强制许可。

为了公共健康目的，对取得专利权的药品，国务院专利行政部门可以给予制造并将其出口到符合我国参加的有关国际条约规定的国家或者地区的强制许可。“取得专利权的药品”，是指解决公共健康问题所需的医药领域中的任何专利产品或者依据专利方法直接获得的产品，包括取得专利权的制造该产品所需的活性成分以及使用该产品所需的诊断用品。

（4）依赖专利的强制许可。

一项取得专利权的发明或者实用新型比之前已经取得专利权的发明或者实用新型具有显著经济意义的重大技术进步，其实施又有赖于前一发明或者实用新型的实施的，国务院专利行政部门根据后一专利权人的申请，可以给予实施前一发明或者实用新型的强制许可。在依照以上规定给予实施强制许可的情形下，国务院专利行政部门根据前一专利权人的申请，也可以给予实施后一发明或者实用新型的强制许可。依据这一理由申请强制许可的单位或个人应当提供证据，证明其已经以合理的条件请求专利权人许可其实施专利，但未能在合理的时间内获得许可。

2. 强制许可的程序

国务院专利行政部门作出的给予实施强制许可的决定，应当及时通知专利权人，并予以登记和公告。给予实施强制许可的决定，应当根据强制许可的理由规定实施的范围和时间。强制许可的理由消除并不再发生时，国务院专利行政部门应当根据专利权人的请求，经审查后作出终止实施强制许可的决定。

3. 被强制许可人的义务

取得实施强制许可的单位或者个人不享有独占的实施权，并且无权允许他人实施。取得实施强制许可的单位或者个人应当付给专利权人合理的使用费，或者依照我国参加的有关国际条约的规定处理使用费问题。给付使用费的，其数额由双方协商；双方不能达成协议的，由国务院专利行政部门裁决。国务院专利行政部门应自收到请求书之日起 3 个月内作出裁决，并通知当事人。

4. 专利权人的救济

专利权人对国务院专利行政部门关于实施强制许可的决定不服的，专利权人和取得实施强制许可的单位或者个人对国务院专利行政部门关于实施强制许可的使用费的裁决不服的，可以自收到通知之日起 3 个月内向人民法院起诉。

（三）专利的强制推广应用

专利的强制推广应用，是指国家主管机关对国有企业、事业单位拥有的对国家利益或公共利益具有重大意义的需要推广应用的发明专利，按照法定程序报经国务院批准在一定范围内推广应用，允许指定单位实施的一种行政措施。《专利法》第 14 条规定："国有企业事业单位的发明专利，对国家利益或者公共利益具有重大意义的，国务院有关主管部门和省、自治区、直辖市人民政府报经国务院批准，可以决定在批准的范围内推广应用，允许指定的单位实施，由实施单位按照国家规定向专利权人支付使用费。"

四、专利权的保护

（一）专利权的保护范围

发明或者实用新型专利权的保护范围以其权利要求的内容为准，说明书及附图可以用于解释权利要求的内容。外观设计专利权的保护范围以表示在图片或者照片中的该产品的外观设计为准，简要说明可以用于解释图片或者照片所表示的该产品的外观设计。

对于仅在说明书或者附图中描述而在权利要求中未记载的技术方案，权利人在专利纠纷案件中将其纳入专利权保护范围的，人民法院将不予支持。这称为捐献原则，说明权利人愿意将其技术方案公之于众而不再要求专利权的保护。

（二）侵犯专利权的行为

侵犯专利权的行为，是指在专利权的有效期内，行为人未经许可，以营利为目的的实施

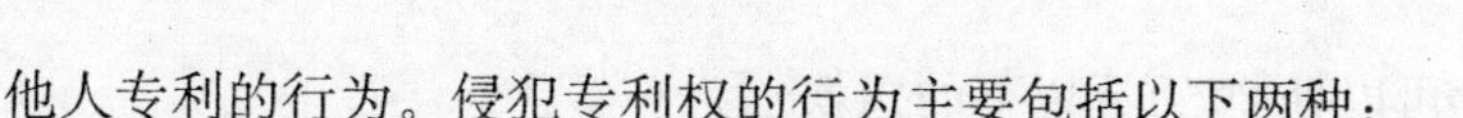

他人专利的行为。侵犯专利权的行为主要包括以下两种：

1. 未经专利权人许可实施其专利

发明和实用新型专利权被授予后，除《专利法》另有规定的以外，未经专利权人许可，为生产经营目的制造、使用、许诺销售、销售、进口其专利产品，或者使用其专利方法以及使用、许诺销售、销售、进口依照该专利方法直接获得的产品。外观设计专利权被授予后，未经专利权人许可，为生产经营目的制造、许诺销售、销售、进口其外观设计专利产品。

2. 假冒专利

下列行为属于假冒专利的行为：(1) 在未被授予专利权的产品或者其包装上标注专利标识，专利权被宣告无效后或者终止后继续在产品或者其包装上标注专利标识，或者未经许可在产品或者产品包装上标注他人的专利号；(2) 销售第 (1) 项所述产品；(3) 在产品说明书等材料中将未被授予专利权的技术或者设计称为专利技术或者专利设计，将专利申请称为专利，或者未经许可使用他人的专利号，使公众将所涉及的技术或者设计误认为是专利技术或者专利设计；(4) 伪造或者变造专利证书、专利文件或者专利申请文件；(5) 其他使公众混淆，将未被授予专利权的技术或者设计误认为是专利技术或者专利设计的行为。

专利权终止前依法在专利产品、依照专利方法直接获得的产品或者其包装上标注专利标识，在专利权终止后许诺销售、销售该产品的，不属于假冒专利行为。

(三) 侵犯专利权的法律责任

未经专利权人许可，实施其专利，即侵犯其专利权，引起纠纷的，由当事人协商解决；不愿协商或者协商不成的，专利权人或者利害关系人可以向人民法院起诉，也可以请求管理专利工作的部门处理。侵犯专利权应承担的责任包括民事责任、行政责任和刑事责任三种。

1. 民事责任

侵犯他人专利权的行为人应当承担的民事责任形式主要有停止侵害、消除影响和赔偿损失。

赔偿损失是一种普遍采用的救济措施。侵犯专利权的赔偿数额按照权利人因被侵权所受到的实际损失确定；实际损失难以确定的，可以按照侵权人因侵权所获得的利益确定。权利人的损失或者侵权人获得的利益难以确定的，参照该专利许可使用费的倍数合理确定。赔偿数额还应当包括权利人为制止侵权行为所支付的合理开支。权利人的损失、侵权人获得的利益和专利许可使用费均难以确定的，人民法院可以根据专利权的类型、侵权行为的性质和情节等因素，确定给予 1 万元以上 100 万元以下的赔偿。

但是，为生产经营目的使用、许诺销售或者销售不知道是未经专利权人许可而制造并售出的专利侵权产品，能证明该产品合法来源的，不承担赔偿责任。

2. 行政责任

专利管理机关在处理侵权纠纷时，可以采取责令侵权行为人改正、没收违法所得、罚款等行政处罚措施。根据《专利法》第 63 条的规定，假冒专利的，除依法承担民事责任外，由管理专利工作的部门责令改正并予公告，没收违法所得，可以并处违法所得 4 倍以下的罚款；没有违法所得的，可以处 20 万元以下的罚款。

3. 刑事责任

违反专利法或者侵犯专利权的行为情节严重，构成犯罪的，应承担刑事责任。根据专利法和刑法的规定，行为人应承担刑事责任的情形主要包括以下三种：

（1）假冒专利。根据《专利法》第 63 条的规定，假冒专利，构成犯罪的，依法追究刑事责任。《刑法》第 216 条规定，假冒他人专利，情节严重的，处 3 年以下有期徒刑或者拘役，并处或者单处罚金。

（2）在专利申请中泄露国家机密。根据《专利法》第 71 条的规定，违反《专利法》第 20 条规定向外国申请专利，泄露国家秘密的，由所在单位或者上级主管机关给予行政处分；构成犯罪的，依法追究刑事责任。

（3）专利管理人员玩忽职守、滥用职权、徇私舞弊。根据《专利法》第 74 条的规定，从事专利管理工作的国家机关工作人员以及其他有关国家机关工作人员玩忽职守、滥用职权、徇私舞弊，构成犯罪的，依法追究刑事责任。

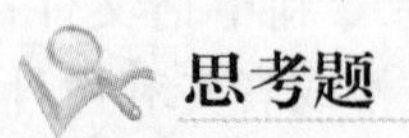

思考题

1. 专利法上的发明人应具备哪些条件？
2. 专利权人有哪些权利？
3. 侵犯专利权的行为有哪些？
4. 授予专利权的发明和实用新型应具备哪些条件？
5. 专利的强制许可种类有哪些？

案例分析

1. 中国和 A 国相互承认专利申请优先权的原则。A 国一公司（在中国无营业所）现有一外观设计发明，自其在 A 国第一次提出外观设计专利申请的 7 个月后，又在中国就相同主题提出外观设计专利申请。

问题：

（1）该 A 国公司是否可以主张优先权？为什么？

（2）如果该 A 国公司自向 A 国提出申请的 6 个月内向中国就相同主题提出申请，该公司在中国的专利权申请日如何确定？

2. 蓝开公司独立研制出一种“无线视频监控设备”，向国家知识产权局申请了实用新型专利，且依法获得了专利权。红达公司在蓝开公司申请专利之前就知道了该研究成果，与蓝开公司签订了有关该“无线视频监控设备”的技术保密协议。然而红达公司并未依约保密，而是在蓝开公司提出专利申请之日前 6 个月内，通过使用保密技术，生产销售“无线视频监控设备”产品，使得该技术因被泄漏而公开。在蓝开公司获得专利权之后，绿柏公司向专利复审委员会提交了宣告该专利权无效的请求书，主要理由是：在专利权人提出专利申请之日前，与该专利产品相同的产品就已在市场上公开销售，该产品的专利技术早已被公开。

问题：

（1）红达公司的行为是否导致“无线视频监控设备”实用新型的新颖性丧失？

（2）专利复审委员会应如何作出裁定？

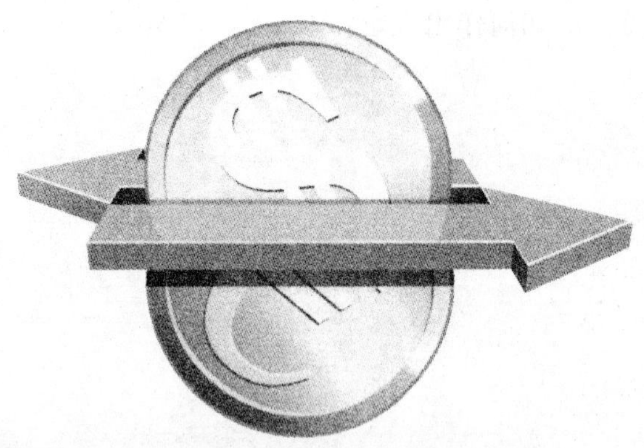

第五章　商标法

学习目标

通过本章的学习，应了解商标和商标法的概念与特征，进而掌握商标法的基本制度，特别是有关商标权的内容、商标权的限制和商标权的保护等制度。

第一节　商标概述

一、商标的概念

商标是指商品的生产经营者或者服务提供者使用于商品或服务上，由文字、图形、字母、数字、三维标志、颜色组合等或者这些要素的组合构成的，具有显著特征，易于识别的标志。商标具有区别经营者、指示质量、广告宣传等功能。例如，“娃哈哈”“乐百氏”“屈臣氏”，是不同生产者使用在其所生产的矿泉水这一商品上的标志，用以区别不同的矿泉水生产厂家，便于消费者认识和购买。

二、商标的分类

（一）注册商标和未注册商标

根据商标是否被主管部门核准注册，可以分为注册商标和未注册商标。注册商标是指由当事人申请，经国家商标主管机关审查核准，予以注册的商标。未注册商标是指其使用人未申请注册或者注册申请未被核准、未给予注册的商标。在我国，只有注册商标能够取得商标专用权，未注册商标的使用人不享有商标专用权，也不能禁止他人就同样的商标提起注册申请。

（二）商品商标和服务商标

根据商标使用对象的不同，商标可分为商品商标和服务商标。商品商标是生产经营者在生产、制造、加工、拣选或经销的有形商品上使用的标记，如可口可乐商标。服务商标是服务业经营者在其提供的服务项目上使用的标记，如“爆肚冯”“烤肉季”。

（三）平面商标和立体商标

平面商标指以文字、图形或者文字、图形组合而成的标志。平面商标包括文字商标、图形商标和文字、图形组合而成的商标等。平面商标是最为常见的商标类型。立体商标指以商品形状或者其容器、包装的形状构成的三维标志。例如，可口可乐的饮料瓶和麦当劳的金黄色“M”，就是立体商标。

（四）集体商标和证明商标

集体商标是指工商业团体或其他行业组织依据共同制定的章程进行注册并由全体成员共同使用，以表明使用者在该组织中的成员资格的商标。如“龙口粉丝”“南京盐水鸭”。证明商标是指由对某种商品或者服务具有检测和监督能力的组织注册，而由注册人之外的单位或个人使用于其商品或者服务，用以证明该商品或者服务的原产地、原料、制造方法、质量或者其他特定品质的标志。例如，纯羊毛标志、绿色食品标志等，都是市场上常见的证明商标。

根据《商标法》的规定，申请人可以以地理标志作为集体商标或者证明商标进行注册。地理标志是指指示某商品来源于某地区，该商品的特点、质量、信誉或者其他特征，主要由该地区的自然因素或者人文因素所决定的标志。例如，高邮咸鸭蛋、吐鲁番葡萄、凤县大红袍等。

三、商标的构成条件

（一）具有显著特征，便于识别

商标的显著性可以通过两种方式获得：

（1）商标本身具有显著性，即商标所使用的文字、图形、字母、数字、三维标志或颜色的组合等新颖、醒目，富有个性，与指定使用的商品没有直接联系，可以起到区别商品和服务的作用。例如，“柯达”“索尼”等都是本身具有显著性的商标，能够直接作为商标注册。

（2）通过长期的使用获得商标的显著性。这种商标本身不具有显著性，但经过长时间使用，使得消费者事实上已经将该标记同特定的商品联系在一起，则该商标就被认为起到了区别商品和服务来源的作用，从而获得了显著性，也可以作为商标注册。

（二）不得与他人在先取得的合法权利相冲突

作为商标的标志可以涉及他人的著作权、肖像权等权利，法律对这些权利同样给予保护，因此要求作为商标的标志不得与他人在先取得的权利相冲突。在先取得的合法权利，是指在商标注册申请人提出商标注册申请以前，他人已经依法取得或者依法享有并受法律保护的权利。通常包括著作权、专利权、姓名权、肖像权、商号权、地理标志权、域名权等权利。

（三）不得违反法律的禁止性规定

商标法对于商标标志的禁止性规定有两种，一种是不得作为商标使用的标志，另一种是不得作为商标注册的标志。对于第二种标志而言，虽然不得作为商标注册的标志，却可以作为商标使用，倘若通过使用取得了显著特征，并且便于识别，则可以作为商标注册。

根据《商标法》第 10 条的规定，下列标志不得作为商标使用：

（1）同中华人民共和国的国家名称、国旗、国徽、国歌、军旗、军徽、军歌、勋章等相同或者近似的，以及同中央国家机关的名称、标志、所在地特定地点的名称或者标志性建筑物的名称、图形相同的；

（2）同外国的国家名称、国旗、国徽、军旗等相同或者近似的，但经该国政府同意的除外；

（3）同政府间国际组织的名称、旗帜、徽记等相同或者近似的，但经该组织同意或者不易误导公众的除外；

（4）与表明实施控制、予以保证的官方标志、检验印记相同或者近似的，但经授权的除外；

（5）同“红十字”“红新月”的名称、标志相同或者近似的；

（6）带有民族歧视性的；

（7）带有欺骗性，容易使公众对商品的质量等特点或者产地产生误认的；

(8) 有害于社会主义道德风尚或者有其他不良影响的；

(9) 县级以上行政区划的地名或者公众知晓的外国地名，不得作为商标。但是，地名具有其他含义或者作为集体商标、证明商标组成部分的除外；已经注册的使用地名的商标继续有效。

根据《商标法》第11条、第12条的规定，下列标志不得作为商标注册：

(1) 仅有本商品的通用名称、图形、型号的；

(2) 仅直接表示商品的质量、主要原料、功能、用途、重量、数量及其他特点的；

(3) 其他缺乏显著特征的；

(4) 以三维标志申请注册商标的，仅由商品自身的性质产生的形状、为获得技术效果而需有的商品形状或者使商品具有实质性价值的形状。

其中，前三类标志经过使用取得显著特征，并便于识别的，可以作为商标注册。

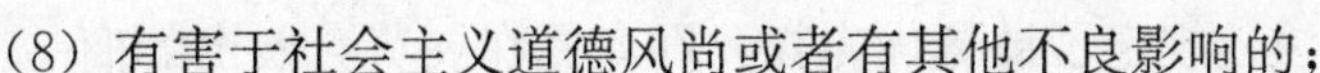

第二节　商标权的取得程序

一、商标注册的申请

(一) 商标注册的原则

1. 自愿注册原则

根据自愿注册原则，当事人是否申请商标注册，由商标使用人自己决定。但需要注意的是，自愿注册原则有其例外情况，法律、行政法规规定必须使用注册商标的商品，必须申请商标注册。例如，烟草制品就必须使用注册商标，未经核准注册的，不得在市场上销售。

2. 先申请原则

两个或两个以上商标注册申请人先后就同一种商品或者类似商品，以相同或类似的商标申请注册的，商标局对申请在先者予以审核和公告，并驳回其他人的申请。申请先后的确定以申请日为准，申请日的确定以商标局收到的申请文件为准。如果申请人是同一天提出申请的，则以使用在先原则作为补充。如果同一天使用或者均未使用的，则双方自收到商标局通知之日起自行协商，并将书面协议报送商标局；不愿协商或协商不成的，抽签解决。商标局已经通知但申请人未参加抽签的，视为放弃申请。

3. 优先权原则

商标注册申请的优先权，是指商标注册申请人在外国第一次提出商标注册申请之日起6个月内，若向中国提出同样申请的，将优先于他人在该申请日后提出的申请，取得申请在先的地位。《商标法》第25条规定：商标注册申请人自其商标在外国第一次提出商标注册申请之日起6个月内，又在中国就相同商品以同一商标提出商标注册申请的，依照该外国同中国签订的协议或者共同参加的国际条约，或者按照相互承认优先权的原则，可以享有优先权。

除了申请优先权，我国商标法还规定了展览优先权，即商标在展览会展出的商品上首次使用的，可以享有优先权。《商标法》第 26 条规定：商标在中国政府主办的或者承认的国际展览会展出的商品上首次使用的，自该商品展出之日起 6 个月内，该商标的注册申请人可以享有优先权。

（二）商标注册申请人

根据《商标法》第 4 条、第 5 条的规定，商标注册申请人可以是自然人、法人或者其他组织。两个以上的自然人、法人或者其他组织可以共同向商标局申请注册同一商标，共同享有和行使该商标专用权。

如果是集体商标或者证明商标，则有关法规要求申请人必须是具有法人资格的组织。申请证明商标的，还应当是对某种商品或服务的特定质量具备检测和监督能力的机构。

（三）商标注册申请的代理

申请商标注册或者办理其他商标事宜，可以自行办理，也可以委托依法设立的商标代理机构办理。在中国没有经常居所地或者营业所的外国人或者外国企业，在中国申请商标注册或者办理其他商标事宜的，应当委托依法设立的商标代理机构。

商标代理机构应当遵循诚实信用原则，遵守法律、行政法规，按照被代理人的委托办理商标注册申请或者办理其他商标事宜；对在代理过程中知悉的被代理人的秘密，负有保密义务。委托人申请注册的商标可能存在商标法规定不得注册情形的，商标代理机构应当明确告知委托人。如果商标代理机构知道或者应当知道委托人申请注册的商标损害他人现在的在先权利或者属于以不正当手段抢先注册他人已经使用并已有一定影响的商标，不得接受其委托。商标代理机构除对其代理服务申请商标注册外，不得申请注册其他商标。

（四）申请文件

申请商标注册，应当依照公布的商品和服务分类表按类申请。需要提交的申请文件有申请书、商标图样和证明文件。商标注册申请等有关文件，可以以书面方式或者数据电文方式提出。商标注册申请人可以通过一份申请就多个类别的商品申请注册同一商标。

每一件商标注册申请应当向商标局提交《商标注册申请书》1 份、商标图样 1 份；以颜色组合或者着色图样申请商标注册的，应当提交着色图样，并提交黑白稿 1 份；不指定颜色的，应当提交黑白图样。以三维标志申请注册商标的，应当在申请书中予以声明，说明商标的使用方式，并提交能够确定三维形状的图样，提交的商标图样应当至少包含三面视图。以颜色组合申请注册商标的，应当在申请书中予以声明，说明商标的使用方式。以声音标志申请商标注册的，应当在申请书中予以声明，提交符合要求的声音样本，对申请注册的声音商标进行描述，说明商标的使用方式。对声音商标进行描述，应当以五线谱或者简谱对申请用作商标的声音加以描述并附加文字说明；无法以五线谱或者简谱描述的，应当以文字加以描述；商标描述与声音样本应当一致。申请注册集体商标、证明商标的，应当在申请书中予以声明，并提交主体资格证明文件和使用管理规则。商标为外文或者包含外文的，应当说明含义。

与申请书同时提交的证明文件有自然人身份证、法人营业执照副本或者登记机关颁发的证件。商标注册申请人的名义与所提交的证明文件应当一致。

当事人委托商标代理机构申请商标注册或者办理其他商标事宜，应当提交代理委托

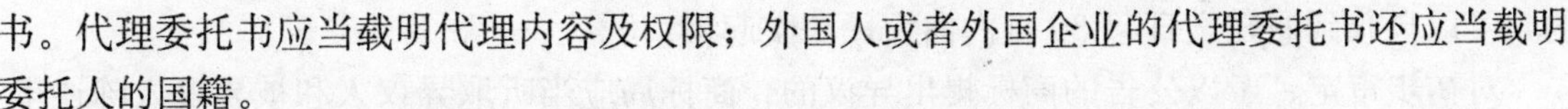

书。代理委托书应当载明代理内容及权限；外国人或者外国企业的代理委托书还应当载明委托人的国籍。

为申请商标注册所申报的事项和所提供的材料应当真实、准确、完整。

二、商标注册申请的审查与核准

（一）申请日的确定

申请日是确定商标权归属的法律依据。根据《商标法实施条例》第18条的规定，商标注册的申请日期，以商标局收到申请文件的日期为准。申请人享有优先权的，以优先权日为申请日。

申请手续基本齐备或者申请文件基本符合规定，但是需要补正的，商标局通知申请人予以补正，限其自收到通知之日起30日内，按照指定内容补正并交回商标局。在规定期限内补正并交回商标局的，保留申请日期；期满未补正的或者不按要求进行补正的，商标局不予受理并书面通知申请人。

（二）商标注册申请的审查

商标注册申请的审查包括形式审查和实质审查两个方面。形式审查是商标局在收到注册申请后，对申请文件、申请人资格等作出的审查。实质审查是对商标是否具备注册条件的审查，由商标局就其是否具有显著性、是否含有禁止性内容以及是否与他人注册商标相混同等事项，进行审查并作出判断。

（三）初步审定和公告异议

商标局对受理的商标注册申请，应当自收到商标注册申请文件之日起9个月内审查完毕，对符合《商标法》及其实施条例各项规定的，予以初步审定公告。公告的目的在于征询公众的意见，协助商标局进行审查。对不符合规定的，予以驳回，书面通知申请人并说明理由。

对初步审定的商标，自公告之日起3个月内，任何人均可以提出异议。

（四）核准注册

公告后3个月内无人提出异议的，或者有人提出异议但经审查异议不成立的，予以核准注册，发给商标注册证，并予公告。核准注册日是商标注册申请人取得商标专用权的时间，申请人自核准注册之日起成为商标权人。经裁定异议不能成立而核准注册的，商标注册申请人取得商标专用权的时间自初审公告3个月期满之日起计算。

（五）商标复审

商标复审，是指商标评审委员会依照商标法的规定审理有关商标争议事宜。商标复审包括对驳回商标注册申请的复审、对异议的复审、对宣告无效的复审与对撤销的复审四种。

对驳回申请、不予公告的商标，商标局应当书面通知商标注册申请人。商标注册申请人不服的，可以自收到通知之日起15日内向商标评审委员会申请复审，商标评审委员会应当自收到申请之日起9个月内作出决定，并书面通知申请人。有特殊情况需要延长的，经国务院工商行政管理部门批准，可以延长3个月。当事人对商标评审委员会的决定不服的，可以自收到通知之日起30日内向人民法院起诉。

对初步审定、予以公告的商标提出异议的，商标局应当听取异议人和被异议人陈述事实和理由，经调查核实后，自公告期满12个月内作出是否准予注册的决定，并书面通知异议人和被异议人。有特殊情况需要延长的，经国务院工商行政管理部门批准，可以延长6个月。商标局作出准予注册决定的，发给商标注册证并予公告。商标局作出不予注册决定，被异议人不服的，可以自收到通知之日起15日内向商标评审委员会申请复审。商标评审委员会应当自收到申请之日起12个月内作出复审决定，并书面通知异议人和被异议人。有特殊情况需要延长的，经国务院工商行政管理部门批准，可以延长6个月。被异议人对商标评审委员会的决定不服的，可以自收到通知之日起30日内向人民法院起诉。人民法院应当通知异议人作为第三人参加诉讼。

对商标局宣告注册商标无效的决定或者对商标局撤销注册商标决定不服的，当事人可以自收到通知之日起15日内向商标评审委员会申请复审。商标评审委员会应当自收到申请之日起9个月内作出决定，并书面通知当事人。有特殊情况需要延长的，经国务院工商行政管理部门批准，可以延长3个月。当事人对商标评审委员会的决定不服的，可以自收到通知之日起30日内向人民法院起诉。

第三节　商标权

一、商标权的内容

商标权是注册商标所有人对注册商标进行支配的权利。其具体内容包括：使用权、禁止权、转让权和许可权。

（一）使用权

使用权，是指注册商标所有人在核定使用的商品上使用核准注册的商标的权利。商标有很多种使用方式，例如，将商标用于商品、商品包装或者容器以及商品交易文书上，或者将商标用于广告宣传、展览以及其他商业活动中。使用权的行使必须符合法律规定，即必须在核准注册的商标和核定使用的商品上使用。

（二）禁止权

禁止权，是指商标所有人禁止任何第三人未经其许可在相同或类似商品上使用与其注册商标相同或近似的商标的权利。禁止权的效力范围大于使用权的效力范围，它不仅包括与核准注册的商标、核定使用的商品相同的商标或商品，而且可以扩大到近似商标和类似商品上。

其中商标相同，是指任何第三人的商标和商标所有人的注册商标相比较，二者在视觉上基本无差别。商标相似，是指任何第三人的商标和商标所有人的注册商标相比较，其文字的字形、读音、含义或者图形的构图及颜色，或者其各要素组合后的整体结构相似，或者其立体形状、颜色组合相似，易使相关公众对商品的来源产生误认或者认为其来源与该

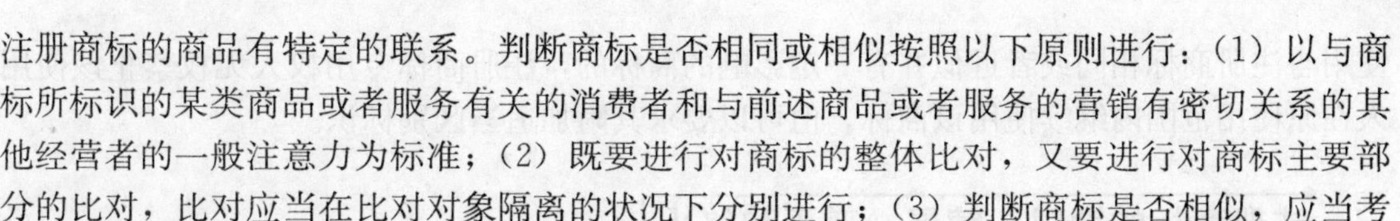

注册商标的商品有特定的联系。判断商标是否相同或相似按照以下原则进行：（1）以与商标所标识的某类商品或者服务有关的消费者和与前述商品或者服务的营销有密切关系的其他经营者的一般注意力为标准；（2）既要进行对商标的整体比对，又要进行对商标主要部分的比对，比对应当在比对对象隔离的状况下分别进行；（3）判断商标是否相似，应当考虑请求保护注册商标的显著性和知名度。

（三）转让权

转让权，是指商标权人有权将其所有的注册商标转让给他人。转让注册商标应当签订转让协议，并由转让人与受让人共同向商标局提出申请。受让人应当保证使用该注册商标的商品质量。转让注册商标的，商标注册人对其在同一种商品上注册的近似的商标，或者在类似商品上注册的近似的商标，应当一并转让。未一并转让的，由商标局通知其限期更正；期满未更改的，视为放弃转让该注册商标的申请。对容易导致混淆或者有其他不良影响的转让，商标局不予核准，书面通知申请人并说明理由。注册商标转让经商标局核准并公告，受让人自公告之日起享有商标专用权。注册商标转让不影响转让前已经生效的商标使用许可合同的效力，但商标使用许可合同另有约定的除外。

（四）许可权

许可权，是指商标权人可以通过签订使用许可合同，许可他人使用注册商标。经许可使用他人的注册商标的，必须在使用该注册商标的商品上标明被许可人的名称和商品产地。许可人应当监督被许可人使用其注册商标的商品的质量，被许可人应当保证使用该注册商标的商品质量。

许可他人使用其注册商标的，许可人应当将其商标许可使用报商标局备案，由商标局公告，但除当事人另有约定外，备案不是许可合同的生效条件。未在商标局备案的，不得对抗善意第三人。

我国《商标法》中规定的商标许可包括以下三类：（1）独占许可权，是指商标注册人在约定的期间、地域和以约定的方式，将该注册商标仅许可一个被许可人使用，商标注册人依约定不得使用该注册商标；（2）排他使用许可，是指商标注册人在约定的期间、地域和以约定的方式，将该注册商标仅许可一个被许可人使用，商标注册人依约定可以使用该注册商标但不得另行许可他人使用该注册商标；（3）普通使用许可，是指商标注册人在约定的期间、地域和以约定的方式，许可他人使用该注册商标，并可自行使用该注册商标和许可他人使用该注册商标。

二、商标权的限制

注册商标中含有的本商品的通用名称、图形、型号，或者直接表示商品的质量、主要原料、功能、用途、重量、数量及其他特点，或者含有的地名，注册商标专用权人无权禁止他人正当使用。

三维标志注册商标中含有的商品自身性质产生的形状、为获得技术效果而需有的商品形状或者使商品具有实质性价值的形状，注册商标专用权人无权禁止他人正当使用。

商标注册人申请商标注册前，他人已经在同一种商品或者类似商品上先于商标注册人使用与注册商标相同或者近似并有一定影响的商标的，注册商标专用权人无权禁止该使用人在原使用范围内继续使用该商标，但可以要求其附加适当区别标识。

三、注册商标的期限、续展、变更和终止

（一）注册商标的期限和续展

注册商标的有效期为10年，自核准注册之日起计算。注册商标有效期满，需要继续使用的，应当在期满前12个月内按照规定办理续展手续；在此期间未能办理的，可以给予6个月的宽展期。每次续展注册的有效期为10年，自该商标上一届有效期满的次日起计算。期满未办理续展手续的，注销其注册商标。续展注册经核准后，予以公告。

（二）注册商标的变更

注册商标需要变更注册人的名义、地址或者其他注册事项的，应当向商标局提出变更申请。

变更商标注册人名义的，还应当提交有关登记机关出具的变更证明文件。商标局核准的，发给商标注册人相应证明，并予以公告；不予核准的，应当书面通知申请人并说明理由。变更商标注册人名义或地址的，商标注册人应当将其全部注册商标一并更改。

（三）注册商标的终止

注册商标的终止，是指由于法定事由的发生，注册商标所有人丧失其商标权，法律不再对该注册商标给予保护。根据我国《商标法》的规定，注册商标因注销、撤销或者被宣告无效而终止。

1. 注册商标因注销而终止

注销是指注册商标所有人自动放弃注册商标或商标局依法取消注册商标的程序。商标权可以自动放弃，商标注册人申请注销其注册商标或者注销其商标在部分指定商品上的注册的，应当向商标局提交商标注销申请书，并交回原《商标注册证》。注册商标法定期限届满，未申请续展或申请续展未获批准的，也需要注销该注册商标。

2. 注册商标因撤销而终止

撤销是指商标主管机关或商标仲裁机构对违反商标法有关规定的行为予以处罚，使注册商标专用权归于消灭的程序。根据《商标法》的规定，撤销事由主要有以下两种情况：

（1）商标注册人在使用注册商标的过程中，自行改变注册商标或者自行改变注册人名义、地址或者其他注册事项的，经地方工商行政管理部门责令限期改正，期满不改正的，由商标局撤销其注册商标。

（2）注册商标成为其核定使用的商品的通用名称或者没有正当理由连续3年不使用的，任何单位或者个人可以向商标局申请撤销该注册商标。商标局应自收到申请之日起9个月内作出决定，有特殊情况需要延长的，经国务院工商行政管理部门批准，可以延长3个月。

被撤销的注册商标，由商标局予以公告，该注册商标自公告之日起终止。

3. 注册商标因被宣告无效而终止

被宣告无效是指因发生法定事由，由商标局宣告该注册商标无效或者经其他单位或个人请求商标评审委员会宣告该注册商标无效。

（1）注册商标被宣告无效的事由。

根据我国《商标法》第 44 条、第 45 条的规定，注册商标被宣告无效的事由主要有：

1）因注册不当而被宣告无效。已经注册的商标，违反《商标法》第 10 条、第 11 条、第 12 条规定的，或者是以欺骗手段或者其他不正当手段取得注册的，由商标局宣告该注册商标无效；其他单位或个人可以请求商标评审委员会宣告该注册商标无效。

2）因侵犯他人权益而被宣告无效。根据《商标法》第 45 条的规定：已经注册的商标，违反《商标法》第 13 条第 2 款和第 3 款、第 15 条、第 16 条第 1 款、第 30 条、第 31 条、第 32 条规定的，自商标注册之日起 5 年内，在先权利人或者利害关系人可以请求商标评审委员会裁定宣告该注册商标无效。对恶意注册的，驰名商标所有人不受 5 年的时间限制。

（2）注册商标被宣告无效的法律后果。

被宣告无效的注册商标，由商标局予以公告，商标权视为自始不存在。宣告无效前人民法院作出并已执行的商标侵权案件的判决、裁定、调解书和工商行政管理部门作出并已执行的商标侵权案件的处理决定，以及已经履行的商标转让或者使用许可合同，不因注册商标被宣告无效而受影响。但是，因商标注册人的恶意给他人造成的损失，应当给予赔偿。

四、商标权的保护

（一）商标权的保护范围

《商标法》第 56 条规定："注册商标的专用权，以核准注册的商标和核定使用的商品为限。"这一规定表明商标法对注册商标专用权的保护有很强的确定性，以登记注册的事项为准。超出核定范围的商品或者改变核准注册的商标形态的使用行为，法律不予保护。如果注册商标需要在核定使用范围之外的商品取得商标权的，应当另行提出注册申请。

（二）侵犯商标专用权的行为

（1）未经注册商标注册人的许可，在同一种商品或者类似商品上使用与注册商标相同或者近似的商标，容易导致混淆的。

（2）销售侵犯注册商标专用权的商品，但是销售不知道是侵犯注册商标专用权的商品，且能证明该商品是自己合法取得的并说明提供者的，不承担赔偿责任。

（3）伪造、擅自制造他人注册商标标识或者销售伪造、擅自制造的注册商标标识。

（4）未经商标注册人同意，更换其注册商标并将该更换商标的商品又投入市场的。

（5）故意为侵犯他人注册商标专用权行为提供仓储、运输、邮寄、隐匿、经营场所等便利条件，帮助他人实施侵犯商标专用权行为的。

（6）给他人的商标权造成其他损害的行为，主要有：1）在同一种或类似商品上将与他人注册商标相同或近似的文字、图形作为商品名称或商品装潢使用，误导公众的；2）将与他人注册商标相同或者近似的文字作为企业的字号在相同或者类似的商品上突出使用，容易使相关公众产生误认的；3）复制、摹仿、翻译他人注册的驰名商标或者其主要部分在不相同或者不相类似的商品上作为商标使用，误导公众，致使该驰名商标注册人的利益可能受到损害的；4）将与他人注册商标相同或者近似的文字注册为域名，并且通过该域名进行相关商品交易的电子商务，容易使相关公众产生误认的。

（三）侵犯商标专用权的法律责任

侵犯商标权应承担的法律责任分为民事责任、行政责任和刑事责任。

1. 民事责任

商标专用权遭受侵害的，商标注册人有权要求侵权人承担停止侵害、排除妨害、消除影响、赔偿损失、消除危险等民事责任。

侵犯商标专用权的赔偿数额，应依照权利人因被侵权所受到的实际损失确定，实际损失难以确定的，可以按照侵权人在侵权期间因侵权所获得的利益确定；权利人的实际损失或者侵权人获得的利益难以确定的，参照该商标许可使用费的合理倍数确定。对恶意侵犯商标专用权，情节严重的，可以在按照上述方法确定数额的1倍以上3倍以下确定数额。权利人为制止侵权行为所支付的合理开支，如权利人或委托代理人对侵权行为进行调查、取证的费用，应计算在赔偿数额内。侵权人因侵权所得利益、被侵权人因被侵权所受损失、注册商标许可使用费难以确定的，由人民法院根据侵权行为的情节判决给予300万元以下的赔偿。

2. 行政责任

对于侵犯商标专用权的行为，被侵权人可向侵权人所在地或侵权行为地县级以上工商机关控告或检举。工商行政管理机关依照《商标法》及其他相关规定查处侵犯商标专用权的行为。

工商行政管理部门认定侵权行为成立的，可采取责令立即停止侵权行为，没收、销毁侵权商品和主要用于制造侵权商品、伪造注册商标标识的工具，并可处以罚款，以制止侵犯商标权的行为。对5年内实施2次以上商标侵权行为或者有其他严重情节的，应当从重处罚。销售不知道是侵犯注册商标的商品，能证明该商品是自己合法取得并说明提供者的，由工商行政管理部门责令停止销售。

在查处商标侵权案件过程中，对商标权属存在争议或者权利人同时向人民法院提起商标侵权诉讼的，工商行政管理部门可以中止案件的查处。中止原因消除后，应当恢复或者终结案件查处程序。

3. 刑事责任

根据《商标法》第67条和《刑法》第213条、第214条、第215条的规定，侵犯注册商标专用权构成犯罪的有：假冒注册商标罪；非法制造他人注册商标标识或销售非法制造注册商标标识罪；销售假冒注册商标商品罪。这些犯罪都是为牟取非法利益，故意违反商标法，严重侵犯商标注册人的合法权益，破坏社会经济正常秩序的行为，需要依法追究刑事责任。

五、驰名商标的认定和保护

（一）驰名商标的概念

驰名商标通常是指那些在市场享有较高声誉、为相关公众所熟知，并且有较强竞争力的商标。驰名商标依是否为注册商标，可分为注册的驰名商标和未注册的驰名商标。

(二) 驰名商标的认定

认定驰名商标的机关是商标局、商标评审委员会或者人民法院。商标局和商标评审委员会对依法行政过程中所涉及的争议商标是否驰名作出认定。人民法院在审理商标纠纷案件中，对涉案商标是否驰名依法认定。

根据《商标法》第 14 条的规定，认定驰名商标应当考虑下列因素：(1) 相关公众对该商标的知晓程度；(2) 该商标使用的持续时间；(3) 该商标的任何宣传工作的持续时间、程度和地理范围；(4) 该商标作为驰名商标受保护的记录；(5) 该商标驰名的其他因素。

(三) 对驰名商标的保护

1. 对未注册的驰名商标予以保护

一般而言，商标专用权的取得应通过注册程序，但是驰名商标专用权却可以通过使用而获得。根据《商标法》第 13 条第 2 款的规定，就相同或者类似商品申请注册的商标是复制、摹仿或者翻译他人未在中国注册的驰名商标，容易导致混淆的，不予注册并禁止使用。例如，如果肯德基这个驰名商标未在中国注册，也应当对其进行保护，禁止其他人在快餐或与快餐相似的商品上使用或注册相同或相似的商标，但是不禁止其他人在电脑或手机等不相同或不相似的产品上使用或注册。

其中，“容易导致混淆”，是指足以使相关公众对使用驰名商标和被诉商标的来源产生误认，或者足以使相关公众认为使用驰名商标和被诉商标的经营者之间具有许可使用、关联企业等特定联系。

2. 扩大驰名商标的保护范围

为了有效地保护驰名商标，许多国家的商标法都规定对驰名商标的保护范围要大于一般注册商标的保护范围。我国《商标法》第 13 条第 3 款也作出了扩大驰名商标保护范围的规定：就不相同或者不相类似商品申请注册商标是复制、摹仿或者翻译他人已经在中国注册的驰名商标，误导公众，致使该驰名商标注册人的利益可能受到损害的，不予注册并禁止使用。例如，如果实际上肯德基这个商标已经在中国注册，就要对其跨类保护，不仅禁止其他人在快餐或与快餐相似的商品上使用或注册相同或相似的商标，也禁止其他人在电脑或手机等不相同或不相似的产品上使用或注册该商标。

思考题

1. 商标的构成条件有哪些？
2. 简述商标注册的优先权原则。
3. 简述商标权的内容。
4. 简述驰名商标的认定条件。
5. 我国《商标法》对驰名商标规定了哪些特殊保护措施？

案例分析

1. 甲公司为其生产的座椅产品注册了“飞奔”商标，乙公司在甲注册前已经在其生

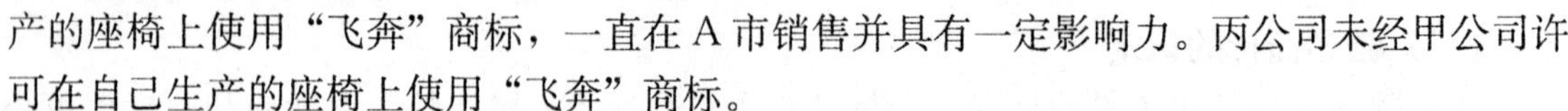

产的座椅上使用“飞奔”商标，一直在A市销售并具有一定影响力。丙公司未经甲公司许可在自己生产的座椅上使用“飞奔”商标。

问题：

（1）乙公司是否有权在其原生产、销售范围内，继续使用“飞奔”商标？为什么？

（2）丙公司的行为是否构成侵权？如果构成侵权，丙公司可能承担哪些责任？

（3）如果丁公司不知道丙公司无权使用该商标，以合理价格从丙公司处购买大量“飞奔”座椅并出售，丁公司是否可以继续销售“飞奔”座椅？

2. 甲服装公司的“lavender”注册商标被国家工商行政管理总局商标局认定为驰名商标。乙服装商行在其销售的服装产品中均使用带有“lavender”字样的标签和外包装袋。甲服装公司认为乙服装商行的上述行为侵犯了“lavender”注册商标专用权，于是向人民法院起诉。

问题：

（1）乙服装商行的行为是否构成侵权？为什么？

（2）假设“lavender”商标是未注册的驰名商标，某公司将“lavender”商标用在饮料商品上，是否构成侵权？为什么？

（3）在侵权人因侵权所获得的利益或者被侵权人因被侵权所受到的损失均难以确定的情况下，人民法院应如何确定侵权赔偿的数额？

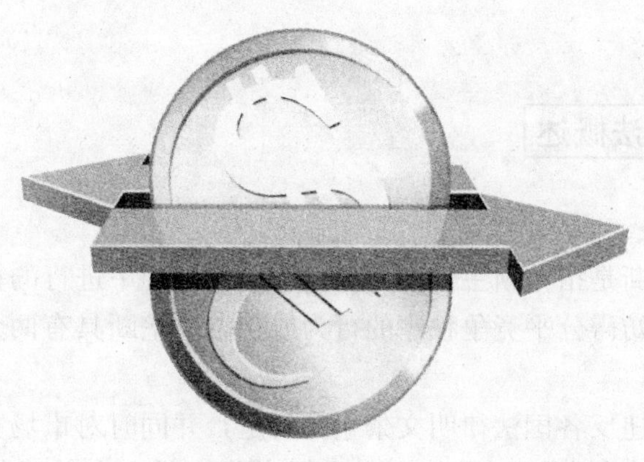

第六章　反垄断与反不正当竞争法

学习目标

通过本章的学习，应了解反垄断法与反不正当竞争法的立法概况，垄断、不正当竞争行为的概念和特征，垄断的分类。本章应当重点学习和掌握经济性垄断与行政性垄断的类型及相应的法律规制，不正当竞争行为的类型及认定。

第一节　反垄断法

一、垄断与反垄断法概述

（一）垄断的概念

法律意义上的垄断是指垄断主体在市场经济运行过程中进行的排他性控制或对市场竞争进行实质性限制、妨碍公平竞争秩序的行为或状态。垄断具有两个显著的特征，即违法性和危害性。

垄断行为一定是违反各国法律明文禁止的规定，并同时对市场竞争构成实质危害的行为或状态。有些限制竞争行为，虽然也对市场竞争构成一定的威胁，但是得到法律的豁免，或者有些企业虽然处于市场优势地位，但是尚未滥用这种优势，则不能列入反垄断法规制的范围。

（二）反垄断法概述

1. 反垄断法的概念

反垄断法是现代经济法的重要组成部分，是旨在规制市场中一系列独占市场、限制竞争、破坏市场竞争机制、损害社会公平利益行为的法律。世界上最早的反垄断立法是美国1890年颁布的《抵制非法限制与垄断保护贸易及商业法》（简称《谢尔曼法》）。反垄断法在不同国家有不同的称谓。在美国，反垄断法以反托拉斯为主要内容，称为《反托拉斯法》；德国反垄断法以规制企业联合组织（卡特尔）之间的协议为主，称为《卡特尔法》（也称《反对限制竞争法》）；日本则以反对私人垄断和限制竞争作为反垄断法的内容，称为《禁止私人垄断及确保公平交易的法律》。

2. 反垄断法的立法体例

反垄断法与反不正当竞争法同属于市场竞争规制的法律范畴，各国在处理二者之间的关系上，采取了两种不同的立法体例：分立式立法与合并式立法。前者对反垄断与反不正当竞争分别立法，这种模式以德国、韩国等国家为代表；后者将反垄断与反不正当竞争合并在一个法律之中，这种模式以俄罗斯、匈牙利等国家为代表。我国1993年颁布的《反不正当竞争法》采取了在重点规制反不正当竞争行为的同时，对部分垄断行为予以规制的做法，一度形成了我国混合式竞争立法的局面。2007年8月30日我国《反垄断法》正式颁布并于2008年8月1日起正式实施。至此，我国反垄断法与反不正当竞争法并立的体例最终形成。

3. 我国反垄断法的立法目的

根据我国反垄断法的规定，我国制定反垄断法的目的有以下几个方面：

（1）预防和制止垄断行为。垄断行为通常会排除、限制市场竞争，造成整体经济效率低下，破坏社会生产力的发展。反垄断法规定了垄断行为的种类、识别垄断行为的界限和标准，明确了违反反垄断法的法律责任，以期达到预防和制止垄断行为的目的。

(2) 保护市场公平竞争，提高经济运行效益。反垄断法通过禁止垄断行为，维护公平竞争环境，使社会资源得到最优化的配置，以提高整体经济效率，造福于全社会所有成员。

(3) 维护消费者利益。反垄断法通过保护竞争机制，遏制垄断行为，迫使经营者以最低的成本生产高质量的商品，使消费者可以购买到质优价廉的商品，提高了消费者的福利。

(4) 维护社会公共利益，促进社会主义市场经济健康发展。反垄断法所涉及的社会公共利益目标，包括促进国民经济发展、提高国内企业的国际竞争力、保护对外贸易等国家利益、社会就业、环境与资源保护等。

4. 反垄断法与反不正当竞争法的关系

反垄断法与反不正当竞争法同属于市场竞争规制的法律范畴，都以市场竞争关系与市场竞争管理关系为调整对象。保护市场竞争机制是二者共同的努力。同时，二者又存在很大差异。

首先，二者的具体立法目的不同。反垄断法的目的是维护市场竞争机制，保护多个经营者的经济行为自由，而不是直接地保护特定的竞争者。因此，反垄断法解决的是市场中有没有竞争的问题，而反不正当竞争法则主要解决市场中的不正当竞争的问题。

其次，二者具体规制的行为有所区别。反垄断法是从垄断行为的反竞争角度进行定性和规范的，因为垄断行为的性质是排斥竞争和限制竞争，企图达到独占或寡占的目的；而反不正当竞争法则是对存在竞争的情况下，运用违背商业道德和善良风俗的手段，打击正当经营的竞争对手的行为进行规制。在我国反垄断法出台之前，我国的反不正当竞争法根据中国的实际情况，规定了若干反对、排除、限制竞争的条款，对维护我国的市场竞争机制、保护市场竞争，起到了重要作用。反垄断法实施后，有关部门将对反不正当竞争法进一步梳理，涉及排除、限制竞争的问题将统一适用反垄断法。

5. 我国反垄断法的适用范围及规制对象

根据我国《反垄断法》第2条、第8条的规定，我国反垄断法主要适用于两类垄断行为：一是经营者的经济性垄断行为；二是行政机关和法律、法规授权的具有管理公共事务职能的组织滥用行政权力，排除、限制竞争的行政性垄断行为。

反垄断法所规制的经济性垄断行为，是指市场主体通过自身的力量设置市场进入障碍而形成的垄断，不仅包括经营者在我国境内经济活动中从事的垄断行为，也包括在我国境外发生的，对国内市场竞争产生排除、限制影响的垄断行为。如在外贸活动中，外国进口商在国外达成垄断协议，向我国国内进口产品，损害国内进口企业利益，影响国内市场价格的垄断行为。反垄断法所规范的经营者，是指从事商品生产、经营或者提供服务的自然人、法人和其他组织。行业协会不直接从事商品生产、经营或者提供服务，不属于反垄断法意义上的经营者。但是，由于行业协会具有影响经营者的能力，可能引导企业从事垄断行为，应当有所规制，因此，我国明确将行业协会纳入反垄断法的规范范围之内。

行政性垄断是指由政府行政机构设置的市场进入障碍而形成的垄断。在计划经济向市场经济转轨过程中，地方和部门保护主义就是典型的行政性垄断。行政性垄断在我国经济实践中长期普遍存在，不仅严重影响了市场竞争、妨害了经济的健康发展，而且损害了广大消费者的利益。因此，从我国的国情出发，我国反垄断法对行政机关和法律、法规授权的具有管理公共事务职能的组织滥用行政权力，排除、限制竞争的行为进行了规定。

6. 反垄断法的适用除外

反垄断法的适用除外，是指对特定行业、特定企业或特定行为不适用反垄断法的一种法律制度。适用除外的对象主要涉及对维护本国整体经济利益和社会公共利益有重大意义的行业或领域，以及对市场竞争关系影响不大，但对社会整体利益有益的限制竞争行为。基于经济发展及不同产业政策的需求，各国有关反垄断法适用除外情形的规定并不相同。我国反垄断法规定了两种适用除外的类型：

（1）经营者依照有关知识产权的法律、行政法规规定行使知识产权的行为，不适用反垄断法。但是，如果经营者滥用知识产权，排除、限制竞争，其行为将受到反垄断法的规制。

（2）农业生产者及农村经济组织在农产品生产、加工、销售、运输、储存等经营活动中实施的联合或者协同行为不适用反垄断法。这里所说的农业，既包括农产品种植业，也包括林业、畜牧业和渔业。农业属于不适合过度竞争的产业，世界上很多国家和国际组织不仅允许农业生产者订立限制竞争的协议，还往往规定最低保护价格，或由国家给予补贴，或由国家直接参与购销活动，以体现对农业的保护。如欧盟范围内绝大多数农产品是由欧盟统一管辖，并由欧盟内的成员国共同商定它们的最高价和最低价，实行出口补贴。

二、经济性垄断的法律规制

（一）垄断协议

1. 垄断协议的概念

垄断协议，是指排除、限制竞争的协议、决议或者其他协同行为。其中，“协议”是指两个或两个以上的经营者通过书面协议或者口头协议的形式，就排除、限制竞争的行为达成一致意见；“决议”是指企业集团或者其他形式的企业联合体以决议的形式实施的要求其成员企业共同实施的排除、限制竞争的行为；“其他协同行为”是指企业之间虽然没有达成书面或口头协议、决议，但相互进行了沟通，心照不宣地实施了协调的、共同的排除、限制竞争的行为。

2. 垄断协议的类型

（1）横向垄断协议，是指具有竞争关系的经营者之间达成的协议。具体包括：第一，固定或者变更商品价格。即企业与其他同类商品的竞争者联合制定或者共同维持或变更商品的销售或购买价格。这是最为严重的限制竞争行为。如 2002 年 5 月，某市煤气总公司等 7 家从事燃气经营的公司共同拟定了《××市区燃气行业自律协议书》等协议，约定该市燃气实行统一批发价、划分市场份额，抬高每瓶液化气销售价格。第二，限制商品的生产数量或者销售数量。如国际石油输出国组织成员国签署的限制生产协议，规定了一个统一的原油年开采量，各个成员国都不得随意提高产量，压低销售，以此来维护国际石油输出国组织各成员国的利益。第三，分割销售市场或者原材料采购市场。如甲与乙签订市场划分协议，约定甲选择大型客户作为销售对象，乙将其他客户作为自己的销售对象。市场

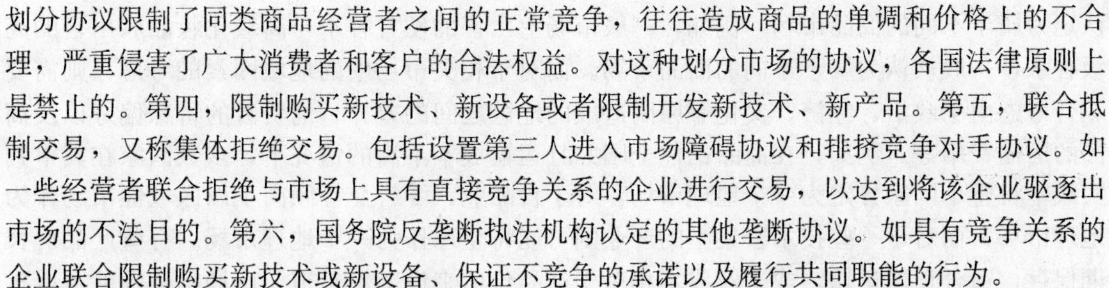

划分协议限制了同类商品经营者之间的正常竞争，往往造成商品的单调和价格上的不合理，严重侵害了广大消费者和客户的合法权益。对这种划分市场的协议，各国法律原则上是禁止的。第四，限制购买新技术、新设备或者限制开发新技术、新产品。第五，联合抵制交易，又称集体拒绝交易。包括设置第三人进入市场障碍协议和排挤竞争对手协议。如一些经营者联合拒绝与市场上具有直接竞争关系的企业进行交易，以达到将该企业驱逐出市场的不法目的。第六，国务院反垄断执法机构认定的其他垄断协议。如具有竞争关系的企业联合限制购买新技术或新设备、保证不竞争的承诺以及履行共同职能的行为。

（2）纵向垄断协议，是指经营者与交易相对人之间达成的协议。主要表现为：第一，固定向第三人转售商品的价格。如生产企业向批发商、零售商提供商品时，要求他们必须按照自己所定的价格来销售商品。第二，限定向第三人转售商品的最低价格。第三，国务院反垄断执法机构认定的其他垄断协议。

3. 垄断协议的豁免

垄断协议的豁免，是指经营者之间的协议、决议或者其他协同行为，虽然排除、限制了竞争，构成了垄断协议，但该类协议在其他方面所带来的好处要大于其对于竞争秩序的损害，因此，法律规定对其豁免，即排除适用反垄断法的规定。豁免制度是利益衡量的结果。

根据我国《反垄断法》第 15 条的规定，以下垄断协议予以豁免：（1）经营者为改进技术、研究开发新产品的；（2）为提高产品质量、降低成本、增进效率，统一产品规格、标准或者实行专业化分工的；（3）为提高中小经营者经营效率，增强中小经营者竞争力的；（4）为实现节约能源、保护环境、救灾救助等社会公共利益的；（5）因经济不景气，为缓解销售量严重下降或者生产明显过剩的；（6）为保障对外贸易和对外经济合作中的正当利益的；（7）法律和国务院规定的其他情形。

对于上述第 1 项至第 5 项情形予以豁免的，经营者要承担相应的举证责任，证明其所达成的协议不会严重限制相关市场的竞争，并且能够使消费者分享由此产生的利益。

（二）市场支配地位的滥用

1. 滥用市场支配地位的概念

滥用市场支配地位，是指居于支配地位的企业为维持或者增强其市场支配地位而实施的反竞争行为。所谓市场支配地位，是指经营者在相关市场内具有能够控制商品价格、数量或者其他交易条件，或者能够阻碍、影响其他经营者进入相关市场能力的市场地位。

“相关市场”是指经营者在一定时期内就特定商品或者服务（以下统称商品）进行竞争的商品范围和地域范围。在反垄断执法实践中，通常需要界定相关商品市场和相关地域市场。

对相关市场的界定，需要考虑它的商品、地域和时间三个因素。商品因素需要根据商品的性能、用途及价格，从消费者的角度考虑两个或两个以上的商品或者服务是否可以相互交换或者相互替代。例如，在一些国家和地区的案例中，作为消暑食品的雪糕和冰淇淋曾被认定为属于同一个商品市场；从维生素的特殊性能和不同用途出发，七种维生素曾被认为属于七个不同的商品市场。此外，若相同用途的商品价格相差过于悬殊时，也可能被认定为属于不同的商品市场。例如，一般市场上出售的便宜香水与高级化妆品店出售的高级香水，一般被认为属于不同的商品市场。而对于相关市场中的地域因素的考虑，则需要综合考虑由于政治、经济、文化等原因造成的地区之间的差异、消费者的特殊偏好以及商品的运输费用等。例如，在商品销往全国并且运输成本不高的情况下，多数国家在其审判实践中将整个国家界定为一个地理市场，对于食品业、零售业等倾向于以区域性市场作为地理市场，而对于一些技术密集型的产业则可能将全球作为一个地理市场。有些产品可长期保存，适合长途运输，或运输成本相对于产品价值来说微不足道，市场的范围就可以扩大到全国，如药品、汽车、音响设备、电器等。相反，有些产品原本就以地域市场为销售目标，如地方报纸；有些产品不适合长途长时间的运送，如鲜活、季节性产品；有些产品若长途运送则运费占产品价格比例太高，如水泥、砂石等。

“一定时期”则强调只有在足以对市场竞争状况造成影响的一定时期内持续存在的行为才可能构成垄断行为。

2. 滥用市场支配地位的表现形式

（1）以不公平的高价销售商品或者以不公平的低价购买商品。例如，某彩电企业利用其市场优势地位强迫 A 彩色显像管生产企业以超低价格将彩色显像管卖给自己。

（2）掠夺性定价行为。它是指处于市场支配地位的企业以排挤竞争对手为目的，持续地以低于成本的价格销售商品。低于成本的认定应当以个别成本为标准，只有在特殊的例外情况下才参考行业平均成本。下列合理的降价行为不属于限制竞争行为：销售鲜活商品，处理有效期限即将到期的商品或其他积压的商品，季节性降价，因清偿债务、破产、转产、歇业降价销售商品。

（3）拒绝交易行为。它是指无正当理由，拒绝与交易相对人进行交易。例如，制造商无正当理由拒绝向批发商或零售商销售商品，以此强迫批发商或零售商按照其规定的价格条件销售商品。这种行为不仅限制了该种商品的价格竞争，也会造成其他经营者进入该市场的障碍。

（4）独家交易行为。它是指处于市场支配地位的企业采取利诱、胁迫或其他不正当的方法，迫使其交易相对人违背自己的意愿只能与其进行交易或者只能与其指定的经营者进行交易。例如，在我国，有些跨国企业在销售旺季要求独占超市的推广权，威胁超市禁止销售其竞争对手的产品，否则将停止交易。

（5）搭售和附加不合理交易条件。它是指在商品交易过程中，拥有某种经济优势的一方利用自己的优势地位，在提供商品或服务时，强行搭配销售购买方不要或不愿意要的另一种商品或服务或者附加其他不合理条件的行为。例如，企业利用其优势地位，在销售优质、畅销产品时，搭配销售劣质、滞销产品；销售名牌产品时，搭配销售杂牌产品。

（6）歧视待遇行为。它是指处于市场支配地位的企业没有正当理由，对条件相同的交易对象提供不同的交易条件，致使有的交易对方处于不利的竞争地位。这里的“交易条件”包含价格、配件供给、交货速度、担保以及其他交易条件。其中价格歧视是歧视待遇中最常见的一种形式。例如，有些跨国公司为了攫取更高额的利润，其产品在中国的定价明显高于其他国家。

（7）国务院反垄断执法机构认定的其他滥用市场支配地位的行为。

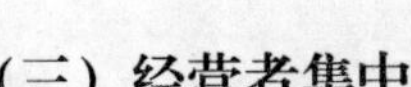

（三）经营者集中

1. 经营者集中的概念

经营者集中，又称企业合并、企业集中，是指两个或两个以上相互独立的企业合并为一个企业，或者企业之间通过取得股权或资产或通过合同等方式，使一个企业能够直接或间接控制另一个企业。

经营者集中可以形成一定的规模经济，同时也是实现市场力量集中的主要途径。经济力量过度集中会造成市场竞争主体数量减少，市场结构发生变化，使这些企业有可能利用市场的优势控制市场，对市场竞争机制发挥作用，从而产生不利影响。正因为如此，各国反垄断法都对经营者集中保持警惕，经营者集中也成为各国反垄断法规制的重要对象。

2. 经营者集中的形式

（1）经营者合并，是指两个或两个以上的企业通过订立合并协议，根据相关法律合并为一家企业的法律行为。经营者合并其实就是公司法意义上的企业合并。

（2）经营者通过取得股权或资产的方式取得对其他经营者的控制权。

（3）经营者通过合同等方式取得对其他经营者的控制权或者能够对其他经营者施加决定性影响。

3. 不予禁止的经营者集中

我国《反垄断法》第 28 条列举了对经营者集中不予禁止的两种情形：一种是集中对竞争产生的有利影响明显大于不利影响；另一种是集中符合社会公共利益。如集中有利于关系国家经济命脉和国家安全的行业的发展、促进就业、推动技术进步、增强国际竞争力等。同时，为了提高反垄断执法机构的审查效率，充分发挥经营者的积极性，《反垄断法》规定由经营者对上述情形予以举证。为了使集中对竞争的不利影响降低到最小的程度，充分保护和促进市场竞争，我国《反垄断法》第 29 条规定：对不予禁止的经营者集中，国务院反垄断执法机构可以决定附加减少集中对竞争产生不利影响的限制性条件。

三、行政性垄断的法律规制

（一）行政性垄断的概念与特征

行政性垄断是行政机关和法律、法规授权的具有管理公共事务职能的组织滥用行政权力限制竞争的行为。行政性垄断是在经济体制转轨的过程中，传统体制下的行政垄断与市场两股力量扭合在一起形成的新型垄断，本质上是一种“借行政权力，行市场行为”的垄断。

行政性垄断具有如下特征：（1）行政性垄断是地方政府或中央政府的行业主管部门利用行政权力形成的；（2）行政垄断的目的是保护地方经济利益或部门经济利益；（3）行政垄断的形式主要是指定交易和限制资源自由流通；（4）行政性垄断的后果是导致统一市场的人为分割及市场壁垒。

行政垄断导致地区封锁和部门割据，破坏了市场的统一和开放。此外，行政性垄断还侵害了市场主体的合法经营权，损害了消费者的利益。

（二）我国行政性垄断的表现形式

（1）行政机关和法律、法规授权的具有管理公共事务职能的组织滥用行政权力，实施地区封锁的限制竞争行为。具体表现为：

第一，滥用行政权力，实施下列行为，妨碍商品在地区之间的自由流通：1）对外地商品设定歧视性收费项目、实行歧视性收费标准，或者规定歧视性价格；2）对外地商品规定与本地同类商品不同的技术要求、检验标准，或者对外地商品采取重复检验、重复认证等歧视性技术措施，限制外地商品进入本地市场；3）采取专门针对外地商品的行政许可，限制外地商品进入本地市场；4）设置关卡或者采取其他手段，阻碍外地商品进入或者本地商品运出；5）妨碍商品在地区之间自由流通的其他行为。

第二，滥用行政权力，以设定歧视性资质要求、评审标准或者不依法发布信息等方式，排斥或者限制外地经营者参加本地的招标投标活动。例如，有的地方行政机关直接要求本地区的采购单位只能将采购项目交给属于本地区的单位，本地区以外的单位不能参与本地区采购项目的投标。

第三，滥用行政权力，采取与本地经营者不平等待遇等方式，排斥或者限制外地经营者在本地投资或者设立分支机构。例如，禁止或者限制外地企业对本地企业的收购，提高外地企业注册资本的标准，增加对外地企业资金来源及运用的审查次数等。

（2）行政机关和法律、法规授权的具有管理公共事务职能的组织滥用行政权力，限定或者变相限定单位或者个人经营、购买、使用其指定的经营者提供的商品。例如，某地民政部门利用办理结婚登记的权力限定办证申请人到指定的照相馆照相。

（3）行政机关和法律、法规授权的具有管理公共事务职能的组织滥用行政权力，强制经营者从事反垄断法规定的垄断行为。例如，地方政府在企业合并中通过“拉郎配”制造出大型企业，或要求地方企业集体抬高价格等。

（4）行政机关滥用行政权力，制定含有排除、限制竞争内容的规定。例如，地方政府及其所属部门以文件、会议纪要、规定或联合发文的形式，排除、限制竞争，阻碍商品在全国自由流通或阻碍企业的自由设立。

第二节　反不正当竞争法

一、反不正当竞争法概述

为保障社会主义市场经济健康发展，鼓励和保护公平竞争，制止不公平竞争，保护经营者和消费者的合法权益，我国于1993年通过并于同年12月1日开始实施《反不正当竞争法》。该法是我国第一部统一的竞争法律。为有效实施《反不正当竞争法》，国家工商行政管理局陆续发布了有关规章。例如，1993年12月的《关于禁止有奖销售活动中不正当竞争行为的若干规定》；1995年7月的《关于禁止仿冒知名商品特有的名称、包装、装潢的不正当竞争行为的若干规定》；1995年11月的《关于禁止侵犯商业秘密行为的若干规定》；1996年11月的《关于禁止商业贿赂行为的暂行规定》等。此外，在民法、公司法、知识产权法、药品管理法、食品安全法、产品质量法、消费者权益保护法、广告法、对外贸易法等法律、法规中，以及在我国参加的有关国际条约中，都有反不正当竞

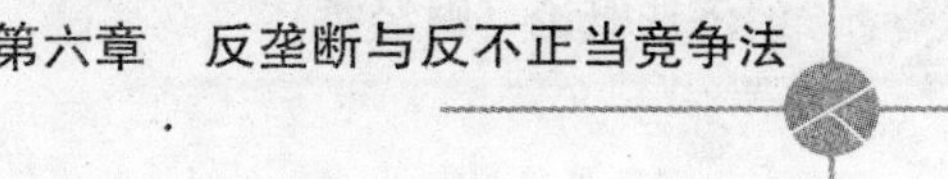

争的规定。

二、不正当竞争行为的概念与特征

（一）不正当竞争行为的概念

不正当竞争行为泛指经营者为了争夺市场竞争优势，违反公认的商业习俗和道德，采用欺诈、混淆等经营手段排挤或破坏竞争，扰乱市场经济秩序，并损害其他经营者和消费者合法权益的竞争行为。

（二）不正当竞争行为的特征

1. 不正当竞争行为是一种竞争行为

竞争像一把双刃剑，既会产生正当的竞争行为，也会有不正当竞争行为。不正当竞争行为为反不正当竞争法所禁止，但其竞争行为的本质并未改变。

2. 不正当竞争行为的主体为实施违法竞争行为的经营者

经营者是指从事商品经营和营利性服务的法人、其他经济组织和个人。在判断一个主体是否是反不正当竞争法规制的主体时，应当以该主体是否从事经营活动为标准，至于是否具有营利的目的在所不问。

3. 经营者实施了不正当竞争行为

不正当竞争行为具有违法性，如果竞争行为违反一国竞争法规定原则和具体规范，就应当确定为不正当竞争行为。竞争行为的“不当性”具有较大的主观判断性。在认定时，一方面可以比照反不正当竞争法所列举的具体的行为方式，另一方面，以违反商业道德为一般判断依据。

4. 不正当竞争行为具有社会危害性

不正当竞争行为不仅损害了守法经营者的合法权益，使守法经营者蒙受物质上与精神上的双重损害；还损害了潜在经营者的利益。此外，不正当竞争行为还会损害消费者的利益。因此，不正当竞争行为的危害性已经从经营者的私权和私益领域扩大到对公众利益的损害和对社会经济运行秩序的破坏。法律之所以把竞争行为从私法规制转而纳入具有公法性质的竞争法规制，正是说明了其社会危害性的本质特征。这也正是不正当竞争行为与一般的民事侵权行为和违约行为的区别所在。

三、不正当竞争行为的主要类型

（一）假冒混同行为

假冒混同行为是指经营者采取欺骗手段从事交易，使自己的商品或服务与特定竞争对手的商品或服务混淆，造成或足以造成购买者误认、误购的不正当竞争行为。该行为是最常见、最普遍的不正当竞争行为，它以制造假冒伪劣产品为突出特征。根据我国《反不正当竞争法》的规定，假冒混同行为包括：

1. 假冒他人注册商标的行为

假冒他人注册商标是指经营者未经注册商标所有人的许可，在同种或类似商品上擅自使用与注册商标相同或近似的商标，销售明知是假冒注册商标的商品或者伪造、擅自制造他人注册商标标识或者销售伪造、擅自制造注册商标标识，以引起他人误解，从中获取利益的行为。假冒商标行为是典型而严重的不正当竞争行为，为商标法和反不正当竞争法同时禁止。

在判断假冒商标与被假冒商标的相似性时，采用通体观察和比较主要部分原则。所谓的主要部分就是商标标识最显著、最醒目、最易引起购买者注意的部分。

2. 仿冒知名商品行为

广义上的仿冒行为包括对产品、质量、价格、广告以及一切代表企业商品或者企业商誉的外在标志的仿冒。狭义的仿冒行为仅指经营者在其商品或商品包装上对他人的注册商标、包装、装潢、名称、质量标志、产地等的仿冒行为。我国《反不正当竞争法》采用的是狭义的说法，即“擅自使用知名商品特有的名称、包装、装潢，或者使用与知名商品近似的名称、包装、装潢，造成和他人的知名商品相混淆，使购买者误以为是该知名商品的行为”。近年来，随着网络经济的发展，网站名称与域名都成为假冒混同的对象。此外，自然人的姓名、高等院校、科研院所和权威机构等的名称也成为某些不法经营者所仿冒的对象。因此，随着市场竞争的加剧，上述狭义上的规定已经不能适应全面维护竞争秩序的需要，需要加以修正。

（1）知名商品。

所谓知名商品，是指在市场上具有一定知名度、为相关公众所知悉的商品。人民法院认定知名商品，应当考虑该商品的销售时间、销售区域、销售额和销售对象，进行任何宣传的持续时间、程度和地域范围，作为知名商品受保护的情况等因素，进行综合判断。在不同地域范围内使用相同或者近似的知名商品特有的名称、包装、装潢，在后使用者能够证明其善意使用的，不构成不正当竞争行为。因后来的经营活动进入相同地域范围而使其商品来源足以产生混淆，在先使用者请求责令在后使用者附加足以区别商品来源的其他标识的，人民法院应当予以支持。

（2）知名商品特有的名称、包装、装潢。

所谓知名商品特有的名称、包装、装潢，是指商品的名称、包装、装潢不为相关商品所通用，并具有显著的区别商品来源的名称，为识别商品以及方便携带、储运而使用在商品上的包装，为识别与美化商品而在商品或包装上附加的文字、图案、色彩及其编排的组合。有下列情形之一的，人民法院不认定为知名商品特有的名称、包装、装潢：1）商品的通用名称、图形、型号；2）仅仅直接表示商品的质量、主要原料、功能、用途、重量、数量及其他特点的商品名称；3）仅由商品自身的性质产生的形状，为获得技术效果而需有的商品形状以及使商品具有实质性价值的形状；4）其他缺乏显著特征的商品名称、包装、装潢。

上述1）、2）、4）规定的情形经过使用取得显著特征的，可以认定为特有的名称、包装、装潢。

知名商品特有的名称、包装、装潢中含有本商品的通用名称、图形、型号，或者直接表示商品的质量、主要原料、功能、用途、重量、数量以及其他特点，或者含有地名，他人因客观叙述商品而正当使用的，不构成不正当竞争行为。

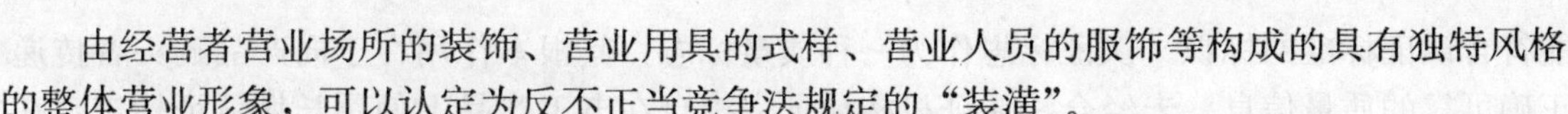

由经营者营业场所的装饰、营业用具的式样、营业人员的服饰等构成的具有独特风格的整体营业形象，可以认定为反不正当竞争法规定的“装潢”。

(3) 仿冒行为的认定标准。

第一，因仿冒行为被误导的主体。仿冒行为的目的在于使交易对方对其提供的商品或服务产生混淆或误解，从而接受其商品或服务，以此获得竞争优势。按照大多数国家的法律规定，对仿冒行为是否构成误解以“一般购买者施以普通注意力会发生误认”等综合分析进行认定。这里所说的“一般购买者”是指一般消费者。一般消费者既不是个别消费者，也不是所有的消费者，而是根据地域和购买对象确定的、具有普遍认识能力或者中等认识能力的消费者。

第二，仿冒商品与知名商品具有近似性。仿冒知名商品的行为若足以使相关公众对商品的来源产生误认，包括误认为与知名商品的经营者具有许可使用、关联企业关系等特定联系的，应当认定为造成了和他人的知名商品相混淆的后果。

在相同商品上使用相同或者视觉上基本无差别的商品名称、包装、装潢，应当视为足以造成和他人知名商品相混淆。认定与知名商品特有名称、包装、装潢近似，可以参照商标近似的判断原则和方法。即采取“隔离观察原则”，异时异地分别在总体上进行观察，如果仿冒品与被仿冒品的识别差别不易区分且在施以一般注意力时不免误认的，即可认定为近似。

第三，一般消费者加以普通注意时会对商品来源发生误解的，即为引人误解，无须对消费者课以高度注意的义务。“普通注意”是指非专业人员的注意或非特别的注意。同时，“引人误解”并不要求已经造成消费者误解的实际后果，只要足以造成消费者对商品来源的误认，即可构成不正当竞争。

3. 假冒他人的企业名称和他人姓名的行为

企业名称、商号以及个体经营者的姓名、字号等的专用权是企业和经营者所拥有的合法财产，代表了企业的外在形象，也关系到该经营者的商业信誉和商品、服务的声誉，对经营者和消费者都是至关重要的。各国都通过民事立法或企业名称登记管理制度确认姓名和企业名称、商号等专用权并对这些权利进行保护。经企业登记主管机关依法登记注册的企业名称，在中国境内进行商业使用的外国（地区）企业名称，以及具有一定的市场知名度、为相关公众所知悉的企业名称中的字号，均可以被认定为反不正当竞争法所规定的“企业名称”。如中华老字号“吴裕泰”“全聚德”“稻香村”等。

在商品经营中使用的自然人的姓名，具有一定的市场知名度、为相关公众所知悉的自然人的笔名、艺名等，都属于反不正当竞争法所规定的“姓名”。如杂交水稻之父袁隆平、著名作家王跃文等人的名字曾被不法经营者冒用。在中国境内进行商业使用，包括将企业名称或自然人的姓名用于商品、商品包装以及商品交易文书上，或者用于广告宣传、展览以及其他商业活动中，应当认定为反不正当竞争法所规定的“不正当使用”。

（二）虚假标示行为

虚假标示行为是指经营者在商品或其包装的标识上，对商品的认证标志、产地和其他质量因素作不真实的标注，欺骗购买者的不正当竞争行为。其表现有：

(1) 伪造或冒用认证标志及名优标志等质量标志。认证标志是指产品经法定的认证机构按规定的认证程序认证合格，准许在该产品及其包装上使用的表明该产品的有关质量性能符合认证标准的标识。认证标志作为一种质量标志，其根本作用在于向产品购买者传递正确可靠的质量信息。未经合法认证机构认证，擅自在电工产品上使用长城认证标志，在非绿色食品上印上绿色食品标志，或在普通质量商品上标上名优产品标志等，均为伪造、冒用认证标志或名优标志的表现。此外，经认证不合格的产品，擅自使用认证标志或认证被依法撤销后不及时停止使用认证标志的，也属于伪造或冒用认证标志。

（2）伪造产地。伪造产地即指伪造商品的原产地名称和原产地标志，包括商品的制造地、加工地、出产地或商品生产者的所在地。如将四川制作的火腿产地标为浙江金华，在中国制造的手表上标上“瑞士制造”等。

（3）对商品质量作引人误解的虚假标示。如在商品或其包装上对有关反映商品质量的内容，如品质、制作成分、性能、用途、价格、生产日期、有效期限、安全标准等作不真实的或引人误解的标注。

（三）虚假宣传行为

虚假宣传行为，是指经营者利用报刊、影视等宣传媒体或其他方法，对商品的质量、性能、用途、价格等或对服务的质量、方式等作出与事实不相符合的宣传，造成公众误解的行为。

1. 虚假的广告行为

如某些经营者浮夸乱吹，对商品的质量、成分、性能、用途等作夸大、虚假、具有欺骗性的广告。

2. 虚假的新闻报道

一些经营者利用公众对大众媒体的信任，在报纸、杂志、广播、电视上进行产品虚假宣传，而某些媒体和记者为了经济利益，违背职业道德，利用新闻报道的形式，发布变相广告。

3. 引人误解的广告宣传行为

引人误解的广告宣传行为是宣传者故意混淆含义，省略词句或模糊语义，使消费者在接受宣传信息时产生误解，从而影响他们的购买决策的行为。如“意大利真皮沙发”，消费者很容易理解为是意大利进口的真皮沙发，但实际上只是用意大利进口的真皮在国内制作的沙发。

经营者具有下列行为之一，足以造成相关公众误解的，可以认定为引人误解的虚假宣传行为：（1）对商品作片面的宣传或者对比的；（2）将科学上未定论的观点、现象等当作定论的事实用于商品宣传的；（3）以歧义性语言或者其他引人误解的方式进行商品宣传的。

以明显的夸张方式宣传商品，不足以造成相关公众误解的，不属于引人误解的虚假宣传行为。

人民法院应当根据日常生活经验、相关公众一般注意力、发生误解的事实和被宣传对象的实际情况等因素，对引人误解的虚假宣传行为进行认定。这里所说的“相关公众”，是指一般消费者或受广告影响的一般受众。只要一般大众受经营者宣传的影响而对其商品或服务产生误解，即可认为有关的商品宣传为虚假广告宣传行为。

4. 变相广告行为

变相广告是指那些虽然不采取商业广告的形式，但同样达到商业广告效果的行为。如

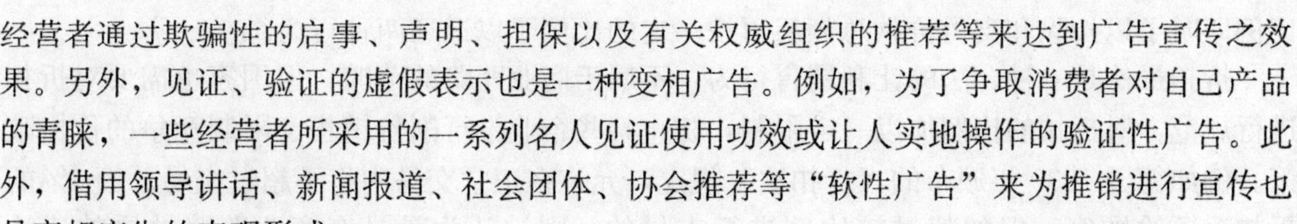

经营者通过欺骗性的启事、声明、担保以及有关权威组织的推荐等来达到广告宣传之效果。另外，见证、验证的虚假表示也是一种变相广告。例如，为了争取消费者对自己产品的青睐，一些经营者所采用的一系列名人见证使用功效或让人实地操作的验证性广告。此外，借用领导讲话、新闻报道、社会团体、协会推荐等“软性广告”来为推销进行宣传也是变相广告的表现形式。

（四）商业贿赂行为

1. 商业贿赂的概念

商业贿赂是指经营者在市场交易活动中，通过收买竞争对手的代表或其他能够影响市场交易的有关人员，以获取交易机会和竞争优势。

2. 商业贿赂的特征

（1）商业贿赂的行贿主体是经营者，受贿主体是作为交易相对人的经营者或其他对交易具有影响力的有关人员。如在我国大量发生的药品购销“回扣”中，受贿人有不少是交易双方行为以外的相关人员。

（2）主观上，行贿者的目的是借用商业贿赂手段促成交易或在交易中排挤同业竞争者，取得竞争优势。该行为必须发生在商业交易中，是经营者为获得不正当竞争优势而故意和自愿所实施的一种行为。被勒索或被胁迫而不得不给予交易对方财物者，实属无奈之举，主观上不具有商业贿赂的目的。

（3）商业贿赂是以不正当方式进行的行为。不正当的方式表现为向单位或单位的有关人员提供财物或其他利益。目前，商业贿赂的形式具有非货币化的倾向。

（4）商业贿赂行为具有违法性。表现为违反国家财务、会计及廉政等方面的法律、法规的规定，商业交易一方秘密给付对方财务或其他利益。这种支出与接纳都是通过隐秘的方式进行，通常采用不入账或伪造会计账册的形式进行掩盖。

3. 回扣

回扣是指经营者销售商品时在账外暗中以现金、实物或者其他方式退给对方单位或者个人的一定比例的商品价款。回扣是商业贿赂的典型形式。

回扣具有以下特征：

（1）回扣发生在市场交易的双方之间，是经营者销售商品时以现金、实物或者其他方式退给对方单位或者个人的一定比例的商品价款。其实质上是买方单位原来的财产，通过商品购销活动，迂回进入了买方单位的小金库或者个人的腰包。单位或个人收受回扣，实质上是逃避财务制度的约束，侵吞国有资产或集体财产。

（2）回扣是交易双方和有关人员故意进行的行为，给予和收取回扣都采取在账外暗中进行，是违反财政纪律和财务制度的违法行为。

（3）回扣的给予与收受是交易双方恶意串通，损害企业经营者的利益，中饱私囊的不正当行为，在客观上损害了其他经营者的合法利益，扰乱了公平竞争的秩序。

4. 商业贿赂与折扣、佣金

（1）折扣。

折扣是经营者在销售商品时，以明示并如实入账的方式给予对方的价格优惠，其实质为商品购销中的让利，属于正常的商业促销行为。折扣包括支付价款时对价款总额按一定比例即时予以扣除和支付价款总额后再按一定的比例予以退还两种行为。

折扣虽然是一种合法的让利销售行为，不属于商业贿赂的范畴，但国家也需要对折扣进行规范，对折扣的比例加以一定限制，防止某些企业推行削价销售、限制竞争的价格政策。例如德国1830年颁布的《折扣法》规定，允许在正常交易中将不超过交易总额3%的折扣返还给顾客。但如超过该比例进行支付的，则被认为是具有商业贿赂性质的违法行为。

（2）佣金。

佣金是指经营者在市场中给予为其提供服务的具有合法经营资格的中间人的劳务报酬。佣金是发生在经营者与中介人之间，而并非交易双方当事人之间的一种经济关系。经营者给中间人佣金的，必须如实入账。接受佣金的经营者必须如实入账。

收取佣金的中间人必须是有合法经营资格的中介机构，作为中间人，他既可以从买方处接受佣金，也可以从卖方处接受佣金，还可以接受双方给予的佣金。

（五）侵犯商业秘密行为

1. 商业秘密的概念

商业秘密是指不为公众所知悉，能为权利人带来经济效益、具有实用性并经权利人采取保密措施的技术信息和经营信息。

2. 商业秘密的特征

（1）秘密性。又称非公开性，是指该种信息不为公众所知悉，处于保密状态，一般人不易通过正当途径获得或探明。这是商业秘密最核心的特征。当然，商业秘密的非公开性只能是相对的，不能要求商业秘密是处于绝对的、完全的保密状态下。因为一项商业秘密在使用和管理中是无法避免在一定范围内或一定程度上向外界公开的。

在司法实践中，如果有关信息不为其所属领域的相关人员普遍知悉和容易获得，应当认定为《反不正当竞争法》第10条第3款规定的“不为公众所知悉”。具有下列情形之一的，可以认定有关信息不构成不为公众所知悉：1）该信息为其所属技术或者经济领域的人的一般常识或者行业惯例；2）该信息仅涉及产品的尺寸、结构、材料、部件的简单组合等内容，进入市场后相关公众通过观察产品即可直接获得；3）该信息已经在公开出版物或者其他媒体上公开披露；4）该信息已通过公开的报告会、展览等方式公开；5）该信息从其他公开渠道可以获得；6）该信息无须付出一定的代价而容易获得。

（2）权利人采取了合理的保密措施。只要权利人采取的保密措施，与商业秘密的商业价值等具体情况相适应，就应当认定为权利人采取了合理的“保密措施”。

在司法实践中，人民法院应当根据所涉信息载体的特性、权利人保密的意愿、保密措施的可识别程度、他人通过正当方式获得的难易程度等因素，认定权利人是否采取了保密措施。具有下列情形之一，在正常情况下足以防止涉密信息泄漏的，应当认定权利人采取了保密措施：1）限定涉密信息的知悉范围，只对必须知悉的相关人员告知其内容；2）对于涉密信息载体采取加锁等防范措施；3）在涉密信息的载体上标有保密标志；4）对于涉密信息采用密码或者代码等；5）签订保密协议；6）对于涉密的机器、厂房、车间等场所限制来访者或者提出保密要求；7）确保信息秘密的其他合理措施。

（3）经济实用性。是指商业秘密的使用可以为权利人带来经济上的利益，使权利人拥

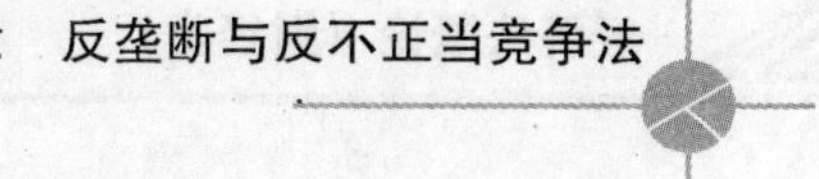

有比不知晓或不使用该商业秘密的同行业竞争者更有利的地位和竞争优势，从而能在竞争中领先取胜。商业秘密的经济性包括现实的经济利益和潜在的经济利益。

3. 侵犯商业秘密的行为

（1）以盗窃、利诱、胁迫或其他不正当手段获取权利人的商业秘密。例如，通过商业洽谈、合作开发研究、参观学习等机会套取、刺探他人的商业秘密等。

（2）披露、使用或允许他人使用以不正当手段获取的商业秘密，即将权利人的商业秘密向第三人透露或向不特定的其他人公开，使其失去秘密价值，或者非法使用他人商业秘密。需要指出的是，以非法手段获取商业秘密的行为人，如果将该秘密再行披露或使用，即构成双重侵权；倘若第三人从侵权人那里获悉了商业秘密而将秘密披露或使用，同样构成侵权。

（3）违反约定或违反权利人有关保守商业秘密的要求，披露、使用或允许他人使用其所掌握的商业秘密。

（4）第三人明知或应知商业秘密的来源不正当，但仍然获取、使用或者披露这种商业秘密。

通过自行开发研制或者反向工程等方式获得的商业秘密，不认定为反不正当竞争法规定的侵犯商业秘密行为。所谓反向工程，是指通过技术手段对从公开渠道取得的产品进行拆卸、测绘、分析等而获得该产品的有关技术信息。但是，如果当事人以不正当手段知悉了他人的商业秘密之后，又以反向工程为由主张获取行为合法的，该主张不能成立。例如，宋某自筹资金开办了一家机械配件厂。不久，他发现市场上销售一种新型煤气灶具，就购买了一台，利用在大学学到的机械知识和原理，将此灶具拆开研究，分析出该灶具的工艺流程和生产方法。宋某按照自己研究出来的技术方案自行生产了灶具。宋某是运用反向工程获取了原灶具的技术秘密。根据《最高人民法院关于审理不正当竞争民事案件应用法律若干问题的解释》的规定，该行为不属于不正当竞争。

（六）不正当有奖销售行为

1. 不正当抽奖式有奖销售

抽奖式有奖销售是销售方以抽奖等带有偶然性的方法决定购买方是否中奖，并提供奖品或奖金的销售方式。抽奖式销售是利用购买者贪便宜的心理推销商品，容易导致社会风气的衰退。至于利用有奖销售推销劣质产品更是为市场秩序所不允许。因此，各国对抽奖式有奖销售都有相应的规制措施和具体的规定，如德国《附赠法令》禁止以抽奖方式推销商品或服务；加拿大则禁止推销性的有奖销售，除非经过了一定的合法程序。

我国《反不正当竞争法》及相关规定禁止经营者实施以下不正当有奖销售行为：

（1）欺骗性有奖销售。如经营者对外诈称其商品为有奖销售，实则并未采取任何有奖销售或者只设小奖而不设大奖；或者故意将设有中奖标志的商品、奖券不投放市场或者不与商品、奖券同时投放市场，或故意让内定人员中奖等。

（2）利用有奖销售的手段推销质次价高的商品。

（3）巨额奖品的有奖销售。所谓巨奖是指抽奖的奖品、奖券超过法律规定的允许设奖的金额限度。允许设奖的金额限度各国规定不一。我国《反不正当竞争法》规定，抽奖式的有奖销售，最高奖的金额不得超过 5 000 元。若以非现金的物品或者其他经济利益作为奖励的，按照同期市场同类商品或者服务的正常价格折算其金额。国家工商总局在 1999 年 4 月 5 日发布的《关于有奖促销中不正当竞争行为认定问题的答复》中指出，在抽奖式有奖销售中，下列行为构成不正当竞争：1）经营者以超过 5 000 元的物品使用权作为奖励的，不论使用该物品的时间长短。2）经营者以提供就业机会、聘为各种顾问等名义，并以解决待遇、给付工薪等方式设置奖励，不论奖励现金、物品（包括物品使用权）或者其他经济利益，也不论是否要求中奖者承担一定义务，最高奖的金额（包括物品的价格、经济利益的折算）超过 5 000 元的。3）经营者单独或与有关单位联合利用社会福利彩票、体育彩票设置奖励推销商品，最高奖的金额超过 5 000 元的。

2. 不正当附赠式有奖销售

附赠式有奖销售，也称普遍有奖的销售，是指销售方向所有购买方提供赠送奖品或奖金，或者赠送有价凭证的销售行为。这种行为对消费者具有搭售的作用，容易误导消费者，对于竞争者或者赠品的供应商市场也可能造成妨碍竞争的影响。因此，大多数国家对附赠式有奖销售进行了规制，规定赠品只能限制在一定限度内。

（七）商业诽谤行为

1. 商业诽谤行为的概念

商业诽谤行为是指经营者通过捏造、散布虚伪事实等不正当手段，对竞争对手的商业信誉、商品信誉进行恶意的诋毁、贬低，以削弱其市场竞争能力，并为自己谋取不正当利益的行为。商业诽谤行为是一种典型的不正当竞争行为，为许多国家的反不正当竞争法所禁止。

2. 商业诽谤行为的构成要件

（1）商业诽谤行为的主体必须是具有竞争关系的经营者。商业诽谤行为的主体之间必须具有竞争关系，但不必是同业竞争关系。商业诽谤的被诽谤人既可以是特定的经营者，也可以是不特定的经营者。

（2）商业诽谤行为的对象为竞争对手的商业信誉或商品声誉。

（3）商业诽谤行为的目的是削弱竞争对手的市场竞争力，并谋求自己的市场竞争优势，因此行为人主观上具有诽谤的故意。

（4）商业诽谤行为必须具有公示性，即必须为第三人所知悉。

3. 商业诽谤行为的表现形式

（1）利用散发公开信、召开新闻发布会、刊登声明性广告等形式，制造、散布贬损竞争对手商业信誉、商品声誉的虚假事实。

（2）在对外经营过程中，向业务客户及消费者散布虚假事实，以贬低竞争对手的商业信誉，诋毁其商品或服务的质量声誉。

（3）利用商品的说明书，吹嘘本产品质量上乘，贬低同业竞争对手生产销售的同类产品。

（4）教唆他人在公众中造谣并传播、散布竞争对手所售的商品质量有问题，使公众对该商品失去信赖。

（5）组织人员，以顾客或者消费者的名义，向有关经济监督管理部门作关于竞争对手产品质量低劣、服务质量差、侵害消费者权益等情况的虚假投诉，从而达到贬损其商业信誉的目的。

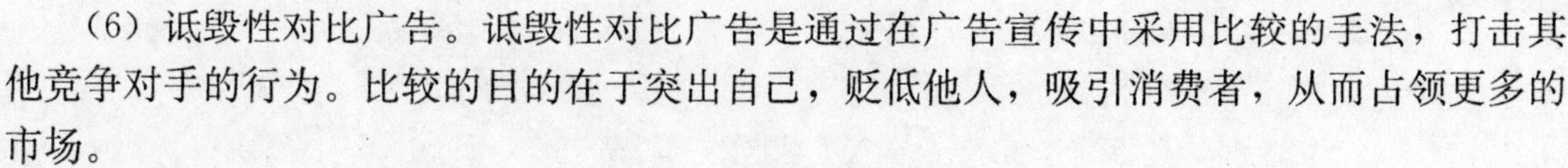

（6）诋毁性对比广告。诋毁性对比广告是通过在广告宣传中采用比较的手法，打击其他竞争对手的行为。比较的目的在于突出自己，贬低他人，吸引消费者，从而占领更多的市场。

四、不正当竞争行为的民事责任

《反不正当竞争法》第 20 条规定：经营者违反本法规定，给被侵害的经营者造成损害的，应当承担损害赔偿责任，被侵害的经营者的损失难以计算的，赔偿额为侵权人在侵权期间因侵权所获得的利润；并应当承担被侵害的经营者因调查该经营者侵害其合法权益的不正当竞争行为所支付的合理费用。被侵害的经营者的合法权益受到不正当竞争行为损害的，可以向人民法院提起诉讼。

思考题

1. 垄断协议有哪些具体的表现形式？
2. 什么是相关市场？界定相关市场应考虑哪些因素？
3. 行政性垄断在我国有哪些主要表现形式？
4. 我国《反不正当竞争法》禁止的不正当竞争行为有哪些？

案例分析

一地区的 A 企业生产的“飞亚”牌啤酒十分畅销。但另一地区生产同类产品的小企业 B 则销路不佳。于是，B 企业决定采取以下措施：（1）将本企业产品的包装改为与 A 企业产品近似的包装；（2）散发小册子，宣传自己的产品，在宣传中加上自己产品本没有的多种疗效功能；（3）以获得 A 企业的营销策略和客户为目的，买通或高薪聘请 A 企业的销售人员。

同时，B 企业还请求政府给予保护性支持。政府为了支持本地区企业的发展，决定制定一个啤酒质量标准，限制 A 企业的产品进入本地。以上措施实施后，A 企业的产品滞销，企业效益直线下降。

问题：

（1）B 企业采取的措施是否合法？属于什么行为？

（2）政府对 B 企业的支持性做法是否合法？属于什么行为？

（3）若 B 企业的做法不合法，应承担什么法律责任？

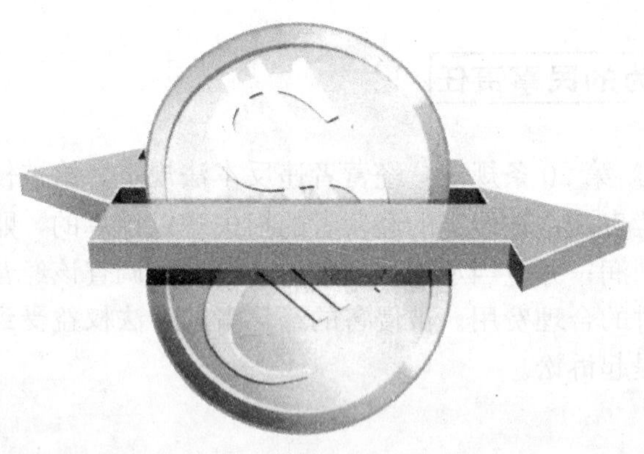

第七章　产品质量法

学习目标

通过本章的学习，应了解产品质量监督管理的相关制度，并重点学习和掌握产品的概念、产品瑕疵与缺陷的认定、生产者与销售者的产品质量义务以及产品责任的承担。

第一节　产品质量法概述

一、产品质量法的概念、立法宗旨和适用范围

（一）产品质量法的概念

产品质量法是指调整产品质量管理关系和产品质量责任关系的法律规范的总称。它兼具有市场运行和国家监管两个方面的法律规范。目前我国除有专门的《产品质量法》外，还制定了一系列与产品质量相关的或特殊产品质量管理的法律，包括《标准化法》《计量法》《食品安全法》《药品管理法》《种子法》等。国务院还公布了《认证认可条例》。

（二）我国产品质量法的立法宗旨

我国《产品质量法》第 1 条规定："为了加强对产品质量的监督管理，提高产品质量水平，明确产品质量责任，保护消费者的合法权益，维护社会经济秩序，制定本法。"由此可见，我国产品质量法要达到两个方面的目标：第一，国家对产品质量实行监督管理，这属于行政行为的范畴；第二，明确生产者、销售者承担产品质量的义务与责任，这属于市场行为的范畴。

（三）产品质量法的适用范围

《产品质量法》第 2 条第 1 款明确规定："在中华人民共和国境内从事产品生产、销售活动，必须遵守本法。"这说明，在我国境内从事产品生产、销售活动的法人、其他组织和个人均适用产品质量法。同时，与在我国境内从事产品生产、销售活动的法人、其他组织和个人发生关系的管理机构及相关的法人、其他组织和个人亦适用产品质量法的规定。

由于军工产品、核设施、核产品的特殊性，《产品质量法》第 73 条规定："军工产品质量监督管理办法，由国务院、中央军事委员会另行制定。因核设施、核产品造成损害的赔偿责任，法律、行政法规另有规定的，依照其规定。"军工企业生产的民用产品，其产品质量监督管理和产品质量义务、责任，受产品质量法的调整。

二、产品与产品质量

（一）产品的概念

广义的产品，是指一切与自然物相对的劳动生产物。法律上的产品，有其特定含义。而且，不同国家和地区的法律，对产品范围的界定不尽相同。例如，1985 年的《欧共体关于对有缺陷的产品的责任指令》规定："产品是指初级农产品和狩猎物以外的所有动产，即使已被组合在另一动产或不动产之内。初级农产品是指种植业、畜牧业、渔业产品，不包括经过加工的这类产品。产品包括电。"而美国的《第三次侵权法重述：产品责任》第 19 条则将产品界定为："产品是指通过商业销售供给人们使用或消费的有形动产。其他的类别，例如不动产和电，当其供应和使用的方式与前述有形动产的供应及使用方式如此类似以至于应使用本规则时，也是产品。服务、人体血液和人体组织，即使是通过商业方式提供的，也不适用本

重述的规则。”产品责任仅适用于属于产品定义范围内的产品，因此，各国均根据本国经济发展水平，力求科学、严谨、详尽地界定“产品”，以求平衡生产者、销售者与消费者的利益。

我国《产品质量法》第2条第2款规定：“本法所称产品是指经过加工、制作，用于销售的产品。”第3款规定：“建设工程不适用本法规定；但是，建设工程使用的建筑材料、建筑构配件和设备，属于前款规定的产品范围的，适用本法规定。”根据上述规定，我国产品质量法中的“产品”应作如下理解：

（1）产品质量法调整的产品，是经过加工、制作的物质产品，这就排除了表现为知识产权的精神产品，也排除了未经过加工、制作的天然产品，如矿产品、农产品。加工、制作包括工业上的和手工业上的。电力、煤气等虽然是无体物，但属于工业产品，因而应包括在内。食品、药品、烟草、化妆品、农药等均属于产品质量法调整范围内的产品。

（2）经过加工、制作的物质产品必须以用于销售为目的。加工、制作产品者具有营利的目的，纯为科学研究或纯为自己使用的产品不属于产品质量法所称的产品。在这个意义上，产品实际上和商品是同一概念。“用于销售”不等于经过销售，只要产品是以销售为目的进行生产、制作的，不论它是经过销售渠道到达消费者或用户手上，还是经过其他渠道，都属于产品质量法所规定的产品。赠送或试用的产品也属于产品质量法意义上的产品。比如厂家将自己生产的新产品或某些产品以赠与、试用、买一送一、买大送小等无偿赠送的方式送与用户，这些产品虽然可能“未投入流通”，但是，以销售为目的生产并以营销目的交付消费者的，这类产品存在缺陷造成他人损害，应当允许受害人提起产品责任诉讼。

（3）经过加工、制作用于销售的产品仅限于动产。

（二）产品质量

产品质量是指产品所具有的符合人们需要的各种特性。一般来说，产品的特性包括以下几个方面：产品的适用性、产品的安全性、产品的可靠性、产品的可维修性、产品的经济性等。在我国，产品质量是指国家有关法律法规、质量标准以及合同规定的对产品适用、安全及其他特性的要求。因产品质量不符合规定要求，给消费者造成损失的，经营者应承担相应的法律责任。

第二节　产品质量监督管理制度

一、产品质量监督管理体制

我国《产品质量法》明确规定，国务院产品质量监督部门主管全国产品质量监督工作，国务院有关部门在各自的职责范围负责产品质量监督管理工作；县级以上地方产品质量监督部门主管本行政区域内的产品质量监督工作，县级以上地方人民政府有关部门在各自的职责范围内负责产品质量监督工作。法律对产品质量的监督部门另有规定的，依照有关法律的规定执行。由此确立了我国统一管理与分工管理、层次管理与地域管理相结合的产品质量监督管理体制。

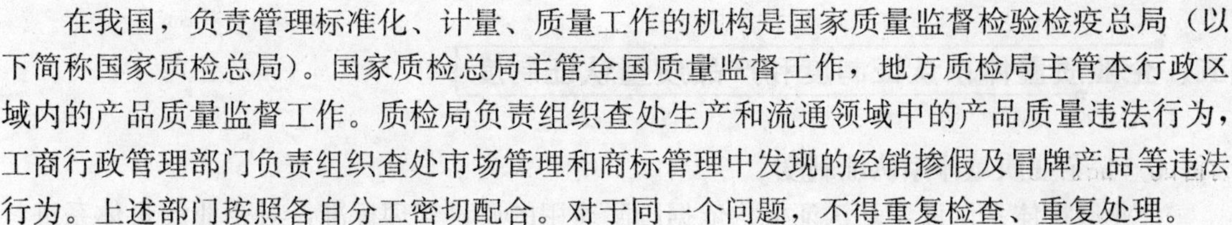

在我国，负责管理标准化、计量、质量工作的机构是国家质量监督检验检疫总局（以下简称国家质检总局）。国家质检总局主管全国质量监督工作，地方质检局主管本行政区域内的产品质量监督工作。质检局负责组织查处生产和流通领域中的产品质量违法行为，工商行政管理部门负责组织查处市场管理和商标管理中发现的经销掺假及冒牌产品等违法行为。上述部门按照各自分工密切配合。对于同一个问题，不得重复检查、重复处理。

二、产品质量检验制度

产品质量检验是指检验机构根据一定标准对产品品质进行检测，并判断合格与否的活动。对这一活动的方法、程序、要求和法律性质用法律加以确定就形成了产品质量检验制度。我国《产品质量法》明文规定：产品质量应当检验合格，不得以不合格产品冒充合格产品。产品或者其包装上的标识，要有产品质量检验合格证明。

企业产品质量检验是产品质量的自我检验，具有自主性和合法性的特点。所谓自主性，是指这种检验是企业为保障产品质量合格，适合并满足用户和消费者的要求，依法主动进行的，在不违反法律强制性规定的前提下，企业可选择适合自己的检验标准和检验程序。所谓合法性，是指企业的质量检验必须依法进行，遵循国家的有关规定。产品出厂时，可由企业自行设置的检验机构检验合格，也可由企业委托有关产品质量检验机构进行检验。按照我国法律规定，产品质量检验机构必须具备相应的检验条件和能力，并须经过省级以上的人民政府产品质量监督管理部门或者其授权的部门考核合格后，方可承担产品质量检验工作。

三、产品生产许可证制度

为了保证产品安全，国家实行生产许可证制度。2005 年 9 月 1 日起实施的《工业产品生产许可证管理条例》规定，国家对生产关系公共安全、人体健康、生命财产安全的重要工业产品的企业实行生产许可证制度。国务院工业产品生产许可证主管部门会同有关部门并征求消费者协会及行业协会的意见，制定国家实行生产许可证的工业产品目录。任何企业未取得生产许可证，不得生产列入目录的产品，任何单位和个人不得销售或者在经营活动中使用未取得生产许可证的列入目录的产品。

四、产品质量的标准化监督制度

国家鼓励推行科学的质量管理方法，采用先进的科学技术，鼓励企业产品质量达到并且超过行业标准、国家标准和国际标准。根据我国《标准化法》的规定，企业生产的产品，分为国家标准、行业标准、地方标准和企业标准。国家鼓励企业产品质量达到并且超过国家标准。国家标准、行业标准分为强制性标准和推荐性标准。其中，保障人体健康和人身、财产安全的工业产品和法律、行政法规规定强制执行的标准是强制性标准，其他标准是推荐性标准。强制性标准必须执行，不符合强制性标准的产品，禁止生产、销售和进口。对于推荐性标准，国家鼓励企业自愿采用。

五、企业质量体系认证制度和产品质量认证制度

（一）企业质量体系认证制度

企业质量体系认证，是认证机构依据国际通用的质量管理标准，对企业质量体系进行检查和确认，并通过国家颁发证书的形式，证明企业质量管理和质量保证能力符合相应要求的活动。获得企业质量体系认证证书，有利于提高企业的质量信誉，促进企业提高质量管理水平，也有利于企业提高市场竞争能力。

所谓国际通用的质量管理标准，是指国际标准化组织推荐的ISO9000系列国际标准。该标准吸收了各国质量管理、质量保证的精华，统一了质量术语的概念，反映并发展了世界工业发达国家质量管理的实践经验。目前，采用该系列标准已被世界公认为是通向国际市场的“通行证”。1992年，我国国家技术监督局决定，将ISO9000等同采用我国国家标准CB/T19000-ISO9000。等同采用的国家标准，其技术内容与ISO9000完全相同，编写方法也完全一致。

根据我国《产品质量法》的规定，我国企业质量体系认证采用自愿原则。企业在申请认证问题上享有自主权和选择权，权利的内容包括是否申请的自由、如何申请的自由以及选择认证机构的自由。但是，对于认证所依据的技术标准，必须遵守法律的规定，企业无权选择与变更。经认证合格的，由认证机构颁发企业质量体系认证证书。

（二）产品质量认证制度

产品质量认证，是依据产品标准和相应的技术要求，经认证机构确认并通过颁发认证证书和认证标志来证明某产品符合相应标准和相应技术要求的活动。产品质量认证分为安全认证和合格认证。

产品质量认证采用自愿原则。产品质量认证的依据是具有国际水平的国家标准、行业标准及其他补充技术要求。企业对有国家标准或者行业标准的产品，可以向国务院产品质量监督部门或者国务院产品质量监督部门授权的部门认可的认证机构申请产品质量认证。实行安全认证的产品，必须符合《产品质量法》《标准化法》的有关产品安全的强制性规定。实行合格认证的，必须符合《标准化法》规定的国家标准或者行业标准的要求。经认证合格的，由认证机构颁发产品质量认证证书，准许企业在产品或者其包装上使用产品质量认证标志。

产品质量认证不同于企业质量体系认证。产品质量认证的对象是某种特定的产品，企业质量体系认证的对象是企业保证产品质量的综合能力。仅获得企业质量体系认证证书的企业，不得在其产品上使用产品质量认证标志。

六、产品质量的监督检查制度

国家对产品质量实行以抽查为主要方式的监督检查制度。对依法进行的产品质量监督检查，生产者、销售者不得拒绝。

产品质量的抽查，主要有以下几个方面的内容：

第一，抽查的对象。国家对可能危及人体健康和人身、财产安全的产品，影响国计民

生的重要工业产品以及消费者、有关组织反映有质量问题的产品进行抽查。如药品、食品、饮用水、天然橡胶等。

第二，抽查的样品。抽查的样品应当在市场上或者企业成品仓库内的待销产品中随机抽取，抽检样品的数量不得超过检验的合理需要。

第三，抽查的机构。监督抽查工作由国务院产品质量监督部门规划和组织。县级以上地方产品质量监督部门在本行政区域内也可以组织监督抽查。

第四，禁止重复抽查的原则。国家监督抽查的产品，地方不得另行重复抽查；上级监督抽查的产品，下级不得另行重复抽查。

第五，抽查费用不得向被检查人收取。监督抽查所需检验费用按照国务院规定列支。

生产者、销售者对抽查检验结果有异议的，可以自收到检验结果之日起 15 日内向实施监督抽查的产品质量监督部门申请复检，由受理复检的产品质量监督部门作出复检结论。经抽查产品质量不合格的，由实施监督抽查的产品质量监督部门责令其生产者、销售者限期改正。逾期不改正的，由省级以上人民政府质量监督部门予以公告；公告后经复查仍不合格的，责令停业，限期整顿；整顿期满后经复查产品质量仍不合格的，吊销营业执照。监督抽查的产品有严重质量问题的，给予罚款、没收等处罚。构成犯罪的，依法追究刑事责任。

此外，对缺陷产品实行召回管理是产品质量监督制度的一项新发展。国家质检总局设立缺陷产品管理中心，具体负责组织实施缺陷产品召回管理工作。2013 年以前，我国缺陷产品的召回局限于汽车、食品、儿童玩具等产品。2013 年修订的《消费者权益保护法》首次在国家法律层面明确了经营者召回缺陷产品的义务，将经营者的召回义务扩大到所有缺陷产品与服务，同时经营者应当承担消费者因商品被召回支出的必要费用。

七、产品质量社会监督和消费者监督

社会监督，是保护消费者权益的社会组织、其他有关组织以及大众传播媒介对产品质量的监督。其监督的方式和角度由于自身的特点而有所不同。消费者的监督，是一种个体监督方式。一般针对某一种产品进行查询、提出意见、检举等。

《产品质量法》第 10 条规定："任何单位和个人有权对违反本法规定的行为，向产品质量监督部门或者其他有关部门检举。产品质量监督部门和有关部门应当为检举人保密，并按照省、自治区、直辖市人民政府的规定给予奖励。"第 23 条规定："保护消费者权益的社会组织可以就消费者反映的产品质量问题建议有关部门负责处理，支持消费者对因产品质量造成的损害向人民法院起诉。"

第三节 产品责任

一、产品责任的内涵

产品责任，又称产品缺陷责任，是指产品的生产者、销售者因其生产或销售的产品有缺陷，造成消费者、使用者或其他人人身、财产的损害而应承担的一种民事赔偿责任。产品责任是一种特殊的侵权责任，在当事人之间存在合同关系的条件下，还可能出现与合同责任的竞合。

产品责任的成立，须同时具备以下条件：（1）产品存在质量缺陷；（2）缺陷在生产或销售环节已经存在；（3）损害事实客观存在，即已经造成了他人人身或财产上的损害；（4）产品缺陷是损害发生的原因。

产品责任不同于产品质量责任。产品质量责任是指产品生产者、销售者以及其他相关的第三人对产品质量所应当承担的义务以及违反此种义务时应当承担的法律责任。产品质量责任是一种综合责任，既包括因产品缺陷而给他人造成人身、财产损失时，由生产者和销售者根据法律规定应承担的产品责任，还包括违反《合同法》《标准化法》《计量法》以及规范产品质量的其他法规应当承担的责任，包括合同瑕疵担保责任、行政责任和刑事责任。

二、生产者的产品质量义务

生产者应当对其生产的产品质量负责，如因自己生产的产品有缺陷造成他人人身、财产损害的，应当承担产品责任。

（一）生产者保证产品内在质量的义务

根据我国《产品质量法》的相关规定，生产者应当对其生产的产品质量负责。产品的内在质量应当符合下列要求：

（1）不存在危及人身、财产安全的不合理危险，有保障人体健康和人身、财产安全的国家标准、行业标准的，应当符合该标准。

（2）具备产品应当具备的使用性能，但是，对产品存在使用性能瑕疵作出说明的除外。产品存在使用性能的瑕疵，是指达不到质量标准的要求，但仍具有一定的使用价值，而又不至于危害他人人身、财产安全的产品。如有些许污渍的布料、皮面有划痕的皮鞋等。

（3）符合在产品或者包装上注明采用的产品标准，符合以产品说明、实物样品等方式表明的质量状况。

（二）生产者的产品标识应当符合法律要求

产品标识是表明产品的名称、产地、质量状况等信息的表述和标示。生产者应当在其生产的产品或产品包装上附加产品标识，产品标识必须真实，并符合下列要求：

（1）有产品质量检验合格证明。未经检验合格的产品，不得进入流通领域。

（2）有中文标明的产品名称、生产厂厂名和厂址。

（3）根据产品的特点和使用要求，需要标明产品规格、等级、所含主要成分名称和含量的，用中文相应予以标明；需要事先让消费者知晓的，应当在外包装上标明；或者预先向消费者提供有关资料。

（4）限期使用的产品，应当在显著位置清晰地标明生产日期和安全使用期或者失效日期。

（5）使用不当，容易造成产品本身损坏或者可能危及人身、财产安全的产品，应当有警示标志或中文警示说明。警示标志是一种易为大众所识别的图案或符号。如剧毒的警示

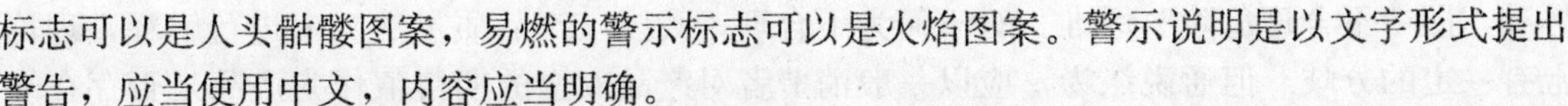

标志可以是人头骷髅图案，易燃的警示标志可以是火焰图案。警示说明是以文字形式提出警告，应当使用中文，内容应当明确。

根据《产品质量法》的规定，裸装的食品和其他根据产品的特点难以附加标识的裸装产品，可以不附加产品标识。

（三）特定产品的包装质量符合法律要求

易碎、易燃、有毒、有腐蚀性、有放射性等危险物品以及在储运中不能倒置和其他有特殊要求的产品，其包装质量必须符合相应要求，依据国家有关规定作出警示标志或者中文警示说明，标明储运注意事项。

（四）产品生产的禁止性规定

生产者不得生产国家明令淘汰的产品；不得伪造产地，不得伪造或者冒用他人的厂名、厂址；不得伪造或者冒用认证标志等质量标志；不得掺杂、掺假，不得以假充真、以次充好，不得以不合格产品冒充合格产品。

三、销售者的产品质量义务

（一）进货检查验收的义务

销售者应当建立并执行进货检查验收制度，验明产品合格证明和其他标识。必要时，销售者应当对产品的内在质量进行检验。执行进货检查验收制度，是确保销售者进货的质量、区分销售者与生产者责任的重要手段。

（二）保持产品质量的义务

当产品为销售者占有时，销售者应采取必要的措施，保持产品的质量，防止产品变质、腐烂；防止产品丧失或降低使用性能；防止产品产生危害他人人身、财产的缺陷。

（三）有关产品标识的义务

销售者进货时，应当检验产品标识；在销售时，应当保证产品标识符合产品质量法的要求。这种要求，与对生产者在产品或者其包装上的要求是相同的。另外，销售者不得更改生产者标注的合格产品标识，以保证产品标识的真实性。

（四）产品销售的禁止性规定

销售者不得销售国家明令淘汰并停止销售的产品和失效、变质的产品；不得伪造产地，不得伪造或者冒用他人的厂名、厂址；不得伪造或者冒用认证标志等质量标志；不得掺杂、掺假，不得以假充真、以次充好，不得以不合格产品冒充合格产品。

四、产品缺陷

（一）产品缺陷的含义与判断标准

产品缺陷是产品责任成立的前提与基础。我国《产品质量法》第46条规定："本法所称缺陷，是指产品存在危及人身、他人财产安全的不合理的危险；产品有保障人体健康和人身、财产安全的国家标准、行业标准，是指不符合该标准。"从该规定来看，产品缺陷是指产品存在危及人身、他人财产安全的不合理危险。该定义同时确立了缺陷产品的认定标准，即“不合理危险”标准。对于何为不合理，我国《产品质量法》未进行解释，理论上有一定的分歧。但通说认为，应以一般消费者对产品安全的期待值作为产品是否存在缺陷的认定标准，同时应兼顾效益—成本因素。消费者期待值一般应从产品造成损害的严重程度、消费者对危险的预防能力、产品的正常用途、科学技术的发展水平等方面综合评定考虑。

同时，《产品质量法》第 46 条后半段规定“产品有保障人体健康和人身、财产安全的国家标准、行业标准，是指不符合该标准。”对该规定的理解，存在不同认识。有人认为，按照该规定，凡是产品符合了保障人身健康和人身、财产安全的国家标准、行业标准的，就是无缺陷产品。即使消费者因使用这样的产品导致损害发生，生产者也不应为此承担责任。那么，上述理解是否正确呢？本书认为，不能笼统下这样的结论。因为国家标准与行业标准总是从国家整体社会经济政策出发，不仅考虑产品致害的严重性，还会考虑到产品的效用、改进的可能性、导致损害的概率以及社会总体发展水平等因素。某种产品即使在个案中造成比较严重的损害，如果事故发生的概率小，产品安全标准的制定者也不会以强制性标准将这种产品淘汰出市场。同时，国家标准与行业标准的制定实施有一定的期限，如国家标准的有效期一般为五年，这意味着国家标准与行业标准相比于科技的发展具有一定的滞后性。此外，国家标准、行业标准不可能覆盖某一具体产品的全部安全性能指标（特别对某些新产品更是如此），在这种情况下，可能存在因该产品中的某项属于强制性国家标准、行业标准中未作规定的性能指标不符合保障人身、财产安全的要求，造成他人损害的情形。上述综合因素的存在决定了产品安全的国家标准、行业标准只不过是产品所应达到的最低标准，而产品缺陷的认定标准往往有更高的要求。如果产品不符合国家标准或行业标准，该产品当然应被判定为存在缺陷；而如果产品符合国家标准和行业标准，却不能依此判定该产品没有缺陷，因为在某些情况下，这样的产品仍然会造成较严重的个别损害。例如，某厂生产的农用地膜，其有关性能指标都符合国家、行业关于农用地膜的强制性标准，但该地膜中含有一种国家和行业标准中均未作规定的对农作物生产不利的有害物质，结果导致使用该厂生产的地膜的农田减产，造成农民的财产损失，对该种地膜仍应认为是存在缺陷的产品。

（二）产品缺陷与产品瑕疵的区别

产品缺陷与产品瑕疵都是指产品不符合质量要求，但二者存在较大的差异。

第一，产品缺陷是指产品存在危及人身与财产安全的不合理危险；而产品瑕疵则是指产品不具备良好的特性，不符合明示的产品标准，或者不符合产品说明、实物样品等方式表明的质量状况，但不存在危及人身、财产安全的不合理的危险。如消费者购买的电视机，如电视机表面涂漆有个别剐蹭，这是产品瑕疵；如果电视机显像管断裂导致电视爆炸或有爆炸的危险，则属于产品缺陷。

第二，缺陷产品属于禁止流通产品，不得交易；瑕疵产品，因其尚未丧失产品原有的使用价值，消费者可在知悉瑕疵实情的前提下自行决定是否接受。

第三，产品缺陷责任是一种特殊侵权责任，有权主张产品缺陷责任的主体是因产品缺陷遭受人身或财产损害的被侵权人，包括产品的购买者、使用者和其他因此受到损害的第三人。被侵权人既可向缺陷产品的生产者请求赔偿，也可向缺陷产品的销售者请求赔偿

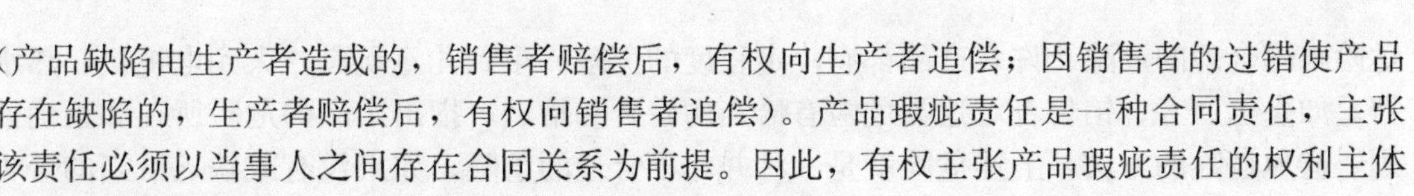

(产品缺陷由生产者造成的，销售者赔偿后，有权向生产者追偿；因销售者的过错使产品存在缺陷的，生产者赔偿后，有权向销售者追偿)。产品瑕疵责任是一种合同责任，主张该责任必须以当事人之间存在合同关系为前提。因此，有权主张产品瑕疵责任的权利主体只能是产品的购买人，且只能向销售者提出权利主张。

第四，产品缺陷责任的承担方式多样，因产品缺陷给被侵权人造成损失的，被侵权人除有权要求损害赔偿外，还有权要求生产者、销售者承担排除妨碍、消除危险、停止侵害、恢复原状等责任；产品瑕疵责任则由销售者依照法律规定或者合同约定，负责修理、更换、退货以及赔偿损失。

第五，因产品缺陷造成损害要求赔偿的，诉讼时效期间为 2 年，自当事人知道或者应当知道其权益受到损害时起计算；在消费买卖中，产品瑕疵责任适用《民法通则》第 136 条的规定，诉讼时效期限为 1 年。

(三) 产品缺陷的类型

各国依照产品的生产及制造过程，将产品缺陷分为三种，即制造缺陷、设计缺陷与警示缺陷。

1. 制造缺陷

制造缺陷，是指产品在生产环节中因工艺、质量管理不善等原因而产生的不合理危险性。它是一种结果标准，以现有产品的实际质量状况为衡量标准。美国《统一产品责任示范法》第 104 条（A）款指出："为了确定产品制造上存在的不合理的不安全性，审理事实的法官必须认定：产品脱离制造者控制时，即在一些重要方面不符合制造者的设计说明书或性能标准，或不同于同一生产线上生产出的同种产品，它可以是由产品的零部件导致的，像飞机高度仪导致的飞机失事案，还可以是由产品的装配过程造成的，还可以是产品的原材料有问题造成的。"

在我国目前的产品责任案件中，大部分缺陷产品属于制造缺陷，这在一定程度上是我国经济发展水平的反映。

2. 设计缺陷

设计缺陷，是指产品设计未能充分考虑未来产品的安全性致使其存在不合理的危险。如福特汽车公司生产的平托汽车油箱爆炸的索赔案。平托油箱和后部结构设计存在着事故隐患，当汽车在以每小时 20 至 30 千米的速度行驶中碰撞时，油箱会因碰撞起火爆炸，消费者将面临严重伤害或死亡的危险。如果改进设计（增添加固和减震装置），油箱因碰撞而爆炸起火的可能性将大大降低。但是制造商没有那样做，因此构成设计缺陷。美国《统一产品责任示范法》第 104 条（B）款对设计缺陷的规定是："为了确定产品设计上存在不合理的不安全性，审理事实的法官必须认定：产品在制造时即存在造成原告损害或类似损害的可能性，这类损害的严重性在价值上超过制造商为设计能够防止这类损害的产品所承受的负担，以及替代设计对产品实用性的相反影响。"该款还不厌其烦地开列了五项判断设计缺陷有证明力的证据事例，这在一个方面说明，设计缺陷的判断远比制造缺陷要难。

3. 警示缺陷

警示缺陷，是指生产者疏于以适当方式向消费者说明产品在使用方法及危险防止方面应注意的事项，导致产品产生不合理的危险性。与产品有关的危险可以分为并非不合理的危险与不合理的危险。许多产品都有一定程度的危险。小到儿童玩具，大到电视机、热水器。如果生产者、销售者对这类危险有恰当的警告和指示，指出产品的危险所在和正确使用、避免危险的方法，上述危险就是一种并非不合理的危险。如果没有或缺乏恰当的警告和指示，消费者对上述危险及正确使用、避免危险的方法一无所知或没有足够了解，危险就是不合理的，产品就因此构成警示缺陷。也就是说，当一种产品有其内在危险时，法律就把向用户和消费者提出警示的义务施加给生产者和销售者。生产者和销售者没有履行其警示义务，或者履行得不够，就构成侵权。我国《产品质量法》要求生产者对“使用不当，容易造成产品本身损坏或者可能危及人身、财产安全的产品”，必须在产品或产品外包装上标注警示标志或中文警示说明。《消费者权益保护法》第 18 条第 1 款也规定经营者“对可能危及人身、财产安全的商品和服务，应当向消费者作出真实的说明和明确的警示，并说明和标明正确使用商品或者接受服务的方法以及防止危害发生的方法”。

警示缺陷主要表现为以下情况：（1）警示时间不当。生产者将产品投入流通领域时，就应当对产品可能发生的危险及其预防方法予以警告和说明。同时，还应对产品投入流通后发现的危险负担持续性警示义务。（2）警示内容不当。生产者应当对产品所具有的性质和特殊使用方法、可预见的使用危险，包括可预见的误用导致的危险及预防方法等予以指示。（3）警示方法不当。生产者应当在产品的合适位置，以醒目的字体或标志揭示产品的特殊使用方法、特殊危险及其预防方法。

五、产品责任的责任主体

（一）生产者

因产品存在缺陷造成人身、缺陷产品以外的其他财产损害的，生产者应当承担赔偿责任。

生产者能够证明有下列情形之一的，不承担赔偿责任：

（1）未将产品投入流通的。例如，擅自使用尚处于产品研发、试验阶段的电动椅，因椅子漏电导致使用者死亡的，死者家属不能因此主张生产者的产品责任。

（2）产品投入流通时，引起损害的缺陷尚不存在的。这意味着产品缺陷的出现与生产者无关。

（3）将产品投入流通时的科学技术水平尚不能发现缺陷的存在的。对于投入流通的缺陷产品，生产者自发现产品缺陷后，负有召回义务，生产者不履行召回义务的，依《侵权责任法》承担侵权责任。

（二）销售者

由于销售者的过错使产品存在缺陷，造成人身、他人财产损害的，销售者应当承担赔偿责任。销售者不能指明缺陷产品的生产者，也不能指明缺陷产品的供货者的，销售者应当承担赔偿责任。

因产品存在缺陷造成人身、他人财产损害的，被侵权人可以向产品的生产者要求赔偿，也可以向产品的销售者要求赔偿。属于产品的生产者的责任，产品的销售者赔偿的，产品的销售者有权向产品的生产者追偿。属于产品的销售者的责任，产品的生产者赔偿

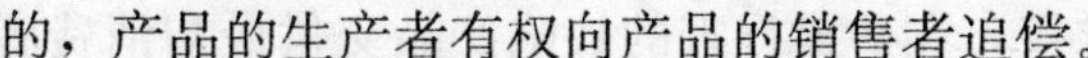

的，产品的生产者有权向产品的销售者追偿。

（三）连带责任人

产品质量认证机构违反《产品质量法》的规定，对不符合认证标准而使用认证标志的产品，未依法要求其改正或者取消其使用认证标志资格的，对因产品不符合认证标准给消费者造成的损失，与产品的生产者、销售者承担连带责任。

社会团体、社会中介机构对产品质量作出承诺、保证，而该产品又不符合其承诺、保证的质量要求，给消费者造成损失的，与产品的生产者、销售者承担连带责任。

在广告中对产品质量作虚假宣传，欺骗和误导消费者，使购买商品或者接受服务的消费者的合法权益受到损害的，由广告主依法承担民事责任；广告经营者、广告发布者不能提供广告主的真实名称、地址和有效联系方式的，消费者可以要求广告经营者、广告发布者先行赔偿。关系消费者生命健康的商品或者服务的虚假广告，造成消费者损害的，其广告经营者、广告发布者、广告代言人应当与广告主承担连带责任。关系消费者生命健康以外的商品或者服务的虚假广告，造成消费者损害的，其广告经营者、广告发布者、广告代言人，明知或者应知广告虚假仍设计、制作、代理、发布或者作推荐、证明的，应当与广告主承担连带责任。

六、产品责任的损害赔偿

（一）损害赔偿的类型

1. 人身损害赔偿

因产品存在缺陷造成受害人人身伤害的，侵害人应当赔偿医疗费、治疗期间的护理费、交通费等为治疗和康复支出的合理费用，以及因误工减少的收入。造成残疾的，还应当赔偿残疾生活辅助具费和残疾赔偿金。造成受害人死亡的，还应当赔偿丧葬费和死亡赔偿金。

2. 财产损害赔偿

因产品存在缺陷造成受害人财产损失的，侵害人应当恢复原状或者折价赔偿。财产损失按照损失发生时的市场价格或其他方式计算。被侵权人的损失难以确定的，侵权人因此获得利益的，按照其获得的利益赔偿；侵权人因此获得的利益难以确定的，被侵权人和侵权人就赔偿数额协商不一致的，向人民法院提起诉讼的，由人民法院根据实际情况确定赔偿数额。

3. 精神损害赔偿

受害人因产品缺陷遭受严重精神损害的，可要求侵权行为人予以赔偿。

4. 惩罚性赔偿

明知产品存在缺陷仍然生产、销售，造成他人死亡或者健康严重损害的，被侵权人有权请求相应的惩罚性赔偿。

（二）损害赔偿请求权的行使期限

因产品存在缺陷造成损害要求赔偿的诉讼时效期间为 2 年，自当事人知道或者应当知道其权益受到损害时起计算。

因产品存在缺陷造成损害要求赔偿的请求权，在造成损害的缺陷产品交付最初消费者满 10 年丧失；但是，尚未超过明示的安全使用期的除外。

思考题

1. 如何理解我国《产品质量法》的适用范围？
2. 我国在产品质量监督管理方面有哪些制度？
3. 产品责任的构成要件有哪些？
4. 产品责任与产品质量责任有何区别？
5. 产品缺陷与产品瑕疵有何区别？
6. 如何理解产品责任的责任主体？
7. 如何理解产品责任的损害赔偿范围？

案例分析

2015 年 2 月 20 日，赵某在本市某商场购买由 A 厂生产的冰箱一台，同年同月 24 日又购得一部 B 公司生产的多功能电源保护器，次日，原告在家中安装好冰箱和电源保护器。使用仅半个月，因冰箱电路出现故障，高温下导致冰箱起火，烧毁部分家具及用品，因发现及时，幸未发生重大火灾。为此，赵某向法院起诉，状告某商场、A 冰箱厂和 B 公司，要求三被告赔偿其损失。

某商场辩称，该冰箱是本商场销售的商品，赔偿责任应由产品的制造者承担，销售者不应承担责任。A 冰箱厂辩称，本厂生产的产品均符合国家标准，以前从未发生过此种情况，无证据证明生产者有过错，故其不应承担赔偿责任。B 公司辩称，赵某违反有关安装说明的要求，违章安装，无视说明书的警示说明，导致电源器失效酿成事故，冰箱电源线路有问题是冰箱起火的根本原因。

法院在调查过程中，经技术监督局对 A 厂的冰箱和 B 公司的电源保护器进行质量鉴定，认定：(1) 该品牌和型号的电冰箱线路连接上存在某些缺陷，一般情况下不会发生故障，在特定的情况下会产生高温；(2) 电源保护器已经被烧毁无法鉴定，但对同样商品检测，没有发现质量问题；(3) 赵某在安装电源保护器与冰箱时，未按说明书正确安装，使保护器无法发挥正常作用，导致冰箱等物品被烧毁。

问题：

(1) 赵某能否要求商场赔偿其损失？为什么？

(2) A 冰箱厂辩称，其将产品投入市场流通时从未发生过上述事件且其对冰箱存在有关缺陷一无所知，A 冰箱厂能否据此免除赔偿责任？为什么？

(3) B 公司是否应承担赔偿责任？

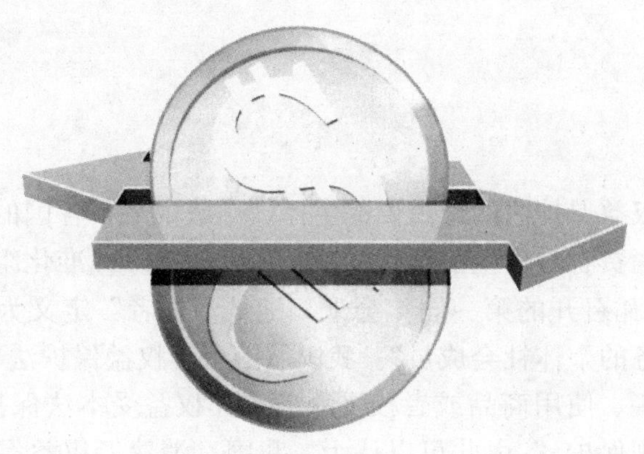

第八章　消费者权益保护法

学习目标

通过本章的学习，应了解消费者权益保护法的概念、原则、适用范围，以及消费者权益的国家、社会与国际保护。本章应当重点学习和掌握消费者的概念、消费者的权利类型与内涵、经营者的义务、消费者权益争议的解决途径和责任承担。

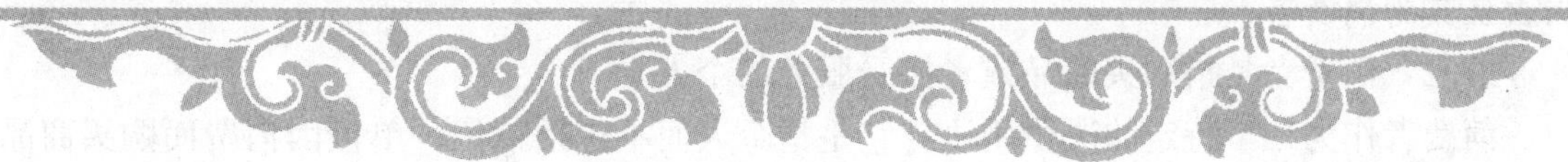

第一节　消费者权益保护法概述

一、消费者的概念

消费者是消费者权益保护法的最重要的主体。一般说来，各国的消费者权益保护立法及法律实践，大都把消费者看作生活消费的消费者。如国际标准化组织“消费者政策委员会”于1978年在日内瓦召开的第一届年会上，把“消费者”定义为“为个人目的购买或者使用商品和接受服务的个体社会成员”。我国《消费者权益保护法》第2条规定：“消费者为生活消费需要购买、使用商品或者接受服务，其权益受本法保护；本法未作规定的，受其他有关法律、法规保护。”由此可以认为，我国《消费者权益保护法》所称的消费者是指为生活消费需要而购买、使用商品或者接受服务的个人。

消费者的含义应作如下理解：

第一，消费者是指购买商品或者接受服务的人。

消费者既可能是亲自购买商品的个人，也可能是使用和消费他人购买的商品的人；既可能是有关服务合同中接受服务的一方当事人，也可能是接受服务的非合同当事人。消费者的范围显然比买受人的范围更为宽泛。

消费者购买、使用商品或接受服务不一定必须支付一定的对价。如经营者向消费者提供免费试用产品、免费品尝饮料，或经营者实行附赠式的有奖销售等。免费接受这些商品或服务的个人，作为消费者所享有的权益仍然应当受到保护。

第二，消费者购买商品或者接受服务时不得以营利为目的。

消费者购买使用商品或接受服务的目的主要是用于个人与家庭的消费。任何人只要其购买商品和接受服务的目的不是为了将商品或者服务再次转手，不是为了专门从事商品交易活动，便是消费者。在我国，消费者是经营者的对称。经营者是向消费者出售商品或提供服务的市场主体，包括生产者、商品销售者和有偿服务提供者。在市场中，即使是明知商品有一定的瑕疵而购买的人，只要其购买商品不是为了再次将其投入市场交易，就不应当否认其为消费者。

第三，消费者是指购买商品或者接受服务的个人。

消费者作为一个特定的法律用语，它是指个人而不包括单位。单位因消费而购买商品或接受服务，应当受合同法调整，而不应当受消费者权益保护法调整。

二、消费者权益保护法的概念

消费者权益保护法，是调整在保护消费者权益的过程中发生的经济关系的法律规范的总称。一般来说，消费者保护的基本法主要规定以下内容：消费者的定义、消费者的权利、经营者的义务、消费者权益的保护措施、侵犯消费者权益的法律责任、消费者的保护

机构等内容。

三、消费者权益保护法的性质

在消费者权益保护的专门立法产生之前，实现对消费者的法律保护，主要是靠民商法的有关规范，尤其是靠有关合同法和侵权法的规范及一般的法律原则。但是，在市场失灵的状态下，经营者与消费者这对利益的矛盾体在力量对比上发生了严重失衡，消费者处于弱势地位。此时，市场需要一种强有力的外部力量来恢复二者之间的力量平衡。但传统的民商法强调形式平等，对于处于弱势地位的消费者不能给予倾斜性保护，以求得实质上的平等，从而不能有效地解决市场失灵所带来的严重的消费者权益保护问题。因此，只能在传统民商法以外去寻找解决途径，这一有效途径就是利用国家干预手段，通过消费者权益保护法的立法来保障消费者权益。

四、我国消费者权益保护法的原则

我国《消费者权益保护法》确立了下列三项原则:

第一，依法交易的原则。经营者应当依法提供商品或服务的原则；经营者与消费者进行交易应当遵循自愿、平等、公平、诚实信用的原则。

第二，国家对处于弱者地位的消费者给予特别保护的原则。由于经营者与消费者这对利益的矛盾体在力量对比上处于严重失衡状态，消费者处于弱势地位。因此，消费者权益保护法确立了向消费者倾斜，国家对消费者权益给予特别保护的原则。

第三，全社会保护原则。全社会保护原则的实质，是在国家保护的基础上将对消费者权益的保护扩大到全社会范围，动用一切社会力量，对经营者及其他可能或实际侵害消费者的行为进行预防、控制、规范和监督。消费者利益的总和就是社会利益的体现，只有动员全社会的力量才能使消费者权益得到切实保护。

全社会保护原则具体体现为社会力量的监督作用。所谓社会力量的监督，是指除拥有强制力的国家以外的在社会生活中实际存在的组织和个人的监督，它包括消费者的监督、消费者组织的监督、大众传媒机构的监督以及一切与消费者权益有关的企业、事业单位、社会团体的监督。我国《消费者权益保护法》规定：各级消费者协会和其他形式的消费者组织通过向消费者提供信息和咨询服务，与行政部门合作，提出建议，受理消费者投诉并调查、调解、支持受到侵害的消费者起诉，向传媒披露事实等社会活动，保护消费者权益，缓解不法侵害行为的社会危害性。大众传媒则通过对不法行为的报道、披露，形成舆论监督的效应，一方面使不法经营者有所收敛；另一方面，引导更多的组织和个人参与到消费者的社会保护行列中来。

五、消费者权益保护法的适用范围

我国消费者权益保护法从主体及其行为的角度规定了该法的适用范围，即消费者为生活消费需要购买、使用商品或者接受服务，其权益受该法保护；经营者为消费者提供其生产、销售的商品或者提供服务，应当遵守该法；对于上述具体情况该法未作规定的，应当适用其他法律法规的规定。另外，农民购买、使用直接用于农业生产的生产资料，亦参照该法执行。农民购买、使用直接用于农业生产的生产资料，其性质属于生产消费，本不属于该法的调整范围，但考虑到目前我国农村普遍实行的是家庭联产承包责任制，一方面农业生产力和农民的经济能力还不高，另一方面假农药、假化肥、假种子等农用生产资料坑害农民的情况还很严重，农民受损害后又没有适当的途径寻求保护，我国《消费者权益保护法》第 62 条明确规定："农民购买、使用直接用于农业生产的生产资料，参照本法执行。"

六、消费者权益的国际保护、国家保护与社会保护

（一）消费者权益的国际保护

自 20 世纪 60 年代以来，国际社会加强了对消费者合法权益的国际保护。1960 年在海牙成立了保护国际消费者联盟组织（IOCU）（1987 年中国消费者协会被接纳为正式会员）。1983 年国际消费者联盟组织确定每年的 3 月 15 日为国际消费者权益日。1985 年，国际消费者联盟组织倡导制定，并经联大决议通过了《保护消费者准则》。这是国际消费者保护方面影响最大的综合性立法。其主要目标是协助各国加强消费者保护，鼓励企业遵守道德规范，协助各国限制不利于消费者的商业陋习；鼓励消费者组织的发展，推进消费者保护的国际合作等。

（二）消费者权益的国家保护

保护消费者的合法权益不受侵害是国家应当承担的义务。为此，国家必须采取合理的措施，保障消费者依法行使权利，维护消费者的合法权益。国家倡导文明、健康、节约资源和保护环境的消费方式，反对浪费。根据《消费者权益保护法》的相关规定，国家对消费者合法权益的保护主要体现在以下几个方面：

1. 立法保护

我国已经建立起以《消费者权益保护法》为骨干，以《民法通则》《产品质量法》《反不正当竞争法》《广告法》《食品安全法》等众多法律、法规为辅的消费者权益保护法律体系。此外，国家还通过制定、发布命令、规章等，对保护消费者合法权益进行政策调整。为了充分体现和保护消费者的合法权益，国家在制定有关消费者权益的法律、法规和政策时，应听取消费者的意见和要求。

2. 行政保护

行政保护是各级人民政府及其行政部门，通过行政管理、行政监督以及对违法、违纪行为的处理等行政措施，对消费者合法权益进行保护。根据《消费者权益保护法》的相关规定，行政保护的内容具体表现为：各级人民政府应当加强领导，组织、协调、督促有关行政部门做好保护消费者合法权益的工作；各级人民政府应当加强监督，预防危害消费者人身、财产安全行为的发生，及时制止危害消费者人身、财产安全的行为；各级人民政府工商行政管理部门和其他有关行政部门应当依照法律、法规的规定，在

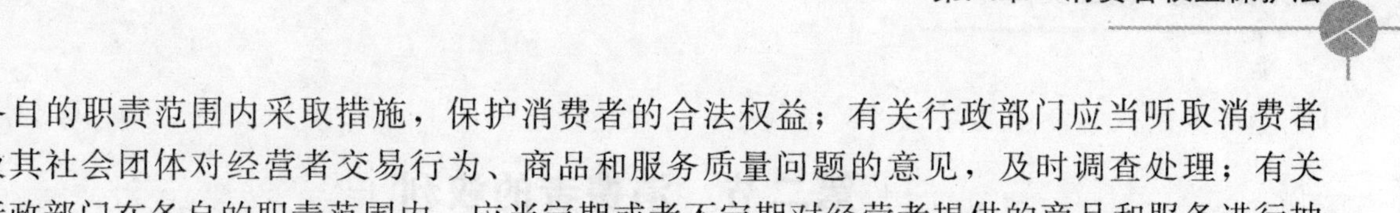

各自的职责范围内采取措施，保护消费者的合法权益；有关行政部门应当听取消费者及其社会团体对经营者交易行为、商品和服务质量问题的意见，及时调查处理；有关行政部门在各自的职责范围内，应当定期或者不定期对经营者提供的商品和服务进行抽查检验，并及时向社会公布抽查检验结果；有关行政部门发现并认定经营者提供的商品或者服务存在缺陷，有危及人身、财产安全危险的，应当立即责令经营者采取停止销售、警示、召回、无害化处理、销毁、停止生产或者服务等措施；有关国家机关应当依照法律、法规的规定，惩处经营者在提供商品和服务中侵害消费者合法权益的违法犯罪行为。

3. 司法保护

为切实保护消费者的合法权益，国家公安机关、检察机关和审判机关应当依照法律、法规的规定，通过司法程序，对消费者合法权益进行保护。包括依法惩处侵害消费者合法权益的违法犯罪行为，采取措施，方便消费者提起诉讼，对符合《民事诉讼法》起诉条件的消费者权益争议，必须受理，及时审理，以使消费者权益争议尽快得到解决。

（三）消费者权益的社会保护

保护消费者的合法权益是全社会的共同责任。国家鼓励、支持一切组织和个人对损害消费者合法权益的行为进行社会监督。

1. 舆论监督

大众传播媒介应当做好维护消费者合法权益的宣传，对损害消费者合法权益的行为进行舆论监督。

2. 消费者组织

消费者组织是依法成立的对商品和服务进行社会监督的保护消费者合法权益的社会团体，是消费者权益保护体系的重要组成部分。各级人民政府对消费者协会履行职责应当予以必要的经费等支持。消费者协会应当认真履行保护消费者合法权益的职责，听取消费者的意见和建议，接受社会监督。消费者权益保护协会在消费者权益保护方面发挥了重要作用。在我国，消费者协会履行下列公益性职责：

（1）向消费者提供消费信息和咨询服务，提高消费者维护自身合法权益的能力，引导文明、健康、节约资源和保护环境的消费方式；

（2）参与制定有关消费者权益的法律、法规、规章和强制性标准；

（3）参与有关行政部门对商品和服务的监督、检查；

（4）就有关消费者合法权益的问题，向有关部门反映、查询，提出建议；

（5）受理消费者的投诉，并对投诉事项进行调查、调解；

（6）投诉事项涉及商品和服务质量问题的，可以委托具备资格的鉴定人鉴定，鉴定人应当告知鉴定意见；

（7）就损害消费者合法权益的行为，支持受损害的消费者提起诉讼或者依照《消费者权益保护法》提起诉讼；

（8）对损害消费者合法权益的行为，通过大众传播媒介予以揭露、批评。

第二节　消费者的权利

一、消费者权利的提出与发展

消费者权利是消费者权益保护法的核心制度之一。“消费者权利”最早是由美国总统肯尼迪提出来的。他在 1962 年 3 月 15 日向国会提出的《关于保护消费者利益的特别国情咨文》中提出了消费者应享有的四项权利：获得安全保障的权利；获得正确的商品信息资料的权利；对商品的自由选择的权利；提出消费者意见的权利。肯尼迪的“四权论”提出后，逐渐获得各国的广泛认同并在实践中加以发展，消费者权利的种类和范围不断得以扩充，逐步发展成为一个内容丰富、独具特色的权利群。1985 年联合国大会通过的《保护消费者准则》中，国际消费者联盟提出了消费者的八项权利：(1) 得到必需的物质和服务借以生存的权利；(2) 享有公平的价格待遇和选择的权利；(3) 安全保障权；(4) 获得足够资料的权利；(5) 寻求咨询的权利；(6) 获得公平赔偿和法律帮助的权利；(7) 获得消费者教育的权利；(8) 享有健康环境的权利。

我国《消费者权益保护法》在吸收借鉴各国保护消费者权益立法经验的基础上，结合我国国情，规定了消费者的九大权利。

二、我国消费者权益保护法规定的消费者权利

（一）保障安全权

保障安全权是指消费者在购买、使用商品和接受服务时所享有的人身、财产安全不受损害的权利。包括人身安全权和财产安全权。消费者安全权是消费者的核心权利，是消费者享有其他权利的前提和基础。

消费者在整个消费过程中都享有安全保障权。这就要求：(1) 经营者提供的商品或服务必须具有合理的安全性，不存在危及人体健康及人身、财产安全的不合理的危险。如有的超市出售过期的食品或失效变质的药品，有的化妆品消费者使用后不仅未起到美容的效果，反而导致容貌毁损，还有的化妆品甚至含有致癌、致畸、致突变的有害物质，严重威胁到消费者的人身安全。判断商品或服务的质量是否存在不合理危险的根本标准是该商品或服务是否具有危害人身、财产安全的缺陷。对于缺陷的判断，如果商品或服务存在国家标准、行业标准的，不符合国家标准或行业标准的商品或服务即为有缺陷的商品或服务。如经营者在食品中添加有毒有害物质，出售变质发霉的食品等行为，违反了《食品安全法》规定的食品安全标准，属于缺陷产品。对于没有国家标准、行业标准的，如某些新开发的商品和服务项目，消费者有权要求经营者保证其购买、使用的商品或接受的服务，不具有危害人身、财产安全的缺陷存在。(2) 经营者提供的消费场所应具有必要的安全保障，使消费者能在安全的环境中选购商品或接受服务。如有的旅馆房屋年久失修、楼梯老

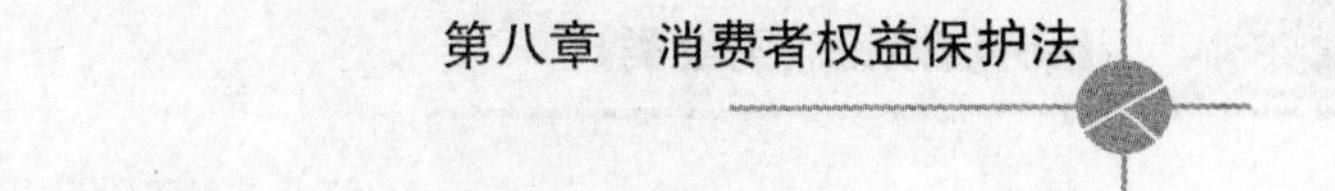

化腐朽；有些旅馆电源外露，极易触电；有些旅馆管理不善，旅客财物经常失窃；等等，这些都属于消费环境不安全并因此侵犯消费者人身及财产安全的现象。

消费者的安全保障权不仅存在于传统消费领域，在电子商务领域同样存在。随着电子商务的迅速发展，消费者的安全保障问题日益突出。在电子商务交易过程中，消费者的人身安全问题集中体现在隐私权与个人信息权上。大量的私人信息和数据在电子商务交易过程中被信息服务系统收集、储存、传输，消费者的隐私权和个人信息权受到威胁。如网络经营者为追求利润使用或者买卖消费者的个人信息；银行网络系统维护不当致使黑客入侵，导致金融消费者的个人信用卡被盗刷等。受到金融服务水平和电子化程度的限制，网上支付的安全性尚难以得到充分保障，网络的开放性增加了消费者财产遭受侵害的风险。如消费者的网上支付信息被泄露给第三者；消费者的账号密码被盗窃或被非法破解导致电子货币被盗等。

（二）知悉真情权

知悉真情权，又称知情权、获取信息权，是消费者享有的知悉其购买、使用的商品或者接受的服务的真实情况的权利。该权利是消费者作出正确消费决策的保障。

依据《消费者权益保护法》的规定，消费者的知悉真情权主要包括以下几个方面：

（1）消费者有权要求经营者按照法律、法规规定的方式标明商品或服务的真实情况。例如，凡提供有偿服务的经营者，均须在其经营场所或缴纳费用的地点的醒目位置公布其收费项目明细价目表；经营者使用格式条款与消费者订立煤气灶买卖合同时，经营者须以黑体字或斜体字等合理方式对煤气灶的安全注意事项和风险警示予以重点标注，提醒消费者注意。对消费者的疑问，经营者应如实作出说明。

（2）消费者在购买、使用商品或者接受服务时，有权询问和了解商品或者服务的有关情况。消费者有权根据商品或者服务的不同情况，要求经营者提供商品的价格、产地、生产者、用途、性能、规格、等级、主要成分、生产日期、有效期限、检验合格证明、使用方法说明书、售后服务，或者服务的内容、规格、费用等有关情况。

（3）消费者有权知悉商品或者服务的真实情况。经营者应如实告知消费者有关商品或服务的真实情况，不得故意告知虚假信息或故意隐瞒真实信息。经营者所提供的有关商品或者服务的信息不实，或者因其引人误解的宣传而使消费者接受该商品或者服务时，消费者可以因此主张双方的交易无效。例如，某家具城销售“橡木衣柜”，消费者李某因喜爱橡木而购买了该衣柜。买回后友人提醒李某木材似乎不是橡木而是橡胶木。李某遂聘请专家对该家具进行鉴定，发现该衣柜实为橡胶木而非橡木。李某顿觉上当，以该家具城侵犯其消费者权利为由向工商局进行投诉。家具城的行为侵害了消费者的知情权。

（三）自主选择权

自主选择权是指消费者享有的自主选择商品或者服务的权利。该权利包括以下几个方面：自主选择提供商品或服务的经营者的权利；自主选择商品品种或者服务方式的权利；自主选择购买或者不购买任何一种商品、接受或者不接受任何一项服务的权利；消费者在自主选择商品或者服务时，有权进行比较、鉴别和挑选。

（四）公平交易权

公平交易权是指消费者在与经营者之间进行的消费交易中所享有的获得公平的交易条

件的权利。该权利主要体现在两个方面：一是消费者有权获得质量保障、价格合理、计量正确等公平交易条件。日常生活中经营者故意的“短斤少两”“以次充好”行为实质上侵犯了消费者的公平交易权。二是消费者有权拒绝经营者的强制交易行为。如强迫消费者购物或接受服务等，都属于强制交易行为。为了保障消费者公平交易权的实现，必须依据反垄断法与反不正当竞争法等对假冒伪劣、价格不公、计量失度、强制性交易等不公平交易行为予以禁止。消费者有权要求商品或服务的质量符合国家或行业标准；对商品或服务有权要求合理的价格定位；要求计量准确，数量充足；有权拒绝经营者逼迫其购买商品或接受服务等违背消费者意愿的行为。

（五）依法求偿权

依法求偿权，又称索赔权，是指消费者享有的因购买、使用商品或者接受服务过程中受到人身、财产损害时，依法获得赔偿的权利。

依法求偿权是消费者合法权益受到侵害后，弥补其损失的必不可少的救济性权利。确立和保护这一权利，对于解决实践中大量存在的侵害消费者权益的问题，有效惩戒不法经营，维护市场秩序都是非常必要的。

（六）依法结社权

依法结社权是指消费者享有的依法成立维护自身合法权益的社会团体的权利。在我国，依法成立的消费者组织有两种，一种是消费者协会，另一种是其他消费者组织。前者包括中国消费者协会和各地设立的消费者协会。其他消费者组织是指除消费者协会系统之外，由消费者依法成立的旨在维护自身合法权益的社会团体，如中国保护消费者基金会。

（七）获取知识权

获取知识权，又称消费者受教育权，是指消费者享有的获得有关消费和消费者权益保护方面的知识的权利。消费者有权通过适当方式获得有关商品或者服务消费知识和消费者保护知识。消费者受教育权属于消费者权利体系中比较基础而又意义重大的一项权利，是从知悉真情权中引申出来的一项权利。由于消费者与经营者在信息、实力等方面的差距越来越大，只有保障消费者的获取知识权，才能使消费者更好地掌握所需商品或服务的知识和使用技能，正确使用商品或接受服务，提高其自我保护意识与自我保护能力。

（八）人格尊严受尊重权与个人信息受保护权

获得尊重权是消费者在购买、使用商品和接受服务时，享有人格尊严、民族风俗习惯得到尊重的权利，享有个人信息依法得到保护的权利。消费者享有在购买、使用商品和接受服务的过程中，人格尊严、民族风俗习惯受到尊重的权利。

人格尊严是消费者人身权的重要组成部分，包括姓名权、肖像权、名誉权、荣誉权等。尊重消费者的人格尊严，也是尊重与保障人权的重要内容。我国是统一的多民族国家，尊重消费者的民族风俗习惯，对于促进各民族团结、保护少数民族消费者的利益，具有重要意义。例如，在回民聚集区不得开设猪肉店铺。

消费者在购买、使用商品和接受服务时，享有个人信息得到保护的权利。这里所说的个人信息，包括自然人的姓名、民族、出生日期、身份证号码、户籍、住址、职业、个人生物识别信息、婚恋情况、财务情况等能够直接或者以合理方式间接识别自然人主体身份的信息等。消费者享有个人信息权，非经消费者同意，经营者不得收集、使用消费者的个人信息。

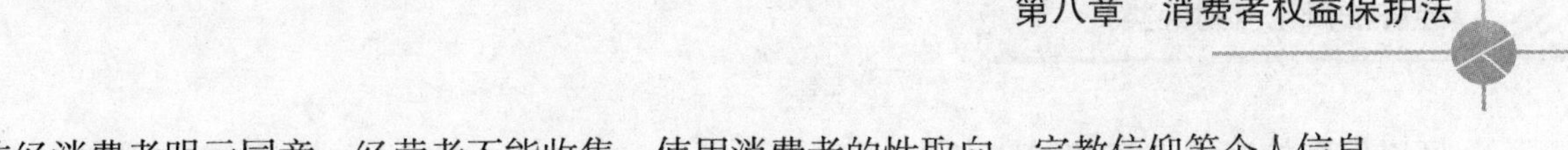

如非经消费者明示同意，经营者不能收集、使用消费者的性取向、宗教信仰等个人信息。

（九）监督批评权

监督批评权是指消费者享有的对于商品和服务以及消费者保护工作进行监督的权利。

监督批评权是为了加强消费者的自我保护能力而设定的权利。包括以下两个方面的内容：第一，消费者有权对经营者提供商品和服务的全过程进行监督，有权检举、控告其侵害消费者权益的行为。第二，消费者有权检举、控告国家机关及其工作人员在保护消费者权益工作中的违法失职行为，有权对保护消费者权益工作提出批评、建议。

第三节　经营者的义务

一、依法定或约定提供商品或者服务的义务

经营者向消费者提供商品或者服务，应当依照我国《产品质量法》和其他有关法律、法规的规定履行义务，即经营者必须履行其法定义务。此外，经营者和消费者对商品或服务的提供有约定的，应当按照约定履行义务，但双方的约定不得违背法律、法规的规定。经营者向消费者提供商品或者服务，应当恪守社会公德，诚信经营，保障消费者的合法权益；不得设定不公平、不合理的交易条件，不得强制交易。一些商家的店堂中贴出的“商品售出，概不退换”“本店对此次有奖销售活动拥有最终解释权”之类的告示，都是严重损害消费者公平交易权的“霸王条款”，通过该条款经营者减轻或者免除自身的法律责任，明显对消费者不公平、不合理。

二、接受消费者监督的义务

经营者应当听取消费者对其提供的商品或者服务的意见，接受消费者的监督。接受消费者的监督，就是要把经营者提供商品和服务的经营活动置于消费者的有效监督之下，以确保消费者监督批评权的实现。对经营者这一义务的规定有助于提高和改善消费者的地位。

三、安全保障的义务

经营者在经营场所对消费者、潜在的消费者或者其他进入服务场所的人之人身、财产安全依法承担安全保障的义务。经营者的安全保障义务的内容包括以下几个方面：

（1）提供符合保障人身、财产安全的商品或者服务的义务。经营者所提供的商品或服务不得含有危及消费者人身或财产安全的不合理危险。例如，火锅店经营者应保证所使用的电火锅不存在漏电、爆炸等安全隐患；宾馆经营者应保证非住店人员不得擅自进入客房

区以保障旅客的人身及财产安全。

（2）对可能危及人身、财产安全的商品和服务，经营者应当向消费者作出真实的说明和明确的警示，并说明和标明正确使用商品或者服务的方法以及防止危害发生的方法。例如，烟草生产商在其生产的卷烟包装盒上须标明“吸烟有害健康”的字样。未作真实、明确说明与警示的，将构成产品警示缺陷。

（3）宾馆、商场、餐馆、银行、机场、车站、港口、影剧院等经营场所的经营者，应当对消费者尽到安全保障义务。经营者的安全保障义务一般包括维护、保管公共设施；保证产品质量和服务符合安全标准；及时发现安全隐患并采取妥善措施消除危险，对可能造成危险的设施、行为设置明显的标志并采取相应的保护措施，配备数量足够的、合格的安全保障人员；对于已经或者正在发生的危险，经营者应当进行积极的救助，以避免损害的发生或减少损失。例如，消费者到火锅城吃火锅，由于液化气罐爆炸导致消费者的人身、财产受到损害；宾馆房间的吊顶灯因年久失修掉落，砸伤住店客人；公共浴池没有定期消毒导致传染病的传播；刚刚做过清洁的饭店地板较滑，但未设置“地板未干，小心滑倒”字样的警示牌；消费者在宾馆住宿时遭不法分子殴打致伤，期间宾馆保安人员只在远处围观，未及时制止不法侵害的发生等。上述行为均为经营者违反安全保障义务的表现。

经营者未尽安全保障义务，造成消费者损害的，应当承担侵权责任。因为第三人的行为造成消费者损害的，由第三人承担侵权责任；经营者未尽安全保障义务的，承担相应的补充责任。

四、缺陷产品召回的义务

缺陷产品召回有两种形式：一种形式是经营者的自主召回，即缺陷产品的生产商、销售商、进口商在得知其生产、销售或进口的产品存在危及人身、他人财产安全的不合理危险时，依法向职能部门报告，及时通知消费者，设法从市场上、消费者手中收回缺陷产品，并采取停止销售、警示、召回、无害化处理、销毁、停止生产或者服务等措施。另一种形式是行政执法部门责令经营者召回缺陷产品。有关行政部门受理消费者投诉举报后进行调查，证据确凿后责令经营者召回；或者行政部门通过抽查、检查等日常执法发现并认定经营者提供的商品或者服务存在缺陷，有危及人身、财产安全危险的，责令经营者采取停止销售、警示、召回、无害化处理、销毁、停止生产或者服务等措施。召回是以消除缺陷、避免伤害为目的，具体召回活动由生产者组织完成并承担相应费用。

五、提供真实信息的义务

根据《消费者权益保护法》第20条的规定，该项义务有三个方面的内容：

（1）经营者向消费者提供有关商品或者服务的质量、性能、用途、有效期限等信息，应当真实、全面，不得作虚假或者引人误解的宣传。否则，将构成不正当竞争及对消费者合法权益的侵害。

（2）经营者对消费者就其提供的商品或者服务的质量和使用方法等问题提出的询问，

应当作出真实、明确的答复。

(3) 经营者提供商品或者服务应当明码标价。明码标价是指经营者在收购、销售商品或者提供有偿服务时，不仅要标明商品和服务的价格，还要标明与价格有关的其他情况，如商品的品名、产地、规格、等级、计价单位或者提供服务的项目、收费标准等有关情况。经营者降价销售商品和提供服务，应当如实说明降价原因、降价期间，并使用降价标价签。商品和服务价格发生变动时，应及时更换标价签、价目表，做到商品的价格、收费的标准与标价签、价目表相一致，不得将原价、现价混标。经营者不得在标价之外加价出售商品，不得收取任何未予标明的费用。经营者不得有不正当价格行为。经营者违反规定，不标、错标、漏标或不按规定方式标价，不能称作为明码标价，必须承担相应的法律责任。

六、标明真实名称和标记的义务

经营者应当标明其真实名称和标记。租赁他人柜台或者场地的经营者应当标明其真实名称和标记。该义务要求经营者不得使用未经核准登记的企业名称，不得假冒、仿冒他人的企业名称和特有的企业标记或使用易与他人企业名称或营业标记相混淆的企业名称和营业标记；在租赁柜台或场地进行交易活动时，经营者不得以柜台和场地出租者的名称和标记从事经营活动。例如，游医赵某租赁某职工医院二楼的一间空房坐堂行医，并以该职工医院皮肤科的名义在某电视台多次作广告的行为，即违反了标明真实名称的法定义务。法律要求经营者标明真实名称和标记，既是为了保障消费者的知情权与自主选择权，也是为了制止不正当竞争行为。

七、出具购货凭证或者服务单据的义务

购货凭证或者服务单据是证明经营者与消费者之间法律关系的存在及法律关系内容的书面证据，是消费者维护自己合法权益时的重要依据。因此，经营者在提供商品或者服务时，应当按照国家有关规定或者商业惯例向消费者出具购货凭证或者服务单据。消费者索要购货凭证或者服务单据的，经营者必须出具。

八、保证商品或服务质量符合要求的义务

经营者应当保证在正常使用商品或者接受服务的情况下，其提供的商品或者服务应当具有的质量、性能、用途和有效期限；但消费者在购买该商品或者接受该服务前已经知道其存在瑕疵，且存在该瑕疵不违反法律强制性规定的除外。例如，商家降价处理标明“掉色”“污渍”等字样的毛衣，消费者购买后以该毛衣存在质量瑕疵为由要求退货的，法院将不予支持。经营者以广告、产品说明、实物样品或者其他方式表明商品或者服务的质量状况的，应当保证其提供的商品或者服务的实际质量与表明的质量状况相符。其中，以样品买卖的消费者不知道样品有隐蔽瑕疵的，即使经营者交付的商品与样品相同，经营者交付的商品质量仍然应当符合同种商品的通常标准。例如，消费者凭样品购买护眼灯后，发

现该灯具根本不具有护眼灯的基本功能，有权要求经营者更换商品或要求退货。

九、履行七日内退货的义务

所谓七日内退货，是指消费者自收到商品之日起七日之内有权利单方主张解除买卖合同并退还所购买的货物，经营者应返还消费者已支付的购货款。

七日内退货制度包括两种情形，一种是有理由七日内退货制度，另一种是无理由七日内退货制度。

（一）有理由七日内退货制度

消费者在满足以下条件时可以自收到商品之日起七日内退货：第一，线下交易环境下成立的买卖合同。所谓线下交易，就是指在传统的实体店内，经营者与消费者面对面订立买卖合同的交易方式。第二，经营者提供的商品或者服务不符合质量要求，即履行质量有瑕疵。第三，对该履行质量瑕疵责任的承担，没有国家规定和当事人的约定。符合上述条件的消费者可以自收到商品之日起七日内退货，并由经营者承担运输等必要费用。

（二）无理由七日内退货制度

满足以下条件时消费者有权自收到商品之日起七日内退货，且无须说明理由：第一，线上交易环境下成立的买卖合同。所谓线上交易，就是指经营者采用网络、电视、电话、邮购等非现场购物的方式销售商品，并与消费者订立买卖合同的交易方式。第二，消费者所购买的商品适宜退货处理。

根据《消费者权益保护法》的规定，下列商品不适用七日内退货制度：（1）消费者定作的；（2）鲜活易腐的；（3）在线下载或者消费者拆封的音像制品、计算机软件等数字化商品；（4）交付的报纸、期刊。此外，对于其他根据商品性质并经消费者在购买时确认不宜退货的商品，也不适用该无理由退货制度。

消费者退货的商品应当完好。经营者应当自收到退回商品之日起七日内返还消费者支付的商品价款。退回商品的运费由消费者承担；经营者和消费者另有约定的，按照约定。

十、格式条款的提示、说明义务

格式条款又称为标准条款，是指当事人为了重复使用而预先拟定，并在订立合同时未与对方协商的条款，如保险合同、拍卖成交确认书等，都是格式合同。采用格式条款订立合同时，相对方并不能就格式条款提出修改的要求，而只能完全同意或者拒绝，相对方往往对格式条款的内容注意不够或者不理解条款的内容，因此，提供格式条款的经营者应当对格式条款的存在及其内容对消费者尽到提示、说明的义务。

具体而言，经营者的提示、说明义务包括以下几个要点：第一，提示的内容。包括商品或者服务的数量和质量、价款或者费用、履行期限和方式、安全注意事项和风险警示、售后服务、民事责任等与消费者有重大利害关系的内容。第二，提示注意的方式。经营者应采取显著的方式提请消费者注意与消费者有重大利害关系的内容。经营者对上述内容进行提醒的方式有很多，可以进行口头提醒，如在签订合同时，口头告诉消费者需要注意哪

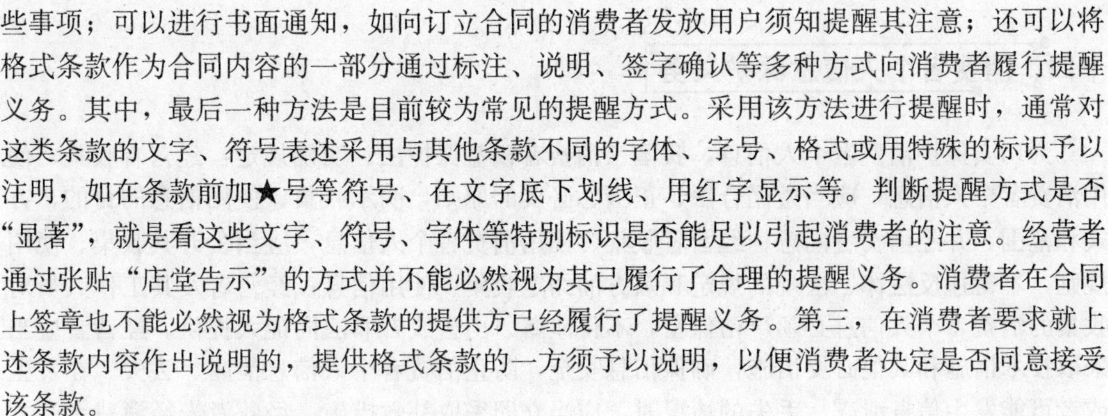

些事项；可以进行书面通知，如向订立合同的消费者发放用户须知提醒其注意；还可以将格式条款作为合同内容的一部分通过标注、说明、签字确认等多种方式向消费者履行提醒义务。其中，最后一种方法是目前较为常见的提醒方式。采用该方法进行提醒时，通常对这类条款的文字、符号表述采用与其他条款不同的字体、字号、格式或用特殊的标识予以注明，如在条款前加★号等符号、在文字底下划线、用红字显示等。判断提醒方式是否“显著”，就是看这些文字、符号、字体等特别标识是否能足以引起消费者的注意。经营者通过张贴“店堂告示”的方式并不能必然视为其已履行了合理的提醒义务。消费者在合同上签章也不能必然视为格式条款的提供方已经履行了提醒义务。第三，在消费者要求就上述条款内容作出说明的，提供格式条款的一方须予以说明，以便消费者决定是否同意接受该条款。

若提供格式条款的经营者未以显著的方式提请消费者注意，或者虽提请消费者注意但未应消费者的要求予以说明，则该条款不能发生效力。

十一、公平交易的义务

为了保护消费者的公平交易权，《消费者权益保护法》规定：经营者不得以格式条款、通知、声明、店堂告示等方式，作出排除或者限制消费者权利、减轻或者免除经营者责任、加重消费者责任等对消费者不公平、不合理的规定，不得利用格式条款并借助技术手段强制交易。如网络服务商利用技术手段对合同格式条款设置不方便链接或者隐藏格式条款内容强制消费者进行交易。格式条款、通知、声明、店堂告示等含有上述所列内容的，其内容无效。

十二、尊重消费者人格权的义务

消费者的人格权是其基本人权，消费者的人格尊严、人身自由不受侵犯。经营者不得对消费者进行侮辱、诽谤，不得搜查消费者的身体及其携带的物品，不得侵犯消费者的人身自由。如某超市因怀疑消费者王某偷了超市物品，强行将王某关押在超市办公室，并搜查王某的身体与随身携带的手包，该行为侵犯了消费者的人格尊严与人身自由。

十三、重要信息披露义务

采用网络、电视、电话、邮购等线上交易方式提供商品或者服务的经营者，以及提供证券、保险、银行等金融服务的经营者，应当向消费者披露与合同的订立和履行、消费者安全保障及权益维护等有关的重要信息，包括但不限于：经营地址、联系方式、商品或者服务的数量和质量、价款或者费用、履行期限和方式、安全注意事项和风险警示、售后服务、民事责任等信息。在线经营者的信息披露义务与线下交易环境中经营者的信息披露义务在本质上并无区别，都是与消费者知情权相对应的义务。不过，由于网络消费的特殊性，在义务具体内容与义务履行方式方面，与传统消费交易中经营者的信息披露义务会有所不同。

十四、消费者个人信息保护义务

为切实保护消费者个人信息，我国《消费者权益保护法》明确规定：经营者收集、使用消费者个人信息，应当遵循合法、正当、必要的原则，明示收集、使用信息的目的、方式和范围，并经消费者同意；经营者收集、使用消费者个人信息，应当公开其收集、使用规则，不得违反法律、法规的规定和双方的约定收集、使用信息；经营者及其工作人员对收集的消费者个人信息必须严格保密，不得泄露、出售或者非法向他人提供。经营者应当采取技术措施和其他必要措施，确保信息安全，防止消费者个人信息泄露、丢失。在发生或者可能发生信息泄露、丢失的情况时，应当立即采取补救措施；经营者未经消费者同意或者请求，或者消费者明确表示拒绝的，不得向其发送商业性信息。

经营者的上述义务与前述的消费者权利存在着大体上的对应关系。此外，从实质意义上的消费者权益保护法来说，经营者的义务远不限于上述的形式意义上的《消费者权益保护法》的规定。在《反垄断法》《反不正当竞争法》《产品质量法》《广告法》《价格法》等诸多形式意义的立法中，同样包含着许多涉及经营者义务的规范。对消费者权益的保护，是许多相关法律的共同任务。

第四节　消费者权益争议的解决途径和责任承担

一、消费者权益争议的解决途径

消费者权益争议是指消费者权益受到侵害，而与经营者之间发生的纠纷。根据我国现行法律，可通过以下途径解决：

（1）与经营者协商和解。协商和解是指消费者在发生争议后，与经营者在法律地位平等的基础上，遵循自愿、公平和诚实信用的原则，就所发生的争议进行协商，达成和解的活动。

（2）请求消费者协会或依法成立的其他调解组织调解。如果与经营者协商无效，消费者可以向当地的消费者协会投诉，也可以请求依法成立的其他调解组织调解。消费者协会是依法成立的对商品和服务进行社会监督，以保护消费者合法权益的专门社会团体。但消费者协会或其他调解组织的调解协议不具有当然的法律效力。因此，消费者仍可以提请仲裁或提起诉讼。

（3）向有关行政部门申诉。消费者合法权益受到侵害后，根据商品和服务的性质，还可以向工商、物价、技术监督、标准、计量、商检、卫生等相关行政部门申诉。行政申诉提出后，由受理案件的行政机关依据有关规定作出相应的决定，及时保护消费者的合法权益。

（4）提请仲裁机构仲裁。当事人双方自愿达成的仲裁协议是仲裁机构受理争议案件的依据，仲裁协议可以事前或事后达成。

（5）向人民法院提起诉讼。消费者在自己的合法权益受到侵害并向消费者协会或有关行政部门投诉、申诉后，不满意处理结果时，可以向人民法院起诉。起诉是当事人向人民法院请求司法保护的法律行为。

（6）由消费者协会提起公益诉讼。对侵害众多消费者合法权益的行为，中国消费者协会以及在省、自治区、直辖市设立的消费者协会，可以向人民法院提起公益诉讼。公益诉讼是针对经营者侵害众多且不特定的消费者，使其权益受到损害或者可能受到损害的情况，由没有直接利害关系的主体向人民法院提起的诉讼。《消费者权益保护法》首次赋予消协公益诉讼主体资格，由原来只能支持消费者起诉到可以代表消费者进行公益诉讼，是国家强化对消费者权益保护的一个很大进步。

二、消费者权益损害的赔偿责任承担

（一）消费者权益损害的赔偿责任主体

根据《消费者权益保护法》的规定，消费者因购买、使用商品或者接受服务，合法权益受到损害时，有权要求侵害人赔偿。但在现实生活中，常有经营者漠视消费者利益，或采取互相推诿的办法，致使消费者的求偿权不能及时实现。为此，法律规定由以下主体对消费者承担相应的赔偿责任：

1. 生产者与销售者

我国《消费者权益保护法》规定，消费者在购买、使用商品时，其合法权益受到损害的，可以向销售者要求赔偿。销售者赔偿后，属于生产者的责任或者属于向销售者提供商品的其他销售者的责任的，销售者有权向生产者或者其他销售者追偿。

消费者或者其他受害人因商品缺陷造成人身、财产损害的，可以向销售者要求赔偿，也可以向生产者要求赔偿。属于生产者责任的，销售者赔偿后，有权向生产者追偿。属于销售者责任的，生产者赔偿后，有权向销售者追偿。

消费者在接受服务时，其合法权益受到损害的，可以向服务者要求赔偿。

2. 展销会举办者与柜台出租者

消费者在展销会、租赁柜台购买商品或者接受服务，其合法权益受到损害的，可以向销售者或者服务者要求赔偿。展销会结束或者柜台租赁期满后，也可以向展销会的举办者、柜台的出租者要求赔偿。展销会的举办者、柜台的出租者赔偿后，有权向销售者或者服务者追偿。

3. 承受原企业权利义务的企业

消费者在购买、使用商品或者接受服务时，其合法权益受到损害，因原企业分立、合并的，可以向变更后承受其权利义务的企业要求赔偿。

4. 营业执照的持有人与使用人

使用他人营业执照的违法经营者提供商品或者服务，损害消费者合法权益的，消费者可以要求其赔偿，也可以向营业执照的持有人要求赔偿。

5. 网络交易平台

消费者通过网络交易平台购买商品或者接受服务，其合法权益受到损害的，若网络交易平台提供者不能提供销售者或者服务者的真实名称、地址和有效联系方式的，消费者可以向网络交易平台提供者要求赔偿；网络交易平台提供者作出更有利于消费者的承诺的，应当履行承诺。网络交易平台提供者赔偿后，有权向销售者或者服务者追偿。网络交易平台提供者明知或者应知销售者或者服务者利用其平台侵害消费者合法权益，未采取必要措施的，依法与销售者或者服务者承担连带责任。

6. 虚假广告的经营者与发布者

广告经营者是指接受委托提供广告设计、制作、代理服务的自然人、法人或者其他组织。广告发布者是指为广告主或者广告主委托的广告经营者发布广告的自然人、法人或者其他组织。广告以虚假或者引人误解的内容欺骗、误导消费者的，构成虚假广告。有下列情形之一的，为虚假广告：（1）商品或者服务不存在的；（2）商品的性能、功能、产地、用途、质量、规格、成分、价格、生产者、有效期限、销售状况、曾获荣誉等信息，或者服务的内容、提供者、形式、质量、价格、销售状况、曾获荣誉等信息，以及与商品或者服务有关的允诺等信息与实际情况不符，对购买行为有实质性影响的；（3）使用虚构、伪造或者无法验证的科研成果、统计资料、调查结果、文摘、引用语等信息作证明材料的；（4）虚构使用商品或者接受服务的效果的；（5）以虚假或者引人误解的内容欺骗、误导消费者的其他情形。

消费者因经营者利用虚假广告或者其他虚假宣传方式提供商品或者服务，其合法权益受到损害的，可以向经营者要求赔偿。广告经营者、发布者发布虚假广告的，消费者可以请求行政主管部门予以惩处。广告经营者、发布者不能提供经营者的真实名称、地址和有效联系方式的，应当承担赔偿责任。

广告经营者、发布者设计、制作、发布关系消费者生命健康的商品或者服务的虚假广告，造成消费者损害的，应当与提供该商品或者服务的经营者承担连带责任。

7. 虚假广告产品的代言人

广告代言人是指广告主以外的，在广告中以自己的名义或者形象对商品、服务作推荐、证明的自然人、法人或者其他组织。广告代言人在广告中对商品、服务作推荐、证明，应当依据事实，符合《消费者权益保护法》《广告法》和有关法律、行政法规规定，并不得为其未使用过的商品或者未接受过的服务作推荐、证明。

关系消费者生命健康的商品或者服务的虚假广告，造成消费者损害的，其广告代言人应当与广告主、广告经营者、广告发布者一起承担连带责任。

其他商品或者服务的虚假广告造成消费者损害的，其广告经营者、广告发布者、广告代言人，明知或者应知广告虚假仍设计、制作、代理、发布或者作推荐、证明的，应当与广告主承担连带责任。

（二）损害赔偿的范围

1. 补偿性损害赔偿

（1）财产损害。

经营者提供商品或者服务，造成消费者财产损害的，应当依照法律规定或者当事人约定承担修理、重作、更换、退货、补足商品数量、退还货款和服务费用或者赔偿损失等民事责任。经营者以预收款方式提供商品或者服务的，应当按照约定提供。未按照约定提供

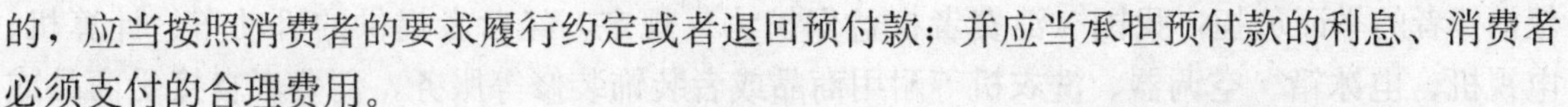

的，应当按照消费者的要求履行约定或者退回预付款；并应当承担预付款的利息、消费者必须支付的合理费用。

依法经有关行政部门认定为不合格的商品，消费者要求退货的，经营者应当负责退货。

（2）人身损害。

经营者提供商品或者服务，造成消费者或者其他受害人人身伤害的，应当赔偿医疗费、护理费、交通费等为治疗和康复支出的合理费用，以及因误工减少的收入。造成消费者或者其他受害人残疾的，还应当赔偿残疾生活辅助具费和残疾赔偿金。造成死亡的，还应当赔偿丧葬费和死亡赔偿金。此外，从事住宿、餐饮、娱乐等经营活动或者其他社会活动的自然人、法人、其他组织，未尽合理限度范围内的安全保障义务致使消费者遭受人身损害的，消费者有权要求经营者承担相应的赔偿责任。

（3）精神损害。

经营者侵害消费者的人格尊严、侵害消费者人身自由或者侵害消费者个人信息依法得到保护的权利的，应当停止侵害、恢复名誉、消除影响、赔礼道歉，并赔偿损失。

经营者有侮辱诽谤、搜查身体、侵犯人身自由等侵害消费者或者其他受害人人身权益的行为，造成严重精神损害的，受害人可以要求精神损害赔偿。

2. 惩罚性损害赔偿

经营者提供商品或者服务有欺诈行为的，应当按照消费者的要求增加赔偿其受到的损失，增加赔偿的金额为消费者购买商品的价款或者接受服务的费用的三倍；增加赔偿的金额不足500元的，为500元。法律另有规定的，依照其规定。

经营者明知商品或者服务存在缺陷，仍然向消费者提供，造成消费者或者其他受害人死亡或者健康严重损害的，受害人有权要求经营者依照《消费者权益保护法》第49条、第51条等法律规定赔偿损失，并有权要求所受损失两倍以下的惩罚性赔偿。适用惩罚性赔偿，应以消费者与经营者之间存在有效的消费性合同关系为基础，以经营者实施了欺诈行为为必要前提。对于什么是欺诈行为，《消费者权益保护法》未予规定。但最高人民法院在《关于贯彻执行〈中华人民共和国民法通则〉若干问题的意见》中，对"受欺诈所实施的民事行为"进行了定义。由于在民事损害赔偿问题上，消费者权益保护法与民法属于特别法与普通法之间的关系，在特别法对某具体问题无规定的情况下，应当适用普通法的规定。据此，所谓的欺诈行为，是指经营者在交易中实施的故意告知消费者虚假信息或故意隐瞒事关交易的重要真实信息的行为。掌握这个概念必须注意两个要点：第一，欺诈行为客观上表现为虚假信息的告知或重要交易信息应告知而不告知；第二，经营者在实施上述行为时主观上为故意。

三、消费者权益争议的举证责任承担

消费者在维护其合法权益时，根据"谁主张谁举证"的基本原理，必须要举证证明其所购买的商品或接受的服务存在质量问题。这一举证责任无形中增加了消费者的维权难度及成本，尤其是在证明装饰装修这类包含较多隐蔽工程的服务及技术含量较高的商品时。为了减轻消费者的举证负担，我国《消费者权益保护法》规定，经营者提供的机动车、计算机、电视机、电冰箱、空调器、洗衣机等耐用商品或者装饰装修等服务，消费者自接受商品或者服务之日起六个月内发现瑕疵，发生争议的，由经营者承担有关瑕疵的举证责任。

思考题

1. 如何理解消费者权益保护法的经济法属性？
2. 当消费者的权益受到损害时，如何确定承担损害赔偿责任的主体？
3. 我国消费者有哪些主要权利？
4. 我国经营者有哪些主要义务？
5. 如何理解经营者的惩罚性损害赔偿责任？
6. 网络交易平台商的责任如何？

案例分析

2015 年 6 月 8 日下午，张某在某超市准备购买一种香皂，但发现其标价与自己平日购买的价格不同，遂将标价抄录下来以便回家比较。张某此举当即遭到 2 个超市保安员的制止，并被要求交出抄了价格的纸条。张某不同意，超市保安员强行搜身，并将张某带往保安办公室，途中，保安员还动手打了张某。事发后，该超市有关负责人声称张某违反了商场“严禁抄写商品价格”的规定，侵犯了商场的“商业秘密”。经查，这家商场在入口处张贴的店规内容为：一、顾客到商场购物永远是对的；二、顾客与员工发生争执时，遵照第一条执行；三、商场内严禁照相、摄像及抄写价格。

问题：

(1) 本案消费者张某的行为是否侵犯商场的商业秘密？为什么？

(2) 商场在入口处张贴店规在法律上属于什么性质？这样做是否有效？为什么？

(3) 商场的一系列行为是否侵害了张某的消费者权益？如果是，哪些（项）权益受到了侵犯？

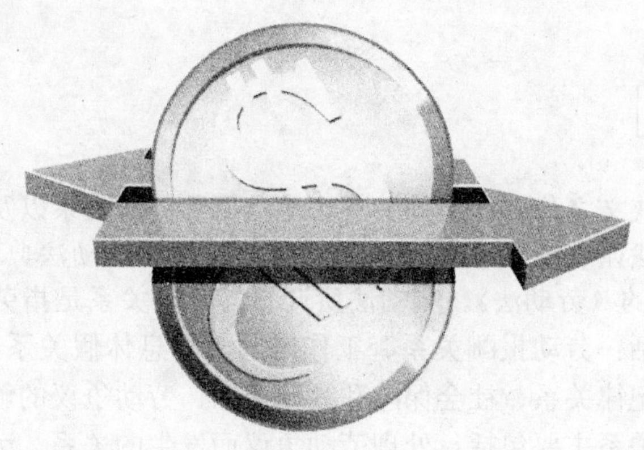

第九章　劳动法

学习目标

通过本章的学习，应了解劳动法的概念，劳动合同的订立、效力、履行、解除以及特殊劳动合同、劳动仲裁等制度。本章应当重点学习和掌握劳动合同法、劳动仲裁法的相关内容。

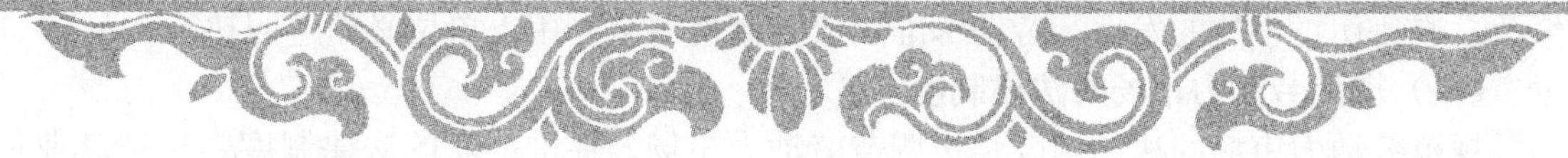

第一节 劳动法概述

一、劳动法的概念

劳动法有广义和狭义之分。广义的劳动法是指调整劳动关系以及与劳动关系有密切联系的其他社会关系的法律规范的总称。狭义的劳动法仅指劳动法典，即1995年1月1日起施行、2009年修订的《劳动法》。劳动法所调整的劳动关系是指劳动者与用人单位之间的劳动关系，具体包括：劳动报酬关系、工作时间与休息休假关系、劳动安全卫生关系、职业培训关系、劳动纪律关系、社会保险和福利关系、劳动争议的解决关系等。与劳动关系有密切联系的其他关系主要包括：处理劳动争议而发生的关系、劳动监督管理关系、社会保障关系、工会组织与用人单位之间的关系等。

二、劳动法的基本原则

我国劳动法确立了如下基本原则：（1）保障劳动者合法权益的原则；（2）政府、工会、企业三方协调劳动关系原则；（3）促进就业的原则；（4）维护劳动生产秩序的原则；（5）男女平等、民族平等原则。

三、劳动法的主要制度

（一）调整劳动关系的法律制度

调整劳动关系的法律制度主要是指劳动合同制度。劳动者与用人单位之间通过订立劳动合同建立劳动关系，因此，劳动合同制度是劳动法的最基础的法律制度。

（二）确定劳动标准的法律制度

确定劳动标准的法律制度是指国家制定的关于劳动者最基本劳动条件的法律法规，包括最低工资、工作时间、劳动安全与卫生等。其目的是改善劳动条件，保障劳动者的基本生活，避免伤亡事故的发生。劳动标准属于强制性规范，用人单位必须遵照执行。

（三）规范劳动力市场的法律制度

规范劳动力市场的法律制度是指调节劳动力市场、促进就业的法律制度，包括就业促进、职业培训、就业服务等。就业是民生之本，促进就业是现代国家的基本责任。国家应采取各种宏观调控手段，创造就业机会，实现劳动者充分就业。

（四）社会保险法律制度

社会保险是对劳动者基本生存条件的保障以及生活质量提高的保障，具体包括养老保险、医疗保险、失业保险、工伤保险、生育保险等制度。

（五）劳动权利保障与救济的法律制度

劳动权利保障与救济主要包括劳动监察和劳动争议处理等法律制度。目前，我国劳动争议处理方式包括调解、仲裁和诉讼。

第二节　劳动合同

一、劳动合同概述

（一）劳动合同的概念

劳动合同是劳动者与用人单位之间明确双方权利义务关系的协议。劳动合同缔结了劳动者与用人单位之间的劳动关系，在劳动者提供劳动的过程中，劳动者属于用人单位的一分子，服从用人单位的监督和管理。劳动合同的订立，在遵循合同双方的真实意思的基础上，还应当遵守国家有关劳动者保护的特殊法律规定，从而在劳动合同性质上体现出明显的任意性与强制性相统一的特点。

（二）劳动合同法的调整范围

为了完善劳动合同制度，明确劳动合同双方当事人的权利和义务，保护劳动者的合法权益，构建和发展和谐稳定的劳动关系，我国制定了《劳动合同法》。该法的调整范围明确如下：

（1）企业、个体经济组织、民办非企业单位等组织与劳动者建立劳动关系，订立、履行、变更、解除或者终止劳动合同的，适用《劳动合同法》。

企业是指从事营利性营业活动的经济组织，是用人单位的主要组成部分。个体经济组织是指雇工7人以下的个体工商户。民办非企业单位是指企事业单位、社会团体和其他社会力量以及公民个人利用非国有资产举办的，从事非营利性社会服务活动的组织。如民办学校、民办医院、民办图书馆、民办博物馆、民办科技馆等。依法成立的会计师事务所、律师事务所等合伙组织和基金会，属于《劳动合同法》规定的用人单位，其招用助手、工勤人员等，应签订劳动合同。

（2）国家机关、事业单位、社会团体和与其建立劳动关系的劳动者订立、履行、变更、解除或者终止劳动合同的，适用《劳动合同法》。

国家机关包括权力机关、行政机关、司法机关、军事机关等。国家机关录用公务员和聘任制公务员，适用《公务员法》，不适用《劳动合同法》。国家机关招用工勤人员，需要签订劳动合同，应适用《劳动合同法》。

事业单位与其工作人员的关系是否适用《劳动合同法》，可分三种情况：（1）具有管理公共事务职能的组织，如证券监督管理委员会、保险监督管理委员会、银行业监督管理委员会等，其录用工作人员是参照《公务员法》进行管理，不适用《劳动合同法》；（2）实行企业化管理的事业单位，其与职工签订的是劳动合同，适用《劳动合同法》；（3）有些事业单位，如医院、学校、科研机构等，部分劳动者与单位签订的是劳动合同，适用《劳动合同法》；部分劳动者与单位签订的是聘用合同，则应适用《劳动合同法》第96条的规定，即法律、行政法规或者国务院另有规定的，依照其规定；未作规定的，适用《劳动合同法》。

社会团体是指中国公民自愿组成、为实现会员共同意愿、按照其章程开展活动的非营利性社会组织。如党派团体、工会、共青团、妇联、工商联、文学艺术联合会、足球协会、法学会、医学会等。社会团体的工作人员，除按照《公务员法》管理和比照《公务员法》管理的外，其他工作人员与用人单位签订劳动合同的，适用《劳动合同法》。

（3）公务员和参照公务员管理的人员以及私人雇用的家庭保姆、农业劳动者（乡镇企业职工和进城务工、经商的农民除外）、现役军人等不适用《劳动合同法》。

国家机关的公务员适用《公务员法》，不适用《劳动合同法》。参照公务员管理的人员，如证监会、保监会、银监会等事业单位的工作人员，不适用《劳动合同法》。党派团体，除工勤人员外，其工作人员是公务员，按照《公务员法》管理，不适用《劳动合同法》。考虑到《劳动合同法》是规范用人单位与劳动者之间订立劳动合同的法律规范，所以对于非全日制用工的家庭雇工、兼职人员、返聘的离退休人员等未作规定。

二、劳动合同的订立

（一）劳动关系的建立

劳动关系是指劳动者与用人单位在实现劳动过程中建立的社会关系。劳动关系的建立，取决于书面劳动合同的签订时间和实际用工时间。具体可分为三种情况：

1. 实际用工之日同时签订书面劳动合同

劳动者实际提供劳动时与用人单位签订书面劳动合同的，劳动关系自书面劳动合同签订之日起建立，双方当事人按照劳动合同的约定履行其义务，对此不存争议。

2. 实际用工时间晚于书面劳动合同签订时间

劳动关系自用人单位用工之日起建立，在实际用工之前签订书面劳动合同的，该合同具有约束力，违约的当事人应承担民事责任，但劳动关系仍自实际用工之日起建立。

3. 实际用工时间早于书面劳动合同签订时间

实际用工时间早于书面劳动合同签订时间的，劳动关系自实际用工之日起建立，即只要劳动者实际提供劳动，用人单位实际用工，就建立了劳动关系。劳动者已经提供劳动的，用人单位应当自用工之日起一个月内订立书面劳动合同。已经实际用工而未签订书面劳动合同的原因是多方面的，为保障劳动者合法权益，《劳动合同法》针对这种情况作了具体规定：

（1）用人单位未在用工的同时订立书面劳动合同，与劳动者约定的劳动报酬不明确的，新招用的劳动者的劳动报酬按照集体合同规定的标准执行；没有集体合同或者集体合同未规定的，实行同工同酬。

（2）自用工之日起一个月内，经用人单位书面通知后，劳动者不与用人单位订立书面劳动合同的，用人单位应当书面通知劳动者终止劳动关系，无须向劳动者支付经济补偿，但是应当依法向劳动者支付其实际工作时间的劳动报酬。

（3）用人单位自用工之日起超过一个月不满一年未与劳动者订立书面劳动合同的，应

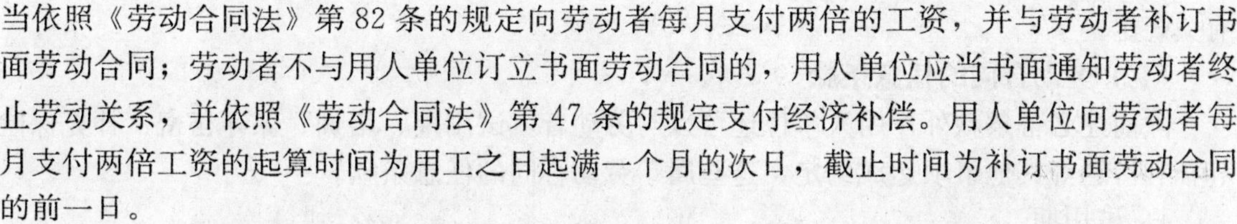

当依照《劳动合同法》第 82 条的规定向劳动者每月支付两倍的工资，并与劳动者补订书面劳动合同；劳动者不与用人单位订立书面劳动合同的，用人单位应当书面通知劳动者终止劳动关系，并依照《劳动合同法》第 47 条的规定支付经济补偿。用人单位向劳动者每月支付两倍工资的起算时间为用工之日起满一个月的次日，截止时间为补订书面劳动合同的前一日。

（4）用人单位自用工之日起满一年未与劳动者订立书面劳动合同的，自用工之日起满一个月的次日至满一年的前一日应当依照《劳动合同法》第 82 条的规定向劳动者每月支付两倍的工资，并视为自用工之日起满一年的当日已经与劳动者订立无固定期限劳动合同，应当立即与劳动者补订书面劳动合同。

（二）劳动合同的种类

劳动合同分为固定期限劳动合同、无固定期限劳动合同和以完成一定工作任务为期限的劳动合同。固定期限劳动合同，是指用人单位与劳动者约定合同终止时间的劳动合同，如约定合同期限为一年的劳动合同。无固定期限劳动合同，是指用人单位与劳动者约定无确定终止时间的劳动合同。以完成一定工作任务为期限的劳动合同，是指用人单位与劳动者约定以某项工作的完成为合同期限的劳动合同。如以项目承包方式完成承包任务的劳动合同等。以完成一定工作任务为期限的劳动合同实质上属于固定期限劳动合同。

稳定的劳动关系对用人单位和劳动者乃至社会而言，都是有好处的。因此，国家鼓励劳动者与用人单位签订无固定期限劳动合同。考虑到用人单位在劳动关系中所处的优势地位，为了保障劳动者的权益，应对劳动关系长期化而劳动合同短期化的现象进行干预。根据《劳动合同法》的规定，有下列情形之一，劳动者提出或者同意续订、订立劳动合同的，除劳动者提出订立固定期限劳动合同外，应当订立无固定期限劳动合同：（1）劳动者在该用人单位连续工作满 10 年的；（2）用人单位初次实行劳动合同制度或者国有企业改制重新订立劳动合同时，劳动者在该用人单位连续工作满 10 年且距法定退休年龄不足 10 年的；（3）连续订立两次固定期限劳动合同，且劳动者没有《劳动合同法》第 39 条和第 40 条第 1 项、第 2 项规定的情形，续订劳动合同的。用人单位自用工之日起满一年不与劳动者订立书面劳动合同的，视为用人单位与劳动者已订立无固定期限劳动合同。

三、劳动合同的内容

（一）劳动合同的必备条款

根据《劳动合同法》的规定，劳动合同应当具备以下条款：（1）用人单位的名称、住所和法定代表人或者主要负责人；（2）劳动者的姓名、住址和居民身份证或者其他有效身份证件号码；（3）劳动合同期限；（4）工作内容和工作地点；（5）工作时间和休息休假；（6）劳动报酬；（7）社会保险；（8）劳动保护、劳动条件和职业危害防护；（9）法律、法规规定应当纳入劳动合同的其他事项。

劳动合同对劳动报酬和劳动条件等标准约定不明确，引发争议的，用人单位与劳动者可以重新协商；协商不成的，适用集体合同规定；没有集体合同或者集体合同未规定劳动报酬的，实行同工同酬；没有集体合同或者集体合同未规定劳动条件等标准的，适用国家有关规定。

（二）劳动合同的任意条款

除前述必备条款外，用人单位还可以与劳动者就试用期、培训、保守秘密、补充保险和福利待遇等其他事项达成约定，这些属于劳动合同的任意条款。

1. 试用期

试用期是用人单位和新录用的劳动者在劳动合同中约定的相互考察了解的特定期限。以完成一定工作任务为期限的劳动合同或者劳动合同期限不满三个月的，不得约定试用期。劳动合同期限三个月以上不满一年的，试用期不得超过一个月；劳动合同期限一年以上不满三年的，试用期不得超过二个月；三年以上固定期限和无固定期限的劳动合同，试用期不得超过六个月。同一用人单位与同一劳动者只能约定一次试用期。试用期包含在劳动合同期限内。劳动合同仅约定试用期的，试用期不成立，该期限为劳动合同期限。劳动者在试用期的工资不得低于本单位相同岗位最低档工资或者劳动合同约定工资的百分之八十，并不得低于用人单位所在地的最低工资标准。

在试用期中，除劳动者有《劳动合同法》第 39 条和第 40 条第 1 项、第 2 项规定的情形外，用人单位不得解除劳动合同。用人单位在试用期解除劳动合同的，应当向劳动者说明理由。

2. 服务期

服务期是指用人单位与劳动者双方在特定情形下约定的劳动者必须为用人单位提供劳动的期间。用人单位为劳动者提供专项培训费用，对其进行专业技术培训的，可以与该劳动者订立协议，约定服务期。用人单位对劳动者进行必要的职业培训，如岗前培训，不得约定服务期。劳动者违反服务期约定的，应当按照约定向用人单位支付违约金。违约金的数额不得超过用人单位提供的培训费用。用人单位要求劳动者支付的违约金不得超过服务期尚未履行部分所应分摊的培训费用。用人单位与劳动者约定服务期的，不影响按照正常的工资调整机制提高劳动者在服务期期间的劳动报酬。

3. 竞业限制

竞业限制是指用人单位出于保守商业秘密的目的，与劳动者约定的在劳动者在职期间或者解除、终止劳动合同后一定期间内，劳动者不得到生产与该用人单位同类产品或者经营同类业务的有竞争关系的其他用人单位工作，也不得自己开业生产或者经营与该用人单位有竞争关系的同类产品或业务。用人单位与劳动者可以在劳动合同中约定保守用人单位的商业秘密和与知识产权相关的保密事项。对负有保密义务的劳动者，用人单位可以在劳动合同或者保密协议中与劳动者约定竞业限制条款，并约定在解除或者终止劳动合同后，在竞业限制期限内按月给予劳动者经济补偿。用人单位在签订竞业限制协议时说明日常工资中已经包括了竞业限制经济补偿的，实际上剥夺劳动者经济补偿的，其内容无效。劳动者违反竞业限制约定的，应当按照约定向用人单位支付违约金。

竞业限制的人员限于用人单位的高级管理人员、高级技术人员和其他负有保密义务的人员。竞业限制的范围、地域、期限由用人单位与劳动者约定，竞业限制的约定不得违反法律、法规的规定。在解除或者终止劳动合同后，前述人员到与本单位生产或者经营同类产品、从事同类业务的有竞争关系的其他用人单位，或者自己开业生产或者经营同类产

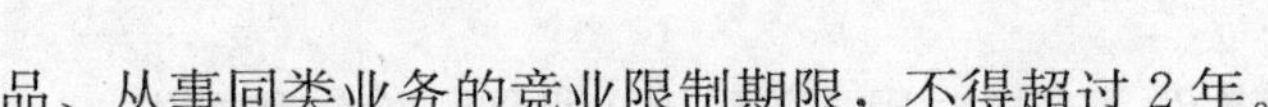

品、从事同类业务的竞业限制期限，不得超过 2 年。

4. 违约金

为了保护劳动者的自由流动和劳动力资源的有效配置，除上述服务期和竞业限制两种情形外，用人单位不得与劳动者约定由劳动者承担违约金。如劳动合同中就劳动者提前解除劳动合同或者违反劳动合同的期限等行为约定违约金的，其内容无效。

四、劳动合同的无效

劳动合同要发生效力，应当符合法律规定的有效要件。有下列情况之一的，劳动合同无效或者部分无效：(1) 以欺诈、胁迫的手段或者乘人之危，使对方在违背真实意思的情况下订立或者变更劳动合同的；(2) 用人单位免除自己的法定责任、排除劳动者权利的，如约定“工伤概不负责”的免责条款，该免责条款因排除劳动者合法权利而无效；(3) 违反法律、行政法规强制性规定的。对劳动合同的无效或者部分无效有争议的，由劳动争议仲裁机构或者人民法院确认。

劳动合同部分无效，不影响其他部分效力的，其他部分仍然有效。劳动合同被确认无效，劳动者已付出劳动的，用人单位应当向劳动者支付劳动报酬。劳动报酬的数额，参照本单位相同或者相近岗位劳动者的劳动报酬确定。劳动合同被确认无效，给对方造成损害的，有过错的一方应当承担赔偿责任。

五、劳动合同的履行和变更

（一）劳动合同的履行

劳动合同生效后，用人单位与劳动者应当按照劳动合同的约定，全面履行各自的义务。用人单位应当按照劳动合同约定和国家规定，向劳动者及时足额支付劳动报酬。用人单位拖欠或者未足额支付劳动报酬的，劳动者可以依法向当地人民法院申请支付令，人民法院应当依法发出支付令。支付令制度是民事诉讼法规定的督促程序的内容。督促程序是指法院根据债权人提出的给付金钱或者有价证券的申请，不经辩论，便向债务人发出支付令，债务人未在法定期限内提出异议，支付令即发生与生效判决同等效力的程序。劳动者申请支付令，用人单位未在法定期限内提出异议，劳动者可以申请人民法院强制执行；用人单位提出书面异议的，人民法院应当裁定终结支付令这一督促程序。支付令制度有助于劳动者获得快捷救济的途径。

用人单位应当严格执行劳动定额标准，不得强迫或者变相强迫劳动者加班。如用人单位通过扣发奖金、重罚等企业内部纪律方式胁迫劳动者加班等。用人单位安排加班的，应当按照国家有关规定向劳动者支付加班费。按照《劳动法》的规定，支付加班费的具体标准是：在标准工作日内安排劳动者延长工作时间的，支付不低于工资的 150%的工资报酬；休息日安排劳动者工作又不能安排补休的，支付不低于工资的 200%的工资报酬；法定休假日安排劳动者工作的，支付不低于工资的 300%的工资报酬。

劳动者拒绝用人单位管理人员违章指挥、强令冒险作业的，不视为违反劳动合同。劳动者对危害生命安全和身体健康的劳动条件，有权对用人单位提出批评、检举和控告。

用人单位变更名称、法定代表人、主要负责人或者投资人等事项，不影响劳动合同的履行。用人单位发生合并或者分立等情况，原劳动合同继续有效，劳动合同由承继其权利和义务的用人单位继续履行。

（二）劳动合同的变更

劳动合同的变更是指劳动合同依法订立后，在合同尚未履行或者尚未履行完毕之前，经用人单位和劳动者双方当事人协商一致，对劳动合同内容做部分修改、补充或者删减的法律行为。用人单位与劳动者协商一致，可以变更劳动合同约定的内容。变更劳动合同，应当采用书面形式。变更后的劳动合同文本由用人单位和劳动者各执一份。

六、劳动合同的解除、终止和经济补偿

（一）劳动合同的解除

劳动合同的解除是指劳动合同订立之后、履行完毕之前，因当事人一方的意思表示或双方协商一致而导致合同效力提前终结的法律行为。

1. 双方协商一致解除

用人单位与劳动者协商一致，可以解除劳动合同。

2. 劳动者单方解除

（1）预告辞职。劳动者提前30日以书面形式通知用人单位，可以解除劳动合同。劳动者在试用期内提前3日通知用人单位，可以解除劳动合同。

（2）即时辞职。用人单位有下列情形之一的，劳动者可以解除劳动合同：未按照劳动合同约定提供劳动保护或者劳动条件的；未及时足额支付劳动报酬的；未依法为劳动者缴纳社会保险费的；用人单位的规章制度违反法律、法规的规定，损害劳动者权益的；因《劳动合同法》第26条第1款规定的情形致使劳动合同无效的；法律、行政法规规定劳动者可以解除劳动合同的其他情形。

用人单位以暴力、威胁或者非法限制人身自由的手段强迫劳动者劳动的，或者用人单位违章指挥、强令冒险作业危及劳动者人身安全的，劳动者可以立即解除劳动合同，不需事先告知用人单位。如用人单位对劳动者实施捆绑、殴打等暴力行为，或者采用禁闭等非法限制人身自由的手段强迫其劳动的，以及强令采矿工人、高空作业人员在没有安全防护的情况下进行作业的，劳动者可以立即解除劳动合同。

3. 用人单位单方解除

（1）即时解雇。即时解雇是在劳动者有过错的情况下，用人单位不用事先通知即可随时解除劳动合同。劳动者有下列情形之一的，用人单位可以解除劳动合同：在试用期间被证明不符合录用条件的；严重违反用人单位的规章制度的；严重失职，营私舞弊，给用人单位造成重大损害的；被依法追究刑事责任的；劳动者同时与其他用人单位建立劳动关系，对完成本单位的工作任务造成严重影响，或者经用人单位提出，拒不改正的；因《劳动合同法》第26条第1款第1项规定的情形致使劳动合同无效的。

（2）预告解雇。预告解雇是指在非因劳动者个人过错导致其不能履行劳动合同的情

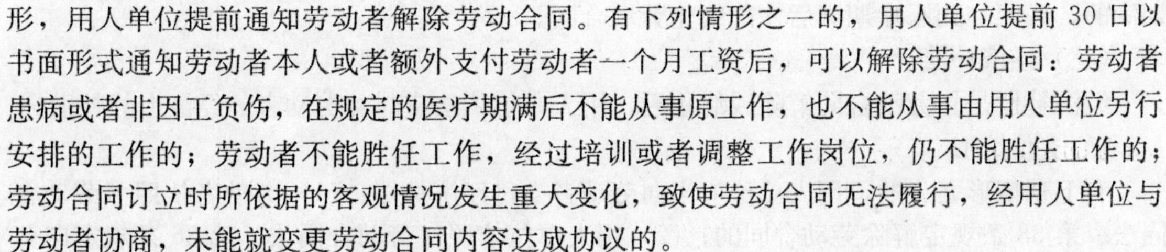

形，用人单位提前通知劳动者解除劳动合同。有下列情形之一的，用人单位提前30日以书面形式通知劳动者本人或者额外支付劳动者一个月工资后，可以解除劳动合同：劳动者患病或者非因工负伤，在规定的医疗期满后不能从事原工作，也不能从事由用人单位另行安排的工作的；劳动者不能胜任工作，经过培训或者调整工作岗位，仍不能胜任工作的；劳动合同订立时所依据的客观情况发生重大变化，致使劳动合同无法履行，经用人单位与劳动者协商，未能就变更劳动合同内容达成协议的。

（3）经济性裁员。经济性裁员是指企业在破产重整期间或者生产经营发生严重困难等情形，需要裁减人员20人以上或者裁减不足20人但占企业职工总数10%以上的行为。经济性裁员制度的目的在于维护企业的经营自主权和保护劳动者的合法权益。企业具有下列情形之一的，可以进行经济性裁员：依照《企业破产法》规定进行重整的；生产经营发生严重困难的；企业转产、重大技术革新或者经营方式调整，经变更劳动合同后，仍需裁减人员的；其他因劳动合同订立时所依据的客观经济情况发生重大变化，致使劳动合同无法履行的。企业进行经济性裁员应提前30日向工会或者全体职工说明情况，听取工会或者职工的意见后，裁减人员方案经向劳动行政部门报告，方可裁减人员。

企业进行经济性裁员必须遵循社会福利原则。根据《劳动合同法》的规定，企业因经济性裁员而裁减人员时，应当优先留用下列人员：与本单位订立较长期限的固定期限劳动合同的；与本单位订立无固定期限劳动合同的；家庭无其他就业人员，有需要扶养的老人或者未成年人的。用人单位在6个月内重新招用人员的，应当通知被裁减的人员，并在同等条件下优先招用被裁减的人员。

（4）预告解雇和经济性裁员的限制。劳动者有下列情形之一的，用人单位不得采用预告解雇和经济性裁员方式解除劳动合同：从事接触职业病危害作业的劳动者未进行离岗前职业健康检查，或者疑似职业病病人在诊断或者医学观察期间的；在本单位患职业病或者因工负伤并被确认丧失或者部分丧失劳动能力的；患病或者非因工负伤，在规定的医疗期内的；女职工在孕期、产期、哺乳期的；在本单位连续工作满15年，且距法定退休年龄不足5年的；法律、行政法规规定的其他情形。

（5）用人单位单方解除劳动合同的程序。用人单位单方解除劳动合同，应当事先将理由通知工会。用人单位违反法律、行政法规规定或者劳动合同约定的，工会有权要求用人单位纠正。用人单位应当研究工会的意见，并将处理结果书面通知工会。

（二）劳动合同的终止

劳动合同的终止是指劳动合同所确立的劳动关系因解除以外的原因而消灭。有下列情形之一的，劳动合同终止：劳动合同期满的；劳动者开始依法享受基本养老保险待遇的；劳动者死亡，或者被人民法院宣告死亡或者宣告失踪的；用人单位被依法宣告破产的；用人单位被吊销营业执照、责令关闭、撤销或者用人单位决定提前解散的；法律、行政法规规定的其他情形。

劳动合同期满，但存在《劳动合同法》第42条规定情形之一的，劳动合同应当续延至相应的情形消失时终止。但是，丧失或者部分丧失劳动能力劳动者的劳动合同的终止，按照国家有关工伤保险的规定执行。如劳动者患病或者非因工负伤在医疗期内，劳动合同期满的，必须等到医疗期满后才能终止劳动合同。

（三）经济补偿

经济补偿是指劳动合同解除或终止后，用人单位依法支付给劳动者的经济上的补助。

1. 支付情形

有下列情形之一的，用人单位应当向劳动者支付经济补偿：（1）劳动者依照《劳动合同法》第 38 条规定解除劳动合同的；（2）用人单位依照《劳动合同法》第 36 条规定向劳动者提出解除劳动合同并与劳动者协商一致解除劳动合同的；（3）用人单位依照《劳动合同法》第 40 条规定解除劳动合同的；（4）用人单位依照《劳动合同法》第 41 条第 1 款规定解除劳动合同的；（5）除用人单位维持或者提高劳动合同约定条件续订劳动合同，劳动者不同意续订的情形外，依照《劳动合同法》第 44 条第 1 项规定终止固定期限劳动合同的；（6）依照《劳动合同法》第 44 条第 4 项、第 5 项规定终止劳动合同的；（7）法律、行政法规规定的其他情形。

2. 支付标准和支付时间

经济补偿按劳动者在本单位工作的年限，每满一年支付一个月工资的标准向劳动者支付。在本单位工作的年限，应从劳动者向该用人单位提供劳动之日起计算。六个月以上不满一年的，按一年计算；不满六个月的，向劳动者支付半个月工资的经济补偿。劳动者月工资高于用人单位所在直辖市、设区的市级人民政府公布的本地区上年度职工月平均工资三倍的，向其支付经济补偿的标准按职工月平均工资三倍的数额支付，向其支付经济补偿的年限最高不超过 12 年。这里所称“月工资”是指劳动者在劳动合同解除或者终止前 12 个月的平均工资。

用人单位应向劳动者支付经济补偿的，在劳动者办结工作交接时支付。用人单位解除或者终止劳动合同，未依法向劳动者支付经济补偿的，由劳动行政部门责令限期支付经济补偿，逾期不支付的，责令用人单位按应付金额 50％以上 100％以下的标准向劳动者加付赔偿金。

（四）用人单位违法解除或者终止劳动合同的后果

用人单位违反《劳动合同法》规定解除或者终止劳动合同，劳动者要求继续履行劳动合同的，用人单位应当继续履行；劳动者不要求继续履行劳动合同或者劳动合同已经不能继续履行的，用人单位应当依照《劳动合同法》第 87 条规定支付赔偿金。

（五）劳动合同解除或者终止的后果

用人单位应当在解除或者终止劳动合同时出具解除或者终止劳动合同的证明，并在 15 日内为劳动者办理档案和社会保险关系转移手续。劳动者应当按照双方约定，办理工作交接。用人单位对已经解除或者终止的劳动合同的文本，至少保存 2 年备查。

七、特殊劳动合同

（一）集体合同

集体合同是指职工一方与企业一方就劳动报酬、工作时间、休息休假、劳动安全卫生、保险福利等事项，在平等协商的基础上达成的书面合同。集体合同由工会代表企业职工一方与用人单位订立；尚未建立工会的用人单位，由上级工会指导劳动者推举的代表与用人单位订立。集体合同生效后，不仅对于合同双方具有约束力，而且对于合同双方代表的劳动者集体和用人单位集体具有约束力；不仅对于签订集体合同时已经建立劳动关系的劳动者和用人单位具有约束力，而且对于集体合同签订之后建立劳动关系的劳动者和用人单位具有约束力，因此，其效力具有扩张性。

集体合同草案应当提交职工代表大会或者全体职工讨论通过。集体合同订立后，应当报送劳动行政部门；劳动行政部门自收到集体合同文本之日起15日内未提出异议的，集体合同即行生效。依法订立的集体合同对用人单位和劳动者具有约束力。行业性、区域性集体合同对当地本行业、本区域的用人单位和劳动者具有约束力。集体合同中劳动报酬和劳动条件等标准不得低于当地人民政府规定的最低标准；用人单位与劳动者订立的劳动合同中劳动报酬和劳动条件等标准不得低于集体合同规定的标准。

（二）劳务派遣

1. 劳务派遣的概念

劳务派遣，是指劳务派遣单位与劳动者订立劳动合同后，将该劳动者派遣到用工单位从事劳动、提供劳务，劳动者报酬由用工单位以劳务费的形式向劳务派遣单位支付并由其向劳动者代发的一种特殊用工形式。

劳动合同用工是我国企业的基本用工形式。劳务派遣用工是补充形式，只能在临时性、辅助性或者替代性的工作岗位上实施。临时性工作岗位是指存续时间不超过6个月的岗位；辅助性工作岗位是指为主营业务岗位提供服务的非主营业务岗位；替代性工作岗位是指用工单位的劳动者因脱产学习、休假等原因无法工作的一定期间内，可以由其他劳动者替代工作的岗位。用工单位应当严格控制劳务派遣用工数量，不得超过其用工总量的一定比例，具体比例由国务院劳动行政部门规定。

经营劳务派遣业务，应当向劳动行政部门依法申请行政许可；经许可的，依法办理相应的公司登记。未经许可，任何单位和个人不得经营劳务派遣业务。经营劳务派遣业务应当具备的条件包括：（1）注册资本不得少于人民币200万元；（2）有与开展业务相适应的固定的经营场所和设施；（3）有符合法律、行政法规规定的劳务派遣管理制度；（4）法律、行政法规规定的其他条件。用人单位不得设立劳务派遣单位向本单位或者所属单位派遣劳动者。

2. 劳务派遣中的法律关系

（1）劳务派遣单位与被派遣劳动者之间的劳动关系。在劳务派遣中，派遣单位与被派遣劳动者之间签订劳动合同，建立劳动关系，应当履行《劳动合同法》规定的用人单位对劳动者的义务。

（2）派遣单位与用工单位之间的民事合同关系。派遣单位应当与用工单位订立劳务派遣协议。劳务派遣协议应当约定派遣岗位和人员数量、派遣期限、劳动报酬和社会保险费的数额与支付方式以及违反协议的责任。用工单位应当根据工作岗位的实际需要与劳务派遣单位确定派遣期限，不得将连续用工期限分割订立数个短期劳务派遣协议。

（3）劳动者与用工单位之间的特殊权利义务关系。劳动者与用工单位之间既没有劳动合同，因而没有建立《劳动合同法》意义上的劳动关系，也没有民事合同。但用工单位仍然要对被派遣劳动者履行法律规定的义务和派遣协议约定的义务。不过，由于用工单位与被派遣劳动者之间没有劳动合同，因此有劳动者严重违反用工单位规章制度等情形的，用工单位只能将被派遣劳动者退回派遣单位，由派遣单位解除与被派遣劳动者之间的劳动合同。

3. 派遣单位和用工单位对于被派遣劳动者的法定义务

（1）派遣单位和用工单位的共同义务。不得向被派遣劳动者收取费用；跨地区派遣劳动者的，被派遣劳动者享有的劳动报酬和劳动条件，按照用工单位所在地的标准执行；保障被派遣劳动者享有与用工单位的劳动者同工同酬的权利，用工单位无同类岗位劳动者的，参照用工单位所在地相同或者相近岗位劳动者的劳动报酬确定，劳务派遣单位与被派遣劳动者订立的劳动合同和与用工单位订立的劳务派遣协议，载明或者约定的向被派遣劳动者支付的劳动报酬不得违背同工同酬的规定；保障被派遣劳动者在劳务派遣单位或者用工单位依法参加或者组织工会的权利，维护自身的合法权益。

（2）派遣单位的特殊义务。与被派遣劳动者订立 2 年以上的固定期限劳动合同，按月支付劳动报酬；被派遣劳动者在无工作期间，劳务派遣单位应当按照所在地人民政府规定的最低工资标准，向其按月支付报酬；将劳务派遣协议的内容告知被派遣劳动者；不得克扣用工单位按照劳务派遣协议支付给被派遣劳动者的劳动报酬。

（3）用工单位的特殊义务。执行国家劳动标准，提供相应的劳动条件和劳动保护；告知被派遣劳动者的工作要求和劳动报酬；支付加班费、绩效奖金，提供与工作岗位相关的福利待遇；对在岗被派遣劳动者进行工作岗位所必需的培训；连续用工的，实行正常的工资调整机制；不得将被派遣劳动者再派遣到其他用人单位。

（三）非全日制用工

1. 非全日制用工的概念

非全日制用工，是指以小时计酬为主，劳动者在同一用人单位一般平均每日工作时间不超过 4 小时，每周工作时间累计不超过 24 小时的用工形式。非全日制用工属于劳动关系，但仅限于用人单位用工，不包括个人用工形式。个人用工属于民事雇佣关系，应受民事法律关系调整，但劳动者通过依法成立的劳务派遣组织派遣为用人单位、家庭或者个人提供非全日制劳动的，应受《劳动合同法》的调整。

2. 非全日制用工的特殊规定

（1）非全日制用工双方当事人可以订立口头协议。

（2）从事非全日制用工的劳动者可以与一个或者一个以上用人单位订立劳动合同；但是，后订立的劳动合同不得影响先订立的劳动合同的履行。

（3）非全日制用工双方当事人不得约定试用期。

（4）非全日制用工双方当事人任何一方都可以随时通知对方终止用工。

（5）终止用工，用人单位不向劳动者支付经济补偿。

（6）非全日制用工小时计酬标准不得低于用人单位所在地人民政府规定的最低小时工资标准。非全日制用工劳动报酬结算支付周期最长不得超过 15 日。

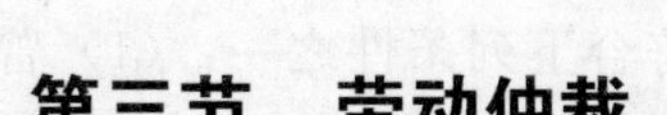

第三节　劳动仲裁

一、劳动仲裁概述

（一）劳动仲裁的含义

劳动仲裁是指用人单位与劳动者之间发生劳动争议时，经当事人申请，由依法设立的劳动争议仲裁委员会按照仲裁程序，依法作出裁决的活动。

在我国境内，用人单位与劳动者之间发生下列劳动争议的，当事人可申请劳动仲裁：（1）因确认劳动关系发生的争议；（2）因订立、履行、变更、解除和终止劳动合同发生的争议；（3）因除名、辞退和辞职、离职发生的争议；（4）因工作时间、休息休假、社会保险、福利、培训以及劳动保护发生的争议；（5）因劳动报酬、工伤医疗费、经济补偿或者赔偿金等发生的争议；（6）法律、法规规定的其他劳动争议。

（二）劳动仲裁与民事诉讼的关系

在我国，发生劳动争议的，劳动者可以与用人单位协商，也可以请工会或者第三方共同与用人单位协商，达成和解协议；当事人不愿协商、协商不成或者达成和解协议后不履行的，可以向调解组织申请调解；不愿调解、调解不成或者达成调解协议后不履行的，可以向劳动争议仲裁委员会申请仲裁；对仲裁裁决不服的，除部分裁决对用人单位实行一裁终局的外，可以向人民法院提起诉讼。可见，劳动争议仲裁原则上是劳动争议诉讼的前提，且大多数劳动争议仲裁裁决并非一裁终局，当事人不服裁决的，可以向人民法院提起诉讼。

二、仲裁机构与仲裁规则

（一）仲裁机构

1. 仲裁机构的设立

劳动争议仲裁委员会按照统筹规划、合理布局和适应实际需要的原则设立。省、自治区人民政府可以决定在市、县设立；直辖市人民政府可以决定在区、县设立。直辖市、设区的市也可以设立一个或者若干个劳动争议仲裁委员会。劳动争议仲裁委员会不按行政区划层层设立。

2. 仲裁机构的组成与职责

劳动争议仲裁委员会由劳动行政部门代表、工会代表和企业方面代表组成。劳动争议仲裁委员会组成人员应当是单数。

劳动争议仲裁委员会依法履行下列职责：（1）聘任、解聘专职或者兼职仲裁员；（2）受理劳动争议案件；（3）讨论重大或者疑难的劳动争议案件；（4）对仲裁活动进行监督。

3. 仲裁员的任职条件

仲裁员应当公道正派，并符合下列条件之一：(1) 曾任审判员的；(2) 从事法律研究、教学工作并具有中级以上职称的；(3) 具有法律知识、从事人力资源管理或者工会等专业工作满5年的；(4) 律师执业满3年的。

（二）仲裁规则

国务院劳动行政部门依照《劳动争议调解仲裁法》有关规定制定仲裁规则。

三、仲裁管辖与仲裁当事人

（一）仲裁管辖

劳动争议仲裁委员会负责管辖本区域内发生的劳动争议。劳动争议由劳动合同履行地或者用人单位所在地的劳动争议仲裁委员会管辖。双方当事人分别向劳动合同履行地和用人单位所在地的劳动争议仲裁委员会申请仲裁的，由劳动合同履行地的劳动争议仲裁委员会管辖。

（二）仲裁当事人

发生劳动争议的劳动者和用人单位为劳动争议仲裁案件的双方当事人。劳务派遣单位或者用工单位与劳动者发生劳动争议的，劳务派遣单位和用工单位为共同当事人。

与劳动争议案件的处理结果有利害关系的第三人，可以申请参加仲裁活动或者由劳动争议仲裁委员会通知其参加仲裁活动。

当事人可以委托代理人参加仲裁活动。委托他人参加仲裁活动，应当向劳动争议仲裁委员会提交有委托人签名或者盖章的委托书，委托书应当载明委托事项和权限。丧失或者部分丧失民事行为能力的劳动者，由其法定代理人代为参加仲裁活动；无法定代理人的，由劳动争议仲裁委员会为其指定代理人。劳动者死亡的，由其近亲属或者代理人参加仲裁活动。

四、仲裁的公开原则与仲裁时效

（一）仲裁的公开原则

劳动争议仲裁公开进行，但当事人协议不公开进行或者涉及国家秘密、商业秘密和个人隐私的除外。

（二）仲裁时效

劳动争议申请仲裁的时效期间为一年。仲裁时效期间从当事人知道或者应当知道其权利被侵害之日起计算。如用人单位解除劳动合同而未支付经济补偿金的，劳动者请求支付经济补偿金的仲裁时效应从劳动合同解除之日起算。

仲裁时效期间在进行过程中可能遇到时效中断和时效中止的情况。时效中断，是指在仲裁时效进行期间，因发生法定事由致使已经经过的仲裁时效期间归于无效，待时效中断事由消除后，重新开始计算仲裁时效期间。仲裁时效中断事由包括：当事人一方向对方当事人主张权利，或者向有关部门请求权利救济，或者对方当事人同意履行

义务。

时效中止，是指在仲裁时效进行中的某一阶段，因发生法定事由致使权利人不能行使请求权，暂停计算仲裁时效，待阻碍时效进行的事由消除后，继续进行仲裁时效期间的计算。仲裁时效中止的事由包括不可抗力或者其他正当理由，如劳动者丧失民事行为能力而未确定监护人的。

劳动关系存续期间因拖欠劳动报酬发生争议的，劳动者申请仲裁不受上述一年仲裁时效期间的限制；但是，劳动关系终止的，应当自劳动关系终止之日起一年内提出。

五、仲裁程序

（一）申请与受理

劳动争议发生后，当事人可以向有管辖权的仲裁机构申请仲裁。申请人申请仲裁应当提交书面仲裁申请，并按照被申请人人数提交副本。

劳动争议仲裁委员会收到仲裁申请之日起 5 日内，认为符合受理条件的，应当受理，并通知申请人；认为不符合受理条件的，应当书面通知申请人不予受理，并说明理由。对劳动争议仲裁委员会不予受理或者逾期未作出决定的，申请人可以就该劳动争议事项向人民法院提起诉讼。

（二）仲裁与裁决

劳动争议仲裁委员会裁决劳动争议案件实行仲裁庭制。仲裁庭由三名仲裁员组成，设首席仲裁员。简单劳动争议案件可以由一名仲裁员独任仲裁。

仲裁庭在作出裁决前，应当先行调解。调解达成协议的，仲裁庭应当制作调解书。调解书应当写明仲裁请求和当事人协议的结果。调解书由仲裁员签名，加盖劳动争议仲裁委员会印章，送达双方当事人。调解书经双方当事人签收后，发生法律效力。调解不成或者调解书送达前，一方当事人反悔的，仲裁庭应当及时作出裁决。

裁决应当按照多数仲裁员的意见作出，少数仲裁员的不同意见应当记入笔录。仲裁庭不能形成多数意见时，裁决应当按照首席仲裁员的意见作出。

六、仲裁时限与先予执行

（一）仲裁时限

仲裁庭裁决劳动争议案件，应当自劳动争议仲裁委员会受理仲裁申请之日起 45 日内结束。案情复杂需要延期的，经劳动争议仲裁委员会主任批准，可以延期并书面通知当事人，但是延长期限不得超过 15 日。逾期未作出仲裁裁决的，当事人可以就该劳动争议事项向人民法院提起诉讼。

（二）先予执行

仲裁庭对追索劳动报酬、工伤医疗费、经济补偿或者赔偿金的案件，根据当事人的申请，可以裁决先予执行，移送人民法院执行。仲裁庭裁决先予执行的，应当符合下列条件：（1）当事人之间权利义务关系明确；（2）不先予执行将严重影响申请人的生活。劳动者申请先予执行的，可以不提供担保。

七、仲裁裁决的生效、撤销与执行

（一）仲裁裁决的生效与撤销

仲裁以裁决方式结案的，原则上坚持“一裁二审”模式，即当事人对仲裁裁决不服的，可以自收到仲裁裁决书之日起 15 日内向人民法院提起诉讼；期满不起诉的，裁决书发生法律效力。但在部分劳动争议中实行有限的“一裁终局”模式，即下列劳动争议，仲裁裁决为终局裁决，裁决书自作出之日起发生法律效力：（1）追索劳动报酬、工伤医疗费、经济补偿或者赔偿金，不超过当地月最低工资标准 12 个月金额的争议；（2）因执行国家的劳动标准在工作时间、休息休假、社会保险等方面发生的争议。其有限性体现在这类案件自仲裁裁决作出后，对用人单位即发生效力，但劳动者对该仲裁裁决不服的，可以自收到仲裁裁决书之日起 15 日内向人民法院提起诉讼。

考虑到用人单位和劳动者利益之间的平衡，如果用人单位能够证明该部分裁决具有以下情形的，可以自收到仲裁裁决书之日起 30 日内向劳动争议仲裁委员会所在地的中级人民法院申请撤销裁决：（1）适用法律、法规确有错误的；（2）劳动争议仲裁委员会无管辖权的；（3）违反法定程序的；（4）裁决所依据的证据是伪造的；（5）对方当事人隐瞒了足以影响公正裁决的证据的；（6）仲裁员在仲裁该案时有索贿受贿、徇私舞弊、枉法裁决行为的。人民法院经组成合议庭审查核实裁决有上述规定情形之一的，应当裁定撤销。仲裁裁决被人民法院裁定撤销的，当事人可以自收到裁定书之日起 15 日内就该劳动争议事项向人民法院提起诉讼。

（二）仲裁裁决的执行

当事人对发生法律效力的调解书、裁决书，应当依照规定的期限履行。一方当事人逾期不履行的，另一方当事人可以依照民事诉讼法的有关规定向人民法院申请执行。受理申请的人民法院应当依法执行。

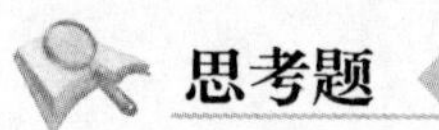

思考题

1. 劳动合同无效的情形包括哪些？
2. 劳动者在哪些情况下有权单方解除劳动合同？
3. 用人单位在哪些情况下有权单方解除劳动合同？

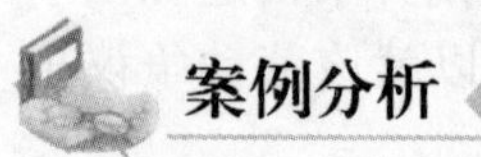

案例分析

周某、吴某、郑某均受聘于甲公司，在工作过程中发生下列事情：（1）周某在试用期内提前一周通知甲公司解除合同；（2）吴某因公司已经一年没有支付工作报酬而提出辞职；（3）郑某非因工负伤，医疗期结束后无法从事原工作，也不能从事由用人单位另行安排的工作，甲公司提出解除合同。因三人与公司协商不成，为此引起纠纷。

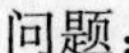

问题：

（1）周某解除合同是否符合法律规定？为什么？

（2）吴某提出辞职是否符合法律规定？为什么？

（3）甲公司解除与郑某的劳动合同是否符合法律规定？为什么？

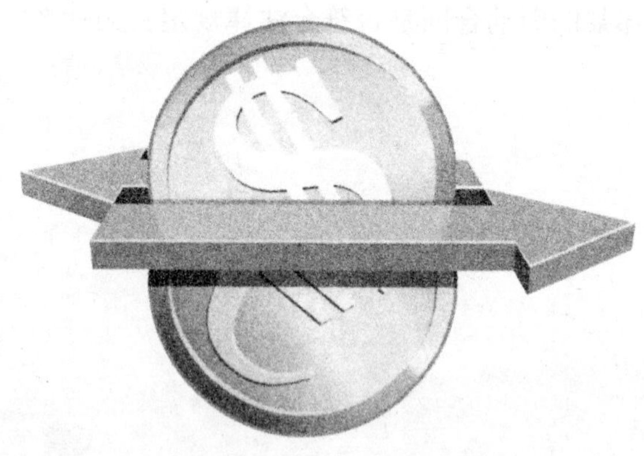

第十章　自然资源法与环境保护法

学习目标

通过本章的学习，应了解自然资源法的基本制度、土地管理法、森林法、草原法、水法、渔业法、野生动植物保护法、矿产资源法和环境保护法的主要制度。本章应当重点学习和掌握土地管理法、森林法、草原法、水法、渔业法、野生动植物保护法、矿产资源法和环境保护法的相关内容。

第一节 自然资源法

一、自然资源与自然资源法

自然资源是指在一定的技术经济条件下，自然界中对人类有用和有价值的物质和能量。自然资源是人类生活和生产资料的来源，是人类社会和经济发展的物质基础，同时也构成人类生存环境的基本要素。自然资源按能否再生可分为可再生资源、不可再生资源及恒定资源三类。可再生资源如动物、植物、微生物、土地、水等；不可再生资源如煤、铁、石油等；恒定资源如太阳能、风力、地热、潮汐等。

自然资源法是调整人们在自然资源开发、利用、保护和管理过程中发生的各种社会关系的法律规范的总称。我国目前尚无一部综合性的自然资源基本法，自然资源法律制度由土地管理法、水法、矿产资源法、森林法、渔业法、草原法、野生动植物保护法、水土保持法和防沙治沙法等法律、行政法规、规章和地方性法规构成。

二、自然资源法的基本原则

自然资源法的基本原则是指为我国自然资源法所确认的，体现实施可持续发展战略的基本方针、政策，并为国家资源管理所遵循的基本准则。我国自然资源法的基本原则包括：（1）重要自然资源公有原则，如矿藏、水流、海域等归国家所有；（2）综合利用和多目标开发的原则；（3）统一规划和因地因时制宜的原则；（4）经济效益、生态效益和社会效益相统一的原则；（5）坚持开源与节流相结合的原则。

三、自然资源法的基本制度

（一）自然资源权属制度

自然资源权属制度包括自然资源所有权和自然资源使用权两个层次的权利形态。

1. 自然资源所有权

自然资源所有权是指所有权人依法占有、使用、收益、处分自然资源的权利。我国自然资源所有权包括两类：自然资源国家所有权和自然资源集体所有权。根据《物权法》的规定，矿藏、水流、海域属于国家所有；城市的土地属于国家所有，法律规定属于国家所有的农村和城市郊区的土地，属于国家所有；森林、山岭、草原、荒地、滩涂等自然资源属于国家所有，但法律规定属于集体所有的除外；法律规定属于国家所有的野生动植物资源，属于国家所有。

2. 自然资源使用权

自然资源使用权是指在自然资源开发利用过程中，所有权人之外的主体对自然资源享有的开发利用的各种权利的总称。国家所有和集体所有的自然资源都可以由单位和个人开发利用。根据《物权法》的规定，国家所有或者国家所有由集体使用以及法律规定属于集体所有的自然资源，单位、个人依法可以占有、使用和收益；国家实行自然资源有偿使用制度，但法律另有规定的除外；权利人依法取得的海域使用权、探矿权、采矿权、取水权和使用水域、滩涂从事养殖、捕捞的权利受法律保护。根据《野生动物保护法》的规定，权利人可以对野生动物资源进行开发利用，依法取得的狩猎权和驯养繁殖权受法律保护。

（二）自然资源流转制度

自然资源流转制度是指开发利用自然资源的权利通过市场机制的作用而流动和转让的制度。自然资源流转制度体现了市场经济的必然要求，有助于推动自然资源价值的真正实现，从而提高了自然资源开发利用的效率和水平。自然资源的流转应本着促进流转和有限流转的原则。自然资源流转的法律形式表现为交易。自然资源权利的交易包括自然资源的所有权交易和自然资源各种开发利用权的交易。对于前者，我国到目前为止仍未放开，能够交易的仅有各种开发利用权，如对于探矿权、采矿权的交易等。

（三）自然资源行政管理制度

1. 自然资源规划制度

自然资源规划制度是指国家根据自然资源状况和特点以及国民经济发展的要求，并考虑到生态环境保护的需要，而制定的有关各类自然资源的开发利用、保护和管理的总体布局和安排，具体涉及对有关自然资源规划的主体、对象、内容、原则及其法律效力等方面进行规定的各类法律规定。

2. 自然资源调查制度

自然资源调查制度是指为了查清自然资源数量、质量、权属、分布和利用现状而采取的技术的、行政的法律措施，具体涉及调查主体、对象、范围、内容、程序和调查结果的效力等问题的各类法律规定。自然资源调查是人们开发利用自然资源，制定自然资源规划，建立自然资源档案以及管理和保护自然资源的基础。

3. 自然资源许可制度

自然资源许可制度是指单位或个人在从事开发利用自然资源或者在从事某些特殊自然资源的进出口交易之前，必须按照法律规定向有关的管理机关提出申请，经审查批准，发给许可证之后，方可在许可的范围内进行该活动的一整套管理措施。根据实施管理的范围不同，自然资源许可证可分为三大类：一是资源开发许可证，如林木采伐许可证、采矿许可证、捕捞许可证和野生植物采集证等；二是资源利用许可证，如土地使用证、草原使用证、养殖使用证等；三是资源交易进出口许可证，如野生动植物进出口许可证等。自然资源许可制度的目的在于对自然资源的开发利用行为进行宏观调控，从而最大限度地实现人与自然、人与环境的协调发展。

4. 自然资源有偿使用制度

自然资源有偿使用制度是指关于单位和个人按照法律规定支付一定费用，才能开发和利用自然资源的法律规范的总称。自然资源有偿使用的形式基本有两种：一是征收自然资源税；二是收取自然资源费。自然资源有偿使用制度有助于提高资源利用效率，实现资源合理配置，杜绝资源浪费现象。

四、土地管理法

（一）土地管理法概述

“土地”一词可从多个角度进行界定，从法律的角度看，土地是指地球表层国家能够控制，人们能够利用的具有经济价值的地表、地表之上以及地表之下的一定空间。土地管理法是指调整在土地的管理、保护、开发、利用过程中所发生的经济关系的法律规范的总称。在我国，关于土地资源保护的法律除《土地管理法》及其实施条例外，还包括《物权法》《农村土地承包经营法》《水土保持法》《土地复垦规定》《基本农田保护条例》等。

（二）土地管理法的主要内容

1. 土地所有权与土地使用权

我国实行土地的社会主义公有制，土地所有权分为全民所有即国家土地所有权和集体土地所有权。土地所有权与使用权可以分离，国有和农民集体所有的土地可以依法确定给个人使用。土地使用权主要包括建设用地使用权、土地承包经营权、宅基地使用权和地役权。

2. 土地利用总体规划

土地利用总体规划是指在一定区域内，对土地的开发、利用、保护在空间和时间上所作的总体布局和安排。土地利用总体规划按照下列原则编制：（1）严格保护基本农田，控制非农业建设占用农地；（2）提高土地利用率；（3）统筹安排各类、各区域用地；（4）保护和改善生态环境，保障土地的可持续利用；（5）占用耕地与开发复垦耕地相平衡。

3. 耕地保护制度

在《土地管理法》和《基本农田保护条例》中规定了耕地保护制度。我国耕地保护制度的目的是保证现有耕地的面积不再减少，并通过各种措施使耕地的质量有所提高。主要内容包括：

（1）实行占用耕地补偿制度。国家保护耕地，为了保持耕地总量动态平衡，严格控制耕地转为非耕地。国家实行占用耕地补偿制度。非农业建设经批准占用耕地的，按照“占多少，垦多少”的原则，由占用耕地的单位负责开垦与所占用耕地的数量和质量相当的耕地；没有条件开垦或者开垦的耕地不符合要求的，应当按照省、自治区、直辖市的规定缴纳耕地开垦费，专款用于开垦新的耕地。

（2）基本农田保护制度。基本农田是指按照一定时期人口和社会经济发展对农产品的需求，依据土地利用总体规划确定的长期不得占用的耕地。国家实行基本农田保护制度。

（3）土地开发、整理与复垦制度。土地开发是指对未利用土地的开发利用。国家鼓励单位和个人按照土地利用总体规划，在保护和改善生态环境、防止水土流失和土地荒漠化的前提下，开发未利用的土地。土地整理是指通过采取各种措施，对田、水、路、林、村综合整治，提高耕地质量，增加有效耕地面积，改善农业生态条件和生态环境的行为。土地复垦是指对在生产建设过程中，因挖损、塌陷、压占等造成破坏的土地，采取整治措施，使其恢复到可供利用状态的活动。

4. 建设用地法律制度

建设用地是指建造建筑物、构筑物及其附属设施的土地，包括城乡住宅和公共设施用地、工矿用地、交通水利设施用地、旅游用地、军事设施用地等。《土地管理法》对建设用地法律制度作了具体的规定。

（1）农用地转用审批制度。农用地转用是指将耕地、林地、草地等农业生产用地，按照土地利用总体规划和国家规定的批准权限报批后，转变为建设用地的行为。建设占用土地，涉及农用地转为建设用地的，应当办理农用地转用审批手续。《土地管理法》对农用地转用审批实行国务院和省级人民政府两级审批制度。

（2）征地审批及安置补偿制度。城市建设用地需要占用农村集体土地的，需要经过征收程序将农村集体土地转为国有后，方可依法申请使用。征收下列土地的，由国务院批准：基本农田；基本农田以外的耕地超过三十五公顷的；其他土地超过七十公顷的。征收其他土地的，由省、自治区、直辖市人民政府批准，并报国务院备案。

征收集体所有的土地，应当依法足额支付土地补偿费、安置补助费、地上附着物和青苗的补偿费等费用，安排被征地农民的社会保障费用，保障被征地农民的生活，维护被征地农民的合法权益。

（3）建设用地的取得。建设单位使用国有土地，应当以出让等有偿使用方式取得；但是下列建设用地，经县级以上人民政府依法批准，可以以划拨方式取得：国家机关用地和军事用地；城市基础设施用地和公益事业用地；国家重点扶持的能源、交通、水利等基础设施用地；法律、行政法规规定的其他用地。

五、森林法

（一）森林法概述

森林法是调整在森林、林木的管理、保护、采伐，以及森林资源的利用和植树造林过程中发生的经济关系的法律规范的总称。我国目前森林保护方面的立法主要有《森林法》及其实施细则、《森林防火条例》和《退耕还林条例》等。

（二）森林法的主要内容

1. 林权

林权是权利人对一定森林或林地、林木所享有的所有权、使用权和经营权的统称。在我国，森林资源属于国家所有，由法律规定属于集体所有的除外。国有企业事业单位、机关、团体、部队营造的林木，由营造单位经营并按照国家规定支配林木收益。集体所有制单位营造的林木，归该单位所有。农村居民在房前屋后、自留地、自留山种植的林木，归个人所有。城镇居民和职工在自有房屋的庭院内种植的林木，归个人所有。集体或者个人承包国家所有和集体所有的宜林荒山荒地造林的，承包后种植的林木归承包的集体或者个人所有；承包合同另有规定的，按照承包合同的规定执行。

国家实行森林、林木所有权和使用权的登记制度。国家所有的和集体所有的森林、林木和林地，个人所有的林木和使用的林地，由县级以上地方人民政府登记造册，发放证书，确认所有权或者使用权。国务院可以授权林业主管部门，对国务院确定的国家所有的

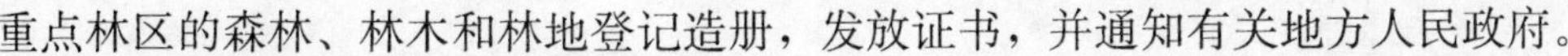

重点林区的森林、林木和林地登记造册，发放证书，并通知有关地方人民政府。

2. 林业规划、经营和保护

各级政府应当根据林业生产的特点，以林业生产发展的总体要求和奋斗目标为依据制定林业长期发展规划。经营森林的单位应对其经营的森林在一定时期内的经营目标、经营措施、造林育林、林场改造、林木采伐、森林保护等编制经营方案。单位之间发生的林木、林地所有权和使用权争议，由县级以上人民政府依法处理。个人之间、个人与单位之间发生的林木所有权和林地使用权争议，由当地县级或者乡级人民政府依法处理。当事人对人民政府的处理决定不服的，可以在接到通知之日起一个月内，向人民法院起诉。在林木、林地权属争议解决以前，任何一方不得砍伐有争议的林木。

各级人民政府应当制定植树造林规划，组织各行各业和城乡居民完成植树造林规划所确定的任务，并针对自然力对森林生长独立起作用的特点，采取在一定期限内对生长林木的一定地区实行封山育林，保护森林资源。此外，《森林法》还规定了禁止毁林、森林防火和防治森林病虫害的制度。

3. 森林采伐

国家根据用材林的消耗量低于生长量的原则，严格控制森林年采伐量，确立森林年采伐限额制度。国家制定统一的年度木材生产计划。年度木材生产计划不得超过批准的年采伐限额。

除农村居民采伐自留地和房前屋后个人所有的零星林木外，采伐林木必须取得采伐许可证，按许可证的规定进行采伐。采伐森林和林木必须遵守下列规定：（1）成熟的用材林应当根据不同情况，分别采取择伐、皆伐和渐伐方式，皆伐应当严格控制，并在采伐的当年或者次年内完成更新造林；（2）防护林和特种用途林中的国防林、母树林、环境保护林、风景林，只准进行抚育和更新性质的采伐；（3）特种用途林中的名胜古迹和革命纪念地的林木、自然保护区的森林，严禁采伐。

六、草原法

（一）草原法概述

草原是多年生草本植物为主的植物群，包括天然草原和人工草地。草原法是调整在管理、保护、建设和利用草原过程中所发生的经济关系的法律规范的总称。我国目前有关草原保护的立法主要有《草原法》和《草原防火条例》等。

（二）草原法的主要内容

1. 草原的所有权和使用权

草原属于国家所有，由法律规定属于集体所有的除外。国家所有的草原，由国务院代表国家行使所有权。国家所有的草原，可以依法确定给全民所有制单位、集体经济组织等使用。依法确定给全民所有制单位、集体经济组织等使用的国家所有的草原，由县级以上人民政府登记，核发使用权证，确认草原使用权。集体所有的草原，由县级人民政府登记，核发所有权证，确认草原所有权。集体所有的草原或者依法确定给集体经济组织使用的国家所有的草原，可以由本集体经济组织内的家庭或者联户承包经营。

草原所有权、使用权的争议，由当事人协商解决；协商不成的，由有关人民政府处理。单位之间的争议，由县级以上人民政府处理；个人之间、个人与单位之间的争议，由乡（镇）人民政府或者县级以上人民政府处理。当事人对有关人民政府的处理决定不服的，可以依法向人民法院起诉。在草原权属争议解决前，任何一方不得改变草原利用现状，不得破坏草原和草原上的设施。

2. 草原的规划和建设

国务院草原行政主管部门会同国务院有关部门编制全国草原保护、建设、利用规划，报国务院批准后实施。县级以上地方人民政府草原行政主管部门会同同级有关部门依据上一级草原保护、建设、利用规划编制本行政区域的草原保护、建设、利用规划，报本级人民政府批准后实施。

国家鼓励单位和个人投资建设草原，实行谁建设、谁使用、谁受益的原则。县级以上地方政府应支持草原水利设施建设、改善人畜用水条件、加强草种基地建设、做好防火准备工作、安排草原改良等。国家鼓励和支持人工草地建设、天然草原改良和饲草饲料基地建设，地方政府应当对退化、沙化、盐碱化、石漠化和水土流失的草原组织专项治理，并将大规模的草原综合治理列入国家国土整治计划。

3. 草原的利用和保护

草原承包经营者应当合理利用草原，不得超过草原行政主管部门核定的载畜量；草原承包经营者应当采取种植和储备饲草饲料、增加饲草饲料供应量、调剂处理牲畜、优化畜群结构、提高出栏率等措施，保持草畜平衡。

进行矿藏开采和工程建设，应当不占或者少占草原；确需征用或者使用草原的，必须经有关主管部门批准。因建设征用集体所有的草原的，应当依照《土地管理法》的规定给予补偿；因建设使用国家所有的草原的，应当依照国务院有关规定对草原承包经营者给予补偿。

为强化对草原的保护，维护草原生物多样性，保护植物物种资源，国家划定一定区域，设立基本草原和草原自然保护区。下列草原应当划为基本草原，实施严格管理：重要放牧场；割草地；用于畜牧业生产的人工草地、退耕还草地以及改良草地、草种基地；对调节气候、涵养水源、保持水土、防风固沙具有特殊作用的草原；作为国家重点保护野生动植物生存环境的草原；草原科研、教学试验基地；国务院规定应当划为基本草原的其他草原。下列地区可以建立草原自然保护区：具有代表性的草原类型；珍稀濒危野生动植物分布区；具有重要生态功能和经济科研价值的草原。此外，各级政府应建立草原防火责任制，做好草原鼠害、病虫害和毒害草防治的组织管理工作等。

七、水法

（一）水法概述

水资源是指可资利用或有可能被利用的水源，根据《水法》的规定，水资源包括地表水和地下水。水法是调整人们在开发利用、管理、保护、防治水害等活动中发生的各种社

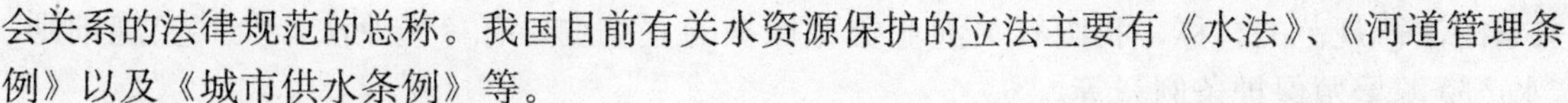

会关系的法律规范的总称。我国目前有关水资源保护的立法主要有《水法》、《河道管理条例》以及《城市供水条例》等。

(二) 水法的基本内容

1. 水权

水权是水资源的所有权和使用权的合称。水资源属于国家所有。水资源的所有权由国务院代表国家行使。农村集体经济组织的水塘和由农村集体经济组织修建管理的水库中的水，归各农村集体经济组织使用。水资源归国家所有，不影响集体或者个人取得水产品的所有权。直接从地下、江河、湖泊等水资源中取水的权利，称为取水权。取水权包括两种情况：(1) 为家庭生活、畜禽饮用取水和其他少量取水的，不需要申请取水许可；(2) 为生产经营的目的而从地下、江河、湖泊直接取水，国家实行取水许可制度，通过获得取水许可证而享有取水权。

2. 水资源的统一规划和开发利用

开发、利用、节约、保护水资源和防治水害，应当按照流域、区域统一制定规划。规划分为流域规划和区域规划。在开发利用水资源时，要兼顾生态环境的保护和其他相关资源的保护。

3. 水资源、水域和水工程的保护

国家在制定水资源开发、利用规划和调度水资源时，应当注意维持江河的合理流量和湖泊、水库以及地下水的合理水位，维护水体的自然净化能力。国家建立饮用水水源保护区制度。省、自治区、直辖市人民政府应当划定饮用水水源保护区，并采取措施防止水源枯竭和水体污染，保证城乡居民饮用水安全。国家实行河道采砂许可制度，维护河势稳定或者堤防安全。国家对水工程实施保护。在水工程保护范围内，禁止从事影响水工程运行和危害水工程安全的爆破、打井、采石、取土等活动。

4. 水资源的配置和节约使用

国务院发展计划主管部门和国务院水行政主管部门负责全国水资源的宏观调配。各级政府依据水的供求现状、国民经济和社会发展规划、流域规划、区域规划，按照水资源供需协调、综合平衡、保护生态、厉行节约、合理开源的原则制定水中长期供求规划。

国家实行计划用水，力行节约用水。这方面的制度主要有：(1) 计划用水制度；(2) 取水许可制度；(3) 用水收费制度。使用供水工程供应的水，应当按照规定向供水单位缴纳水费。对城市中直接从地下取水的单位，征收水资源费；其他直接从地下或者江河、湖泊取水的，由省、自治区、直辖市人民政府决定征收水资源费。

八、渔业法

(一) 渔业法概述

渔业资源是指具有经济开发价值的可供渔业养殖和捕捞的水生动植物及适宜发展渔业的自然条件，如水面、滩涂等，一般可分为淡水渔业资源和海水渔业资源两大类。渔业法是调整在渔业管理和渔业资源的增殖、保护以及发展养殖业、捕捞业过程中所发生的经济关系的法律规范的总称。我国有关渔业资源保护的立法主要有《渔业法》及其实施细则、《水产资源繁殖保护条例》等。

（二）渔业法的主要内容

1．养殖业管理和合理捕捞

国家鼓励全民所有制单位、集体所有制单位和个人充分利用适于养殖的水域、滩涂，发展养殖业。国家依法保护其对水面、滩涂的所有权和使用权。对于从事养殖业的单位，由县级以上地方人民政府核发养殖使用证，确认使用权，取得使用证的养殖业者在享有养殖业的同时负有保护水面的义务。

国家根据捕捞量低于渔业资源增长量的原则，确定渔业资源的总可捕捞量，实行捕捞限额制度。为保护渔业资源，加强渔业资源的统一规划和综合利用，国家对捕捞业实行捕捞许可制度。从事捕捞作业的单位和个人，必须按照捕捞许可证关于作业类型、场所、时限、渔具数量和捕捞限额的规定进行作业，并遵守国家有关保护渔业资源的规定，大中型渔船应当填写渔捞日志。

2．渔业资源的增殖和保护

国家有关渔业行政主管部门应当对其管理的水域统一规划，采取措施，以增殖渔业资源，保护渔业生态环境的平衡。具体措施包括：征收渔业资源保护费、保护渔业资源生存环境、禁止破坏渔业资源的捕捞方法等。

九、野生动植物保护法

（一）野生动植物保护法概述

野生动物，是指珍贵、濒危的陆生、水生野生动物和有益的或者有重要经济、科学研究价值的陆生野生动物。野生植物，是指原生地天然生长的珍贵植物和原生地天然生长并具有重要经济、科学研究、文化价值的濒危、稀有植物。野生动物保护的基本立法是《野生动物保护法》，野生植物保护的基本立法是《野生植物保护条例》。

（二）《野生动物保护法》的基本内容

1．野生动物权属制度

野生动物资源属于国家所有。国家保护依法开发利用野生动物资源的单位和个人的合法权益。

2．野生动物保护制度

国家保护野生动物及其生存环境的主要措施包括：对珍贵、濒危野生动物实行重点保护；划定自然保护区，加强保护管理；监视、监测环境对野生动物的影响；建设项目对国家和地方重点保护野生动物的生存环境产生不利影响的，建设单位应当提交环境影响报告书，报环境保护行政主管部门依法审批；因保护国家和地方重点保护野生动物，造成农作物或者其他损失的，由当地政府给予补偿。

3．野生动物管理制度

国家在野生动物管理方面采取以下主要措施：建立野生动物资源档案；建立野生动物猎捕管理制度；规定野生动物驯养繁殖制度；规定野生动物经营利用管理制度。

（三）《野生植物保护条例》的基本内容

1. 野生植物资源保护制度

国家通过建立自然保护区及国家重点保护野生植物和地方重点保护野生植物的保护点或者设立保护标志，保护野生植物资源。有关部门应当监视、监测环境对国家重点保护野生植物生长和地方重点保护野生植物生长的影响，并采取措施，维护和改善国家重点保护野生植物和地方重点保护野生植物的生长条件。

建设项目对国家重点保护野生植物和地方重点保护野生植物的生长环境产生不利影响的，建设单位提交的环境影响报告书中必须对此作出评价；环境保护部门在审批环境影响报告书时，应当征求野生植物行政主管部门的意见。

2. 野生植物资源管理制度

野生植物资源管理的制度主要包括：野生植物资源档案制度；野生植物采集管理制度；野生植物经营管理制度。

十、矿产资源法

（一）矿产资源法概述

矿产资源是指由地质作用形成的，具有利用价值的，呈固态、液态、气态的自然资源。矿产资源法是调整在管理、保护、勘查、开采矿产资源的过程中所发生的经济关系的法律规范的总称。我国目前有关矿产资源保护的立法主要有《矿产资源法》及其实施细则、《矿产资源开采登记管理办法》和《探矿权采矿权转让管理办法》等。

（二）矿产资源法的主要内容

1. 矿产资源权属制度

矿产资源属于国家所有，由国务院行使国家对矿产资源的所有权。地表或者地下的矿产资源的国家所有权，不因其所依附的土地的所有权或者使用权的不同而改变。可见，我国矿产资源实行单一的国家所有权制度。

国家保障矿产资源的合理开发利用。勘查、开采矿产资源，必须依法分别申请、经批准取得探矿权、采矿权，并办理登记。探矿权是指在依法取得的勘查许可证规定的范围内勘查矿产资源的权利。采矿权是指在依法取得的采矿许可证规定的范围内开采矿产资源并获得所开采矿产品的权利。国家实行探矿权、采矿权有偿取得的制度。从事矿产资源勘查和开采的，必须符合规定的资质条件。

2. 矿产资源勘查、开采的监督管理制度

国家对矿产资源勘查实行统一登记的制度。矿产资源勘查登记由国务院地质矿产主管部门负责；特定矿种的矿产资源勘查登记工作，可以由国务院授权有关主管部门负责。

矿产资源开采制度包括：矿山企业设立审批制度；对特定矿区和矿种实行计划开采的制度；科学地开采矿产资源，建设项目不得压覆重要矿床的制度和矿区规划制度等。

开采矿产资源，应当节约用地，给他人生产、生活造成损失的，应当负责赔偿，并采取必要的补救措施；对自然保护区、重要风景区、国家重点保护的不能移动的历史文物和名胜古迹所在地，未经国务院授权的有关主管部门的同意，不得开采矿产资源；勘查、开采矿产资源时，发现有重大科学文化价值的罕见地质现象以及文化古迹，应当加以保护并及时报告有关部门。

第二节 环境保护法

一、环境与环境保护法

环境是指人类和其他生物赖以生存和发展的客观物质世界。环境法所指环境，是指影响人类生存和发展的各种天然的和经过人工改造的自然因素的总体，包括大气、水、海洋、土地、矿藏、森林、草原、湿地、野生生物、自然遗迹、人文遗迹、自然保护区、风景名胜区、城市和乡村等。

环境保护法是调整人们在开发利用、保护和改善环境的活动中所产生的各种社会关系的法律规范的总称。我国目前已经形成了以《环境保护法》为中心的一套比较完整的环境保护法律体系，内容涉及大气、水体、海洋、固体废物、噪声、放射性防护、建设项目环境保护、自然保护区等各个方面。

二、环境保护法的基本原则

我国《环境保护法》第 5 条规定："环境保护坚持保护优先、预防为主、综合治理、公众参与、损害担责的原则。"该条根据环境保护和经济发展的特点，确立了以下基本原则：（1）保护优先原则；（2）预防为主原则；（3）综合治理原则；（4）公众参与原则；（5）损害担责原则。

三、环境保护的主要制度

（一）环境规划制度

环境规划制度是指环境规划编制以及实施过程中所涉及的一系列法律规范的总和。环境规划制度涉及环境规划的编制、环境规划的批准与发布以及环境规划的执行等内容。目前，我国环境规划的编制主体是各级环境保护主管部门以及相关部门，其中，环境保护主管部门居于主导地位。环境规划编制后，应经国务院和国务院有关部门审批，并经发布后予以执行。环境规划一经批准实施，即要求所有机关、组织或个人均应予以尊重和执行，且不得任意改变，从而确保预定的环境目标能够得以实现。

（二）环境影响评价制度

环境影响评价制度是指对拟进行的开发建设活动及其他决策行为可能引起的环境影响进行预测和评估，并据此制定出防治或减少环境污染和破坏的对策和措施的法律制度。通过环境影响评价在项目或决策前了解环境变化的趋势，提出防范对策和措施，以指导建设

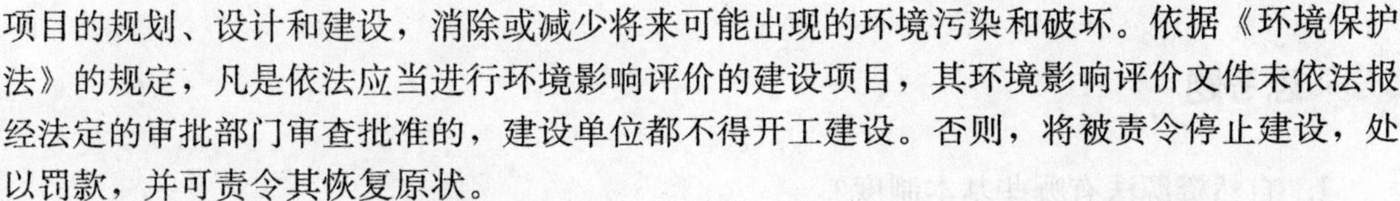

项目的规划、设计和建设，消除或减少将来可能出现的环境污染和破坏。依据《环境保护法》的规定，凡是依法应当进行环境影响评价的建设项目，其环境影响评价文件未依法报经法定的审批部门审查批准的，建设单位都不得开工建设。否则，将被责令停止建设，处以罚款，并可责令其恢复原状。

（三）环境保护目标责任制度

环境保护目标责任制度是指调整政府与环境、资源、能源和生态有关的目标的设定、执行和考核的一系列规范的总和。环境保护目标责任制度的主要内容包括目标责任制主体、目标的确立、指标的分解、指标的执行、指标的考核以及责任追究。

（四）环境标准制度

环境标准是国家根据人体健康、生态平衡和社会经济发展对环境结构、状态的要求，在综合考虑本国自然环境特征、科学技术水平和经济条件的基础上，对环境要素间的配比、布局和各环境要素组成以及进行环境保护工作的某些技术要求加以限定的规范。我国环境标准分为国家环境标准和地方环境标准。按照标准内容，又可分为环境质量标准、污染物排放标准、环境基础标准、环境方法标准和环境样品标准。环境标准制度是涉及环境标准的一系列法律规范所组成的规范体系。环境标准制度规定了管理体制、环境标准体系、制定程序和审批程序等，为环境标准的科学性、合理性以及有效运行提供了法律上的保障。

（五）清洁生产制度

清洁生产是指不断采取改进设计、使用清洁的能源和原料、采用先进的工艺技术与设备、改善管理、综合利用等措施，从源头削减污染，提高资源利用效率，减少或者避免生产、服务和产品使用过程中污染物的产生和排放，以减轻或者消除对人类健康和环境的危害。清洁生产制度是指调整清洁生产推行实施过程中所涉及的社会关系的一系列法律规范所形成的规范体系，具体包括清洁生产的管理体制、清洁生产的推行、清洁生产的实施以及信息公开等方面内容。

四、环境法律责任

环境法律责任包括行政责任、民事责任和刑事责任。环境行政责任是指环境行政法律关系主体由于违反环境行政法律规范或不履行环境行政法律义务，依法应承担的行政法上的法律后果。环境行政责任主体包括环境行政主体、环境行政公务员和环境相对人。环境民事责任是指污染环境行为引起的民事责任。环境民事责任是一种无过错责任，只要存在危害环境的行为、损害事实以及因果关系，即可构成。完全由于不可抗拒的自然灾害，并经及时采取合理措施，仍然不能避免造成环境污染损害的，免予承担责任。因环境污染损害赔偿提起诉讼的时效期间为三年，从当事人知道或者应当知道受到污染损害时起计算。环境刑事责任是指行为人因实施刑法禁止的对环境有危害的行为而应承担的法律后果。环境刑事责任是国家依据刑法给予危害环境的行为所作出的最严厉的否定和惩罚。我国刑法中规定的破坏环境资源犯罪主要分为两类：一类是污染环境类犯罪；另一类是破坏资源类犯罪。

思考题

1. 自然资源法有哪些基本制度？
2. 环境保护法的基本原则是什么？
3. 环境保护有哪些主要制度？

案例分析

某化工厂排放的污水污染了附近农民甲、乙、丙的农田，造成当年粮食减产，直接经济损失近5万元。甲、乙、丙要求化工厂赔偿，化工厂则认为，污水流进甲、乙、丙的农田，是由于丁放水时开错了水管造成的，应该由丁承担赔偿责任。经查，丁是化工厂临时聘用的一名工人，在事故发生后已经被化工厂解聘了。

问题：

（1）甲、乙、丙请求化工厂承担赔偿责任，应举证证明哪些事实？为什么？

（2）甲、乙、丙是否有权请求丁承担连带赔偿责任？为什么？

参考文献

1. 王利明，崔健远主编. 合同法. 北京：北京大学出版社，2004.

2. 沈幼论主编. 合同法教程. 北京：北京大学出版社，2008.

3. 崔建远著. 合同法总论. 北京：中国人民大学出版社，2008.

4. 王玉梅著. 合同法. 北京：中国人民大学出版社，2008.

5. 王利明等著. 民法学. 2版. 北京：法律出版社，2008.

6. 魏振瀛主编. 民法. 3版. 北京：北京大学出版社，2007.

7. 陈小君主编. 合同法学. 3版. 北京：中国政法大学出版社，2007.

8. 甘培忠著. 企业与公司法学. 5版. 北京：北京大学出版社，2007.

9. 范建，王建文著. 公司法. 北京：法律出版社，2014.

10. 史际春著. 企业和公司法. 2版. 北京：中国人民大学出版社，2008.

11. 黄勇，岑兆琦编著. 中外反不正当竞争法经典案例评析. 北京：中信出版社，2007.

12. 孔祥俊，刘泽宇，武建英编著. 反不正当竞争法：原理·规则·案例. 北京：清华大学出版社，2006.

13. 国家工商行政管理总局公平交易局，中国社会科学院国际法学研究中心编著. 反垄断典型案例及中国反垄断执法调查. 北京：法律出版社，2007.

14. 王晓晔主编. 反垄断立法热点问题. 北京：社会科学文献出版社，2007.

15. 沈四宝，刘彤著. 美国反垄断法原理与典型案例研究. 北京：法律出版社，2006.

16. 本书编写组编. 中华人民共和国反垄断法学习问答. 北京：中国民主法制出版社，2007.

17. 李俊主编. 美国产品责任法案例选评. 北京：对外经济贸易大学出版社，2007.

18. 徐爱国著. 英美侵权行为法学. 北京：北京大学出版社，2004.

19. 孔祥俊，张双根编著. 上帝的盾牌. 北京：经济科学出版社，1996.

20. 吴汉东主编. 知识产权法. 3版. 北京：法律出版社，2009.

21. 於向平，邱艳，赵敏燕著. 经济法理论与实务. 3版. 北京：北京大学出版社，2009.

22. 宋彪主编. 经济法案例研习教程. 北京：中国人民大学出版社，2006.

23. 杨紫烜，徐杰主编. 经济法学. 5版. 北京：北京大学出版社，2009.

24. 刘文华，徐孟洲主编. 经济法. 北京：法律出版社，2009.

25. 朱崇实主编. 经济法. 4版. 厦门：厦门大学出版社，2009.

26. 王全兴著. 劳动法. 3版. 北京：法律出版社，2008.

27. 林嘉主编. 劳动法和社会保障法. 北京：中国人民大学出版社，2009.

28. 吕忠梅主编. 环境法原理. 上海：复旦大学出版社，2007.

29. 黎建飞著. 劳动法与社会保障法：原理、材料与案例. 北京：北京大学出版社，2015.

30. 张璐著. 环境与资源保护法. 北京：北京大学出版社，2015.

31. 李仁玉编著. 民法考点集萃. 北京：中国政法大学出版社，2015.

后　记

经全国高等教育自学考试指导委员会同意，由经济管理类专业委员会负责高等教育自学考试经济管理类专业教材的审定工作。

《经济法概论（财经类）》自学考试教材由北京工商大学李仁玉教授担任主编，郝琳琳教授、侯雪梅副教授和陈敦副教授参与编写。全书由李仁玉统稿。

参加本教材审稿讨论会并提出修改意见的有中国人民大学法学院孟雁北副教授、姚海放副教授。

对于编审人员付出的辛勤劳动，在此一并表示感谢。

全国高等教育自学考试指导委员会
经济管理类专业委员会
2016 年 1 月